CAEN. — IMPRIMERIE DE E. POISSON.

# MÉLANGES

## RELIGIEUX, HISTORIQUES

### POLITIQUES ET LITTÉRAIRES

PAR

#### Louis VEUILLOT

RÉDACTEUR EN CHEF DE L'*Univers*.

TOME I

(1842-1845.)

PARIS

L. VIVÈS, LIBRAIRE-ÉDITEUR

RUE DELAMBRE, 3

1860

# PROGRAMME DE L'UNIVERS.

1842.

Le 1 décembre dernier, dessinant la place que nous vou-lons garder à l'écart des partis, non pour les maudire, mais pour leur faire entendre d'indispensables vérités : reniant tout attachement aux doctrines de la politique humaine, nous protestions n'accepter pour bannière que la croix.

« Au milieu des factions de toute espèce, nous n'appar-tenons qu'à l'Église et à la Patrie.

« Parmi ces choses qui passent, parmi ces débris, dans ce mouvement des idées qui s'en vont, reviennent et s'en vont encore, nous embrassons fermement les seules choses, les seules idées qui ne passent pas : l'Église et la Patrie.

« Nous n'entreprenons point de devancer le jugement de Dieu sur des causes en litige, ni de faire violence à l'avenir pour lui arracher des secrets qui ne seront dé-couverts qu'au jour marqué ; mais, dépouillés de toute prévention contre des opinions loyales et permises, — persuadés que tout ce qui est honnête et légitime dans le désordre présent trouvera sa place et sa garantie dans l'ordre futur, et s'y rangera de soi-même, — nous ne sommes entièrement hostiles qu'à la source radicale du

« désordre, à l'impiété, à la dépravation des doctrines, à
« l'effroyable avilissement des mœurs. Justes envers tous,
« soumis aux lois du pays, dévoués à celles de l'Église, —
« libres et chrétiens, — nous réservons notre hommage et
« notre amour à l'Autorité vraiment digne de nous qui,
« sortant de l'anarchie actuelle, fera connaître qu'elle est
« de Dieu, en marchant vers les nouvelles destinées de la
« France, une croix à la main. »

Ce programme a sans doute quelque chose de trop élevé
pour être admis et même compris de tout le monde. — Il
s'écarte tant de la vieille politique de passion, qu'on le juge
impossible : il est si désintéressé, qu'on ne veut pas le croire
sincère. Tentons une dernière fois de l'expliquer.

C'est en effet une nouveauté, en un temps où chacun
cherche le gain, l'autorité, la vengeance, et veut, pour soi
seul ou pour sa secte, raminer le passé, moissonner dans le
présent, ensemencer l'avenir ; — c'est une nouveauté qu'une
conspiration de dévouement, ourdie par quelques hommes
ayant vie et courage, au profit de ces deux mots qui re-
présentent tant d'idées méconnues : *Église et Patrie.*

Église et Patrie, c'est-à-dire soumission aux vérités de
la Foi ; soumission aux adorables volontés de la Providence,
même lorsqu'elles pèsent sur nous, et surtout lorsque leur
poids semble plus extrême ; constance dans le travail qui paraît inutile ; générosité dans le sacrifice méconnu, loyauté
dans le combat le plus vif et contre l'ennemi le plus déloyal ;
pardon, oubli, dévouement dans la défaite et dans la victoire
à l'adversaire vainqueur ou vaincu, parce qu'il est moins un
adversaire qu'un frère, et que c'est pour lui-même que l'on
a lutté contre lui.

Oui, obéir à l'Église contre nos désirs et contre les instincts mêmes de nos cœurs ; contre ces instincts encore, aimer des frères ingrats ; mettre sous nos pieds les préjugés,
les rancunes, les haines que l'on garde contre nous : anéantir

en nous jusqu'aux ressentiments les plus légitimes ; supporter non-seulement l'injure et la calomnie des méchants, mais parfois aussi la suspicion et le blâme des gens d'honneur et de foi ; garder le calme dans cet ouragan de colères ; épuiser nos forces à réunir, paisibles dans la profondeur du même lit, ces torrents qui nous submergeront au moment de se confondre, c'est ce que nous avons rêvé, c'est ce que nous osons entreprendre, et nous savons que le dessein est hardi ; — mais nous l'avons mûri dans la prière, et nous y espérons les secours et les récompenses de Dieu.

Voilà pourquoi ni les insinuations habiles, ni les interprétations cruelles, ni les syllogismes ne sauront nous arracher de cette voie où nous sentons que nous pousse une force surhumaine. Nous sommes chrétiens : ce n'est que dans nos consciences et dans nos cœurs que nous aurions pu trouver des obstacles insurmontables. Nous y avons regardé longuement ; nous n'y avons rien vu qui dût nous arrêter ; nous poursuivons notre chemin. Pour le fond et pour la forme, nous sommes en dehors des conditions qui aident ou entravent, soutiennent ou ruinent les entreprises de presse. Nous vivons de dévouements infatigables ; nous ne tenons point à faire parade d'indépendance ; nous aimons mieux subir cent calomnies que d'écrire une parole sciemment injuste ; nous rendrions justice au Pouvoir, quand même on affecterait de nous croire soudoyés par lui ; nous blâmerions, s'il le fallait, nos amis les plus généreux, dussent-ils aussitôt nous abandonner. — Et de même que nous ne descendons pas au niveau des passions mesquines, nous refusons le joug de la logique vulgaire. On ne nous déconcerte pas avec les axiomes usés des vieilles opinions ; nous ne restons pas prisonniers dans l'étreinte désespérée des choses qui doivent mourir ; nous ne reculons point parce qu'il faudrait un miracle pour nous faire passer ! Peu nous importe que la colonne mêlée d'ombre et de lumière qui

marche devant nous, se dirige parfois vers les montagnes
infranchissables, et parfois nous apparaisse sur la vaste
étendue des mers ! Notre chef est Celui qui commande aux
flots de s'ouvrir et aux montagnes de s'abaisser.

Quelle que soit la force des raisonnements que l'on emploie pour nous attacher à tel ou tel parti, à tel ou tel système, nous échapperons par la force de la charité. Un parti,
c'est une haine ; un système, c'est une entrave ; nous n'en
voulons d'aucune sorte. Nous prenons la société comme
l'ont prise les apôtres : nous ne sommes ni à Paul, ni à
Céphas ; nous sommes à Jésus-Christ.

Sans admettre toutes les opinions, ne peut-on se refuser
à choisir exclusivement entre elles ? Nous jugeons les opinions du seuil de l'Église, où nous les convions à venir
toutes s'épurer ; et nous ne voulons donner à qui que ce
soit le motif de croire que l'Église le repousse, parce qu'a-
près cinquante années d'essais en tout genre, il pense de
telle ou telle façon sur l'une ou l'autre des formes essayées.
Nous croyons que disputer là-dessus est le meilleur moyen
de ne jamais s'entendre. Mais si l'on ne peut s'accorder, on
peut oublier la dispute : il est plus facile de s'embrasser que
de se convaincre. Des concessions mutuelles sont devenues
nécessaires : la douceur du sentiment religieux les obtiendra
plus promptes, plus larges et plus sûres que ne pourraient
le faire toutes les violences de l'argumentation et de la pré-
pondérance politique. Jusqu'où ces concessions iront-elles ?
jusqu'où doivent-elles aller ? Dieu, par les événements qu'il
dispose de toute éternité, et contre lesquels nos petits ressentiments ne prévaudront point, saura bien nous en donner
la mesure. Quant à nous, tout ce que nous savons à présent,
c'est qu'il faut aimer Dieu par-dessus tout, lui tout sacrifier,
lui tout remettre, et, dans l'amour que nous devons à nos
frères, donner plus d'amour à ceux qui nous en montrent
moins.

Nous voyons, depuis cinquante ans, ce que produisent les discussions et les victoires. Quand on envoie une idée dans les cachots, c'est le geôlier qui se charge de chaînes ; quand on l'envoie au bourreau, c'est le bourreau qui meurt ; Dieu noie les triomphateurs dans le sang qu'ils ont répandu. Conquérant doux et pacifique, la religion seule sait bien retenir sous son empire ceux qu'elle a vaincus une fois.

Nous campons au milieu des ruines sur lesquelles nos pères, coupables ou punis, se sont combattus, haïs, injuriés. Fuyons ces restes couverts de tristes souvenirs ; rassemblons-nous dans le sein de l'Eglise, et demandons-lui l'accord indispensable pour tout réédifier sur les plans nouveaux qu'il a plu au Seigneur de rendre nécessaires. L'œuvre n'était pas moindre il y a dix-huit siècles, et le cœur de l'homme, depuis lors, n'a pas changé. Malgré toutes les contestations, nous sommes fermes dans notre espérance. Le mot qui doit reconstituer la France est lancé désormais : c'est la formation, sous les ailes de l'Eglise, d'une seule famille composée de tous nos débris. Il faut que, par le pardon, par l'oubli, par la prière, par le sacrifice de tous les intérêts propres et personnels, nous méritions de n'avoir en toutes choses que le même désir de soumission aux volontés divines. Après un demi-siècle d'incomparables désastres, nous comprenons tous les deuils, mais nous n'y voulons pas ensevelir notre liberté. Nous ne demandons rien pour nous-mêmes, nous ne voulons rien regretter. Nous n'aimons pas la destruction, nous ne glorifions pas les destructeurs ; cependant ces destructeurs sont nos frères. Rien ne nous empêchera d'aller vers eux pour les amener, par un langage qu'ils puissent comprendre, dans les bras ouverts de l'Eglise, notre mère commune, où se sont disciplinés bien d'autres barbares que n'avaient pu soumettre ni l'éloquence, ni l'épée.

La paix inexplicable où reste la France nous dit que

Dieu ne veut plus permettre aux haines civiles de se perpétuer par d'abominables enfantements. Sans outrager aucun linceul, nous laissons mourir ce qui meurt et ce qui veut
mourir ; sans fermer les yeux sur le mal, nous ne rava-
geons pas le champ par trop de hâte à détruire cette ivraie
que le père de famille veut bien laisser croître jusqu'à la
moisson. Notre rôle est le combat dans la patience et dans la
charité. Que nos mœurs, nos écrits, nos discours, tendent
d'abord à former des chrétiens : quand les hommes auront
le même Dieu, il leur sera facile d'accepter la même loi ;
quand la société sera devenue chrétienne par l'exemple et
par la prédication des chrétiens, secondés de la grâce de
Dieu, des institutions unanimement bénies viendront compléter ce noble ouvrage. Nous travaillons pour nos enfants ;
nous leur laisserons un héritage magnifique. Et nous, sortis
les premiers de la servitude de l'Egypte, nourris de manne,
combattus, nous aurons des jours laborieux, nous ne con-
naîtrons que des yeux la terre promise. Qu'importe ! nous
n'attendons pas le Messie : il nous attend !

Nous lui dirons qu'en des temps pleins de troubles et
d'incertitudes, nous avons combattu pour sa justice, non
pour la nôtre, et que nous n'avons haï que l'impiété.

Et nous ne craindrons point, au dernier jour, d'avoir
lésé les droits souverains de Dieu, en laissant dans le doute
la limite mal définie des devoirs politiques ; car nous n'aurons point travaillé pour nous, et nous n'aurons rien entrepris, rien demandé, rien souhaité, rien rêvé, sans ajouter
aussitôt du fond de l'âme : *Fiat voluntas tua... Non nobis,
Domine, non nobis, sed nomini tuo da gloriam, super mi-
sericordia tua et VERITATE TUA...*

# DE L'ACTION DE LA PROVIDENCE.

22 juillet 1842.

I. La mort d'un prince est-elle un coup de la *Providence* ? — La théologie libérale ne veut en accuser que les *dieux*. — Qu'il faut bénir la *Providence* lorsqu'elle envoie des biens, et maudire le *Destin* lorsqu'il arrive des maux.

II. Réplique.

La *Revue de Paris* ne veut pas que nous prononcions le nom de la Providence. Dans la consternation d'un *événement terrible*[1], nous avons dit que la Providence venait de frapper un grand coup : la *Revue de Paris* trouve que notre langage blesse les lois de la charité chrétienne et même celles de l'humanité la plus profane. Elle demande ce que signifie cette mysticité hypocrite ; à quoi nous reconnaissons le doigt de la Providence dans ce coup fatal ; par quelle inspiration malheureuse nous faisons un usage si niais ou si perfide des choses les plus sacrées ?

Lorsqu'on nous adresse de ces objections et qu'elles viennent de cette source, nous avouons qu'elles nous embarrassent toujours. Evidemment la *Revue*, ici, nous demande pourquoi nous croyons en Dieu. Si elle voulait bien nous dire pourquoi elle n'y croit pas, et plus spécialement à quoi

---

[1] La mort du duc d'Orléans.

elle ne reconnaît pas le doigt de la Providence, non-seulement dans cette catastrophe, mais dans tout ce qui arrive
sur la terre, cela sans doute l'embarrasserait peu et nous
rendrait la discussion plus aisée. En attendant, puisque la
*Revue* n'a pas assez pour son zèle de régenter les vaudevillistes et les danseuses, et qu'elle veut encore nous instruire
des voies de la Providence, apprenons-lui ce que nous
croyons, pour lui faire mieux comprendre ce que nous disons et la mettre en état de redresser plus efficacement nos
erreurs.

Nous croyons que rien ne se fait et n'arrive sans la permission de Dieu, et, dût la *Revue* se renverser d'étonnement,
nous lui déclarons qu'elle ne publie pas elle-même un article, pas un de ces lambeaux d'écriture tout chargés de
choses honteuses, que Dieu ne l'ait bien voulu. Oui, Dieu
veut bien qu'un malheureux écrivain, qu'un fou, qu'un
méchant, qu'un impudique cède à la tentation qui le prend
de médire, de blasphémer, d'outrager les mœurs, et qu'un
marchand lui achète ce travail et le livre au public. Pourquoi le permet-il? Cela nous mènerait loin, et d'ailleurs les
doctes de la *Revue de Paris* le sauront un jour aussi bien
que nous. Mais si nous croyons que c'est par la permission
divine que les uns écrivent, que les autres lisent, que les
uns combattent et triomphent, que les autres cèdent et suc-
combent, à plus forte raison croyons-nous que la volonté
de Dieu règle ces événements fortuits, ces tragédies sou-
daines où notre liberté n'a point de part, qui nous attei-
gnent sans que nous ayons pu les prévoir, qui nous frappent
sans que notre intelligence puisse les détourner, qui nous
terrassent au milieu de notre force réduite à néant, qui
nous avertissent enfin avec tant d'éclat que les desseins de
l'homme ne sont rien, que l'homme lui-même n'est que
l'instrument d'une main invisible et toujours présente;
instrument fort ou faible au gré de cette main qui l'emploie;

aujourd'hui levier dont elle remue les empires, demain roseau séché qu'elle laisse briser au vent.

Le nuage vole où Dieu veut, l'Océan s'arrête au grain de sable que Dieu lui a donné pour limite, il n'y a point de balle aveugle dans le chaos des batailles, il n'y a point de miasme aveugle dans le souffle empoisonné; au fond du cloaque des misères et des vices de l'homme, dans les recoins des hôpitaux, dans les ténèbres des prisons, un pauvre, un criminel ne meurt pas que Dieu n'y songe ; Dieu se manifeste toutes les fois qu'il rompt ou dénoue les liens charnels d'une âme ; il fait alors un grand acte ; il appelle au jugement cette âme pour laquelle il a souffert l'outrage, l'abandon, les fouets, le fiel et la mort. Et si c'est une existence royale qu'il lui plaît de terminer, une de ces existences qui sont destinées *pour la ruine ou pour la résurrection de plusieurs*[1], s'il la termine en un clin d'œil, si l'héritier plein de jeunesse et de force d'un grand empire, si le chef déjà reconnu d'un peuple puissant, si le général échappé aux mêlées, si le prince miraculeusement sauvé des assassins, si l'aigle-roi qui s'élançait dans l'avenir comme dans son domaine, tombe tout à coup sans défense et sans ennemis.., quel esprit fermé, quelle intelligence déchue, quel *niais*, pour employer justement votre langage, osera dire que ce n'est pas Dieu qui frappe, et qu'il ne vient pas de frapper un grand coup?

Certes, Dieu a frappé! Et, pour enlever le doute à l'incrédulité même, pour être vu des aveugles et entendu des sourds, pour montrer à tous que c'était bien lui, il n'a pas choisi d'instrument : sa main toute seule est visible en ce grand désastre. Quelques-uns se sont écriés : C'est une leçon! Oui, c'est une leçon pour ceux même qui le disent,

[1] Paroles tirées de l'Évangile de saint Luc (xi, 14) que Massillon appliquait à Louis XV.

une leçon pour nous, pour chacun, une leçon qui nous avertit de l'inanité de nos forces, de la chimère de nos espérances,
de l'impuissance de nos combinaisons, de la nécessité de ne
former que des vœux agréables au Seigneur et de n'en demander l'accomplissement qu'à lui. Leçon grande et terrible, que beaucoup oublieront, mais que Dieu se souviendra
d'avoir donnée : et malheur à qui n'aura pas voulu la recevoir, ou l'aura reçue en vain !

Vous ne voulez pas que ce soit une leçon, vous ne voulez
pas que ce soit un grand coup, vous ne voulez pas que ce
soit la Providence! Et qu'est-ce donc? qui donc a fait mourir
ce prince? qui donc a ému l'Europe et consterné toute la
France? Ce n'est pas un grand coup, celui qui va peut-être
changer les destinées du monde! Ce n'est pas à la Providence
qu'il appartient de frapper ces coups-là!... Baladins de la
phrase, qui pensez ne pouvoir exécuter votre pas funèbre
sans jeter l'injure à ceux qui montrent le Ciel, comme le lieu
d'où cette foudre invisible est partie , dites-nous donc d'où
vient la foudre! Montrez la main, nommez le pouvoir, l'être,
le quelque chose qui a su ébranler et peut-être renverser
notre avenir; portez son nom à cette mère qui pleure entre
deux cercueils, et dites-lui que ce n'est pas à Dieu qu'elle
doit offrir ses prières pour sauver ses autres enfants...

La *Revue de Paris* a répondu par avance : Ce pouvoir, qui
n'est pas la Providence et qui n'est pas Dieu, mais qui dispose des existences humaines et des destinées publiques,
elle le connaît; elle le nomme au début de l'article même
où elle nous reproche l'usage que notre hypocrisie et notre
ignorance font des choses sacrées. Laissons-la parler; il faut
que ces idées-là soient connues :

« Nous félicitions le pays de la situation paisible et ré-
« gulière dans laquelle il se trouvait, et voilà qu'aujour-
« d'hui le sol semble trembler sous nos pas. Un coup af-
« freux a tout changé. Cependant la France avait traversé

« assez de crises et de périls pour avoir mérité un peu de
« repos et de calme. La sagesse antique déclarait qu'il
« n'y avait pas de spectacle plus agréable *aux dieux* qu'un
« grand homme aux prises avec l'adversité; aujourd'hui
« c'est un grand pays pour lequel la lutte avec la *destinée*
« recommence sans cesse. Le *Ciel* semble prendre plaisir à
« donner la France en spectacle au monde et, par des ca-
« tastrophes multipliées, à faire un appel incessant à son
« énergie, à son patriotisme, à son génie, à sa fortune. »

Ainsi, le Dieu de la *Revue de Paris* s'appelle les dieux,
le Ciel, la destinée; il frappe des coups affreux, il multiplie
les catastrophes ; on ne nous dit pas ce qui peut le toucher ;
mais il se laisse vaincre par *le patriotisme*, *le génie* et *la
fortune !* Voilà les divinités qu'il faut implorer ; elles nous
sauveront certainement, comme elles ont sauvé la Grèce et
l'Empire romain. Disons donc que le *Destin* bouleverse nos
projets, mais que la *Fortune* réparera le mal; cela est pieux
et permis, cela est clair, cela console. Mais ne disons plus
que la Providence a frappé un grand coup; c'est de l'hypocrisie et du sacrilége, c'est un usage niais ou perfide des
choses les plus sacrées.

Car, il faut le reconnaître encore, la *Revue de Paris*, large
dans sa foi, ne refuse pas absolument son hommage à la
Providence ; elle lui dresse un autel à côté de celui de la
Fortune, au pied du grand autel de la Destinée, comme à
ces divinités inférieures qui peuvent être bonnes à quelque chose dans l'occasion.

« C'est, dit-elle, la périlleuse grandeur de notre situation
« qui nous fait espérer en la Providence. Elle (la Provi-
« dence) laissera au Roi le temps de tout réparer; elle ne
« voudra pas le ravir à la France avant qu'il ait tout raf-
« fermi, avant qu'il ait élevé l'enfance et la jeunesse de son
« petit-fils. Ce n'est pas pour rien qu'elle l'a soustrait tant
« de fois aux balles des assassins ; elle savait que la France

« aurait encore besoin longtemps de sa sagesse et de sa
« fermeté. »

Telle est la théologie au nom de laquelle on nous condamne : la main qui nous a ravi le prince royal n'est pas
celle qui nous a conservé le Roi. C'est à la Providence que
nous devons nos biens : c'est aux *dieux*, c'est au *Destin*,
c'est au *Ciel* que nous devons nos maux ; la *Providence* a
préservé le père, dans l'impossibilité où elle s'est vue sans
doute d'empêcher le *Destin* de terminer les jours du fils.
La *Providence* est bonne : elle trouvait, comme la *Revue
de Paris*, que nous avions mérité un peu de repos et de
calme ; mais le *Ciel* prend plaisir à nous donner en spectacle au monde, il s'amuse du combat de notre *fortune* contre
la DESTINÉE! Quels sont ces gémissements, ces angoisses,
ces funérailles, et tant de fortunes chancelantes, et tant
d'existences abattues, et tant de mères éplorées? Ce n'est
rien, c'est un poëme tragique, représenté par la France
pour l'agrément des *dieux !* Il nous semble que la *Revue
de Paris* pouvait nous l'apprendre sans nous injurier ; car,
en vérité, nous ne le savions pas.

Nous ne savions pas distinguer en Dieu ces divinités
contraires et ces forces opposées qui le détruisent pour faire
je ne sais quoi d'informe, de cruel, d'anarchique et d'im-
puissant. Nous pensions, avec la langue française, qu'il fallait entendre par Providence la conduite de Dieu sur toutes
les choses créées, la puissance qu'il déploie dans l'administration du monde, l'impulsion irrésistible qui fait tout obéir
à ses desseins ; conduite souvent impénétrable à nos regards,
puissance souvent effrayante à nos cœurs, souvent formidable à nos péchés, mais après tout, conduite, puissance, force,
providence en un mot d'un Dieu souverainement bon, souverainement sage, souverainement miséricordieux, qui ne
veut peut-être que le salut du pécheur, quand nous croyons
qu'il veut sa mort ; qui ne craint pas de nous éprouver ici

par beaucoup d'angoisses, de nous purifier par beaucoup de punitions, parce qu'il connaît, aussi bien que les nécessités de sa justice, les secrets de son inépuisable clémence et de son éternité. Forts de cette conviction, persuadés que tout ce qui arrive n'est que l'effet de sa volonté, une et suivie depuis l'origine des temps, notre amour ne pensait pas l'injurier en reconnaissant sa main dans nos blessures; nous n'attendions pas, pour le proclamer bon et juste, qu'il eût réduit sa grandeur à contenter nos désirs ou à servir nos projets.

Mais ce Dieu n'est pas le vôtre, vous en avez inventé de meilleurs, gardez-les donc, si vous les trouvez plus dignes de vous! Adorez la fortune, craignez le destin, espérez dans votre génie; et toutefois permettez que nous restions au Dieu qui console les mères, qui remet les péchés et qui avertit les nations avant de les punir.

Bossuet écrivait un jour: « Laissez discourir; pourvu « qu'on ne manque pas de foi à la Providence, on verra la « gloire de Dieu. » Nous ne manquons pas de foi, nous verrons la gloire de Dieu dans tout ce qu'il lui plaît de permettre, et cette gloire sera le bonheur des âmes fidèles.

Et, s'il faut tout dire, pourquoi désespérer? Le coup est terrible, mais c'est Dieu qui le frappe, et nous n'apercevons, Bossuet parle encore, que « l'écorce du grand ouvrage qu'il accomplit incessamment. » Ce regrettable prince n'a perdu qu'une vie: rien ne nous dit qu'il ne l'a pas perdue au moment le plus opportun pour son bonheur éternel. Dieu nous menace par sa mort, et cependant nous ne savons pas si ce chef qu'il nous enlève n'est pas un holocauste qui sauve le peuple entier. Eh! que savons-nous donc! croyez-vous que vos phrases décident quelque chose? Depuis huit jours, on a fait beaucoup de phrases; mais ce qui nous rassure, nous, et ce qui nous instruit, c'est qu'on a fait encore plus de prières. Sur le front de cette reine, de

cette mère tant de malheurs laissent une auréole. Dieu nous
prend un prince dont tout semble annoncer que nous avions
besoin ; mais s'il nous donne une sainte, il ne nous aban-
donne pas, et nous demanderons avec confiance à la prière
ce que nous n'attendrons jamais de l'intelligence de l'homme
ou de la force de son bras. Toutefois, le deuil public est
aussi légitime qu'il est grand ; nous en prenons notre part.
Mais, parce que cette part est sérieuse, elle est chrétienne, et
nous ne pouvons nous affliger, ni nous consoler, ni espérer,
ni craindre comme des païens ! Nous ne contestons pas la
Providence, et nous ne la blâmons pas ; nous ne tremblons
pas devant le Destin, nous n'invoquons pas la Fortune, nous
n'espérons pas uniquement dans nos institutions, nous ne
choisissons pas surtout ce moment pour garantir l'avenir à
la dynastie et le repos à la France. La dignité de notre
conscience nous défend des promesses de charlatans et nous
impose des actes de foi. Nous reconnaissons le doigt de Dieu,
nous rentrons en nous-mêmes, nous faisons humblement le
sacrifice de nos désirs, nous prions pour les personnes royales, nous nous soumettons par avance à cette sagesse qui
ne demande point conseil, nous tâchons de n'être point avertis en vain, nous adorons Dieu, quoi qu'il ordonne, — et
nous le prions que sa volonté soit faite en nous, par nous
et sur nous.

———————

18 août 1842.

II. La *Revue de Paris* se demande ce que l'on peut dire à
certains adversaires (c'est de nous-mêmes, s'il vous plaît,
qu'il s'agit) chez lesquels l'esprit de mensonge et de calomnie s'égare jusqu'à l'extravagance. « Nos lecteurs, ajoute-

t-elle, se douteraient-ils que nous sommes accusés de vouloir créer une religion ? L'*Univers* n'a trouvé que cette manière de répondre au reproche trop fondé que nous lui avions adressé d'avoir vu dans la mort de M. le duc d'Orléans la main de la Providence. »

Voilà ce qui s'appelle résumer une discussion. La *Revue de Paris*, qui a seulement vu dans cette catastrophe la main du Destin, ou celle du Sort, ou celle peut-être des dieux (car elle a dans l'esprit, pour expliquer les choses, autant de mots que maître l'Intimé a de tons dans la voix), trouve que, certes, il faut avoir « le fanatisme d'un moine du moyen âge pour y signaler une vengeance divine. » La *Revue* se passe ici ce qu'elle appelle une escobarderie. Nous voudrions qu'elle nous montrât en quel endroit nous avons qualifié de vengeance un acte redoutable, dont nous nous sommes bornés à dire que la Providence venait de frapper un grand coup, tandis qu'on y voyait un « coup affreux, » frappé par le *Destin*, ce qui est impie et par conséquent stupide. On sait ce que c'est que la Providence. Mais votre inexorable et imbécile Destin, que vous craignez et que l'on vous entend maudire, qu'est-il donc ? Que fait-il en face de la Providence que vous reconnaissez aussi ? Que devient la Providence, à côté de cet autre pouvoir tantôt formidable, tantôt inférieur ? Que devient Dieu même entre ces forces contraires ? Avouez que tout bonnement, tout bêtement, comme de purs philosophes, ne voulant pas vous soumettre à Dieu, n'osant pas le nier, vous lui donnez deux noms, l'un sous lequel vos phrases le bénissent, l'autre sous lequel votre ignorance se réserve de le blasphémer.

Du reste, la *Revue de Paris* se déclare *charmée* d'apprendre qu'on n'est pas chrétien quand on refuse de voir l'action de la Providence dans le malheur qui vient de frapper le pays. A la bonne heure ! qu'elle en profite ! Si ses rédacteurs savent tirer de cette vérité le parti convenable, nous leur

garantissons qu'ils n'auront plus à craindre le Destin, ni les
sifflets des gens sensés. Ils ne sont pas sans savoir que ce
dernier avantage a son prix.

La *Revue* continue par un petit argument personnel :
« D'où viennent donc ces catholiques si farouches? N'é-
taient-ils pas par hasard, hier encore, à l'école de Diderot
ou de Fourier? » — Nous étions à ces écoles, et s'il y en a
de plus mauvaises, nous y étions aussi : nous étions à l'école
mutuelle, au collège, aux journaux ; nous étions avec toute
la jeunesse, partout où l'opium de vos sophismes l'hébète,
partout où le vice de votre impiété la tue ; nous avons lu les
mauvais livres que vous avez faits ; nous avons ignoré les
saintes vérités que vous entreprenez de détruire. Voilà justement pourquoi nous connaissons si bien vos hideux mystères, pourquoi nous poursuivons, non pas vous, mais vos
œuvres, de cette haine vigoureuse que le frère porte à l'ennemi de son frère et le père au corrupteur de son enfant.
— A merveille, dit la *Revue*, « et vous voulez nous damner
pour vous sauver. » Ce que c'est qu'une mauvaise conscience! Il semble à la *Revue* qu'il dépend de nous de damner
les gens. Eh! messieurs, dans le cas où cela nous plairait
que vous fussiez damnés, vous y travaillez assez vous-
mêmes : nous n'avons pas besoin de mettre la main à cette
besogne.

Non! nous ne vous damnons point ; cela ne regarde que
vous ; mais nous voudrions bien qu'il ne vous fût plus possible de gâter les consciences, de gangrener les cœurs, et
enfin de nous donner le douloureux ennui de vous entendre
parler si faussement et si ridiculement d'une religion que
vous ne connaissez pas. Si nous savions vous persuader
combien vous y êtes malhabiles et grotesques, vous nous
remercieriez. Est-ce que nous vous troublons beaucoup dans
votre espèce de littérature? Est-ce que nous contrecarrons
vos petites affaires avec les vaudevillistes, les romanciers, les

comédiens, les ministres? Nous sommes à cet égard d'une patience admirable, et même, quand vous faites quelque chose de bien, nous ne répugnons point à vous applaudir. Mais quoi! s'il faut absolument que vous dogmatisiez, tenez-vous pour avertis qu'il faut absolument que nous sifflions.

# CONTROVERSE SUR L'ASSASSINAT POLITIQUE.

3 et 7 septembre 1842.

Polémique entre le *National* et le *Journal des Débats*. — Identité morale
de ces deux journaux.

I. Nous pensions connaître la solidité morale et philosophique du *Journal des Débats*; mais cette célèbre feuille n'a
jamais achevé de prouver au monde en quelle profondeur
de mépris elle tient ses opinions bonnes ou mauvaises.
Après avoir, dans l'occasion, produit tant d'articles contre
la secte hideuse des assassins politiques, — phénomène
effroyable, qui est un des faits caractéristiques de notre
histoire et de notre honte depuis dix ans, — le *Journal des
Débats*, oubliant tout à coup ce qu'il a dépensé d'éloquence,
de considérations morales, de plaisanteries même, au sujet
des Fieschi, des Alibaud, des Morey, des Meunier et de
leurs nombreux apologistes, s'est avisé de faire à son tour,
avant-hier, à propos de Charlotte Corday, une petite justification de l'assassinat. Un journal reproduit et recommande à l'attention de ses lecteurs les lignes suivantes, ex-
traites de la feuille où moralisent tour à tour MM. Janin,
Cuvillier-Fleury, Michel Chevalier, F. Barrière, etc. :

..... Tel a été l'héroïsme de Charlotte Corday. Ce n'est pas ici le lieu
de l'apprécier en casuiste ; la politique a pu le condamner comme inu-

tile, mais la morale ne peut que s'humilier. L'assassinat de Marat prouve que la morale de l'école est impuissante à classer rigoureusement les actions humaines ; toujours elle verra l'énergie des grandes âmes et l'irrésistible empire des circonstances briser le cercle de ses systèmes et reculer en quelque sorte les bornes de la vertu. L'héroïsme est une anomalie insaisissable, au même titre que le génie. De même que, dans l'ordre intellectuel, il n'y a souvent qu'un pas du génie à l'extravagance, de même dans l'ordre moral, il n'y a souvent qu'un pas de l'héroïsme au crime. Il y a la morale classique, la morale des âmes et des circonstances communes, celle pour laquelle la sagesse de l'école a fait la règle : *In medio virtus* ; mais il y a la morale héroïque, la morale des âmes et des temps extraordinaires, celle pour qui le cœur humain a fait la devise : *Virtus in extremis.*

Cette doctrine a inspiré au journal qui la relève des réflexions fort sages, et d'autant plus méritoires que ce journal n'est autre que le *National :*

On ne sait, en vérité, s'écrie-t-il, si l'on doit rire ou s'indigner en lisant de pareils sophismes, écrits d'un aussi étrange style. Ainsi, pour les docteurs des *Débats*, il y a des morales à toutes les tailles, comme des bottes et des habits ; des vertus appropriées à tous les tempéraments, comme les mets d'une carte de restaurateur ; et c'est un journal qui se prétend l'organe des idées d'ordre et de conservation qui émet ces doctrines ! Cessez donc de vous étonner que les consciences chancellent, que les âmes hésitent et que la probité semble une duperie. Vous avez le secret de cette corruption qui envahit nos mœurs et porte la dissolution au sein même de la société. La morale des âmes communes, la morale classique, celle que nous sommes habitués à respecter, irait mal aux génies qui gouvernent la France. Il leur faut la morale héroïque, et c'est pour ne l'avoir pas compris que vous vous révoltez chaque jour contre leurs actes et leurs maximes. Esprits mesquins et stationnaires, ne saviez-vous pas qu'ils avaient reculé les bornes de la vertu ?

Le *National*, peut-être, n'aurait pas ressenti tant de zèle pour la morale commune, si le *Journal des Débats*, au lieu de tomber lourdement sur l'exemple de Marat et de Charlotte Corday, avait seulement introduit dans sa thèse les noms de Karl Sand et de Kotzbue.

Cependant félicitons le *National* de sa vigoureuse sortie, et admirons l'effet de ce coup de plume qui nous amène à voir le journal républicain contestant au journal dynastique la légitimité de l'assassinat !

La partie du *National* serait belle s'il voulait la jouer ; néanmoins on peut parier que le *Journal des Débats* ne la tiendrait pas perdue. Le *National* saurait prouver avec beaucoup d'éloquence, et avec le plus grand dédain pour ses adversaires, que l'assassinat n'est jamais permis, même sur le plus détestable et le plus accusé des tyrans. Il ferait voir, clair comme le jour, que tous les excès, que tous les crimes, que la plus infâme perversité, que la frénésie d'une bête féroce dans le cœur d'un homme, n'autorisent pas le premier venu à s'instituer le juge de cet homme et à plonger dans ce cœur un poignard ; il dirait que l'intérêt de la patrie n'est qu'un prétexte dont chacun peut s'armer pour commettre les forfaits les plus hideux ; il invoquerait les lois divines et humaines, il produirait des textes, il citerait le *Journal des Débats*.

Mais le *Journal des Débats* ne serait point lent à la réplique : avec cette bonne grâce de collége qu'il met à tous ses exercices, se tirant lestement de la morale commune, où l'on sait qu'il n'est pas attaché par des liens doubles, et grimpant aux régions éclectiques, il démontrerait que l'assassinat est permis, que dis-je, qu'il est bon, pourvu que ce soit une grande âme qui veuille bien s'en charger. Et si on le poussait un peu, il fabriquerait sans peine un syllogisme ou un dilemme, au choix des amateurs, qui ferait voir assez nettement que les petites âmes aussi peuvent assassiner : car enfin (supposez qu'il parle), pourquoi donc la petite âme n'aurait-elle pas les priviléges de la grande ? n'est-elle pas une aussi ? ne souffre-t-elle pas, n'aime-t-elle pas ? n'est-elle pas opprimée comme la grande ? ne peut-on pas lui persuader, contre le sujet à assassiner, tout ce que

l'on veut qu'elle croie? Nous lui ferons lire les *articles solides* que Pepin faisait lire à Fieschi, et une fois qu'elle sera
persuadée, elle aura justement tous les droits de la grande
âme. Mais quelle est cette aristocratie des âmes que l'on
prétend créer? Il n'y a pas de grande âme, il n'y a pas de
petite âme, peut-être même qu'il n'y a pas d'âme du tout,
et je crois l'avoir déjà démontré, et je veux le faire voir encore. Venez, *un tel* : établissez qu'il n'y a pas d'âme; qu'il
n'y a que des citoyens, et une justice *in extremis* au moyen
de laquelle chacun peut tuer le tyran! Eh! quand il est permis de calomnier le tyran pour se faire des rentes ou pour
accrocher une croix d'honneur, je voudrais bien que l'on
prouvât qu'il n'est pas permis de le tuer pour quelque autre
dessein... surtout si l'on peut le faire sans exposer soi-
même sa chère peau. Allez, *un tel* : soyez éloquent, soyez
aimable; conservez la bonne renommée du journal et la
vôtre; parlez-leur latin, mon ami; citez-leur des textes :
vous en trouverez dans le *National* qu'il ne sera pas nécessaire de tordre beaucoup.

Ainsi, ces rares esprits, ces habiles gens, pourraient, s'ils
voulaient s'en donner la peine, faire admirer leur aptitude
à soutenir le pour et le contre ; mais à quoi bon? L'on sait
déjà qu'ils savent manier les principes, et que chacun
s'exerce dans son arsenal aux armes favorites de l'ennemi.

Après tout, ce n'est pas l'assassinat que l'on met en discussion : l'assassinat, pour eux, reste au nombre des choses
neutres. La question, entre ces grands moralistes, n'est
point de savoir si l'on peut assassiner, mais qui l'on peut
assassiner. Réduit à ces termes, que le *Journal des Débats*
pose crûment, comme un rhéteur en débauche, et que le
*National*, avec plus d'adresse, s'est contenté de laisser deviner dans les nombreuses occasions qui se sont présentées,
le litige est à la solution des bandits, des athées, des âmes
brutales ou folles qui, ne croyant dans la vie qu'à leurs

passions, et hors de la vie qu'à leur néant, se décident, pour
un peu de vin ou pour un peu de renommée, à contenter
par un meurtre des haines qu'on leur fait bien éprouver,
mais que souvent ils ne comprennent pas.

Voilà donc où en sont tous ces réformateurs, ces philosophes, ces fiers mortels, qui ont entrepris de supprimer du
monde, comme de leur âme et de leurs desseins, l'idée de Dieu
et de la justice de Dieu ! Dans la nuit hideuse où ils se sont
plongés, voilà sur quelles bases ils instaurent des lois pour
l'avenir. Ces institutions de leur délire ressemblent à l'instrument sur lequel plusieurs d'entre eux les appuient : il
n'y a de libre et de facile que le jeu du couperet : leurs libertés forgent des chaines : leur morale est armée du
poignard !

7 septembre 1842.

II. L'un des rédacteurs politiques du *Journal des Débats*
descend au feuilleton pour vernir un peu la gloire d'une
muse obscure : cette muse a chanté Charlotte Corday. Charlotte Corday, c'est l'assassinat politique, et la muse en question le glorifie : le rédacteur va-t-il critiquer cette donnée ?
nullement : il a le cœur trop tendre à l'endroit des dames !
Terrible dans le *premier-Paris*, il est, dans le feuilleton,
un parfait tourtereau : Il vante l'auteur, il vante l'ouvrage,
il vante aussi l'héroïne : passe ! Il met Charlotte Corday
au-dessus de Jeanne Darc : passe encore ; ce n'est que ridicule. Il dit que Charlotte Corday a donné l'exemple d'un
dévouement unique dans l'histoire des femmes de France :
passe toujours ! Oublions celles qui affrontèrent et reçurent
la mort pour avoir arraché des victimes au monstre que
Charlotte égorgea : celles-là n'étaient que chrétiennes, et

point héroïques. Quant aux femmes fortes de ces jours-ci, qui ont un dévouement d'un autre genre, qui ne sauvent personne, qui ne tuent personne, qui se contentent de nous faire lire au fond de leurs âmes aimantes, et qui confessent publiquement, dans l'intérêt de l'humanité, les inconvénients qu'elles reconnaissent aux lois du mariage, nous trouvons à vrai dire qu'elles sacrifient plus que la vie ; néanmoins nous les laisserons réclamer elles-mêmes. D'ailleurs, il faut reconnaître que l'action de Charlotte présente quelque chose d'assez viril pour émerveiller beaucoup ce gynécée de précieux qui tricotent et filent de la politique et de la littérature au *Journal des Débats*. Mais l'innocent écrivain s'émancipe dans son admiration (à laquelle est loin de nuire la terreur que lui font éprouver les républicains) jusqu'à trouver que l'assassinat offre vraiment des côtés sublimes ; que celui de Marat, entre autres, eut vraiment du bon ; qu'il est vraiment heureux que cette brave fille, Charlotte Corday, se soit senti le courage de frapper un pareil tyran : car pour lui, certes, il n'aurait pas osé ! Bref, il s'échauffe, il se monte et il écrit le beau passage que nous avons cité. Le nom de Marat appelle sur ce feuilleton l'attention du *National*, aussi naturellement que son objet et la signature du critique étaient faits pour en éloigner d'autres yeux. Le *National* s'indigne comme on l'a vu : nous faisons nos observations, mais en annonçant que le *Journal des Débats* ne regardera point la partie perdue : vous allez maintenant voir le *Journal des Débats* se tirer d'affaire.

Premièrement, il prend contre nous des sûretés dans l'esprit du lecteur ; il affirme que nous nous mettons du parti du *National*, et que ce journal et l'*Univers* se font écho l'un à l'autre. Il est vrai que nous avons, en cette occasion, répété avec le plus grand plaisir les saines réflexions du *National*, et que nous faisons écho, très-volontiers, à tout ce qui se peut dire de noble et de bon dans la presse. Ce n'est pas

notre faute si le *Journal des Débats* nous en fournit la joie
moins souvent que qui que ce soit, et si ses doctrines, même
lorsqu'elles ont cette sagesse du ventre par laquelle il entreprend de guider la France, sont les plus antipathiques du
monde à nos convictions. Quand le *National* a raison, il a
dignement raison : quand le *Journal des Débats* dit vrai,
cette vérité est basse, ou elle n'est pas vraie dans sa bouche,
ou il ne l'accroche au mensonge de la veille que comme
pierre d'attente pour le mensonge du lendemain. Il n'y a
point pour lui de vérité ni de morale, ni de convictions sur
la terre ; il y a des moyens, des instruments, nous dirions
presque des comestibles. Une idée, n'importe laquelle, lui
est bonne, dès qu'on en peut tirer des paroles, c'est-à-dire
du profit. Si le *Journal des Débats* veut faire une comparaison qui nous humilie, qu'il cherche les points de ressem-
blance entre lui et nous : il n'aura pas besoin d'y revenir
à deux fois pour nous faire changer d'allure.

Mais Charlotte Corday, mais l'assassinat politique, mais
la question ? Là-dessus le *Journal des Débats* maintient
bravement son dire. Voulez-vous que ces rhéteurs aient
tort ? périssent plutôt la morale et tous les tyrans ou gens
réputés tels ! Le *Journal des Débats* a dit et il répète « qu'il
n'y a rien d'absolu dans les choses de ce monde ; que, parmi
les actions humaines, il y en a qui sont placées en quelque sorte sur les limites du bien et du mal, et que la morale
abstraite, la morale ordinaire est embarrassée pour classer
rigoureusement. » Notons ici une concession : la morale n'est
plus qu'*embarrassée* ; dans le feuilleton, la morale devait
s'*humilier*. Il assure que les déclamations contraires ne
prévaudront pas contre les décisions de l'humanité, qui a
bien aussi son omnipotence. Il nous demande si nous voulons ranger Charlotte Corday sur la même ligne que Ravaillac et Damiens : il cite au *National* deux autorités formidables, deux poètes, André Chénier et Klopstock, qui ont

fait l'apologie de cette fille ; et à nous, avec le respect et le
tact qui le caractérisent, deux exemples plus familiers, dit-
il, à des dévots : Judith et Aod, que le Saint-Esprit, parlant dans l'Écriture, non-seulement n'a pas condamnés,
mais qu'il a proposés à l'admiration du monde. Conclusion :
nous sommes des fanatiques, des despotes de sacristie, des
cerveaux malades, des esprits grossiers, étroits, vulgaires,
qui avons la malheureuse prétention de régenter le monde,
et que le monde repousse avec toute l'énergie de l'horreur
et du mépris. — Voilà pour nous apprendre à ne vouloir
pas qu'on assassine les gens.

Nous ne relevons point la politesse exquise de cette argumentation : on sait que le *Journal des Débats* a des
formes, et s'il parait peut-être y manquer un peu envers
nous, nous ne devons oublier ni que nous sommes « des
dévots en horreur au monde, » ni que nous avons nous-
mêmes le tort de parler de cette feuille avec une sincérité
peu faite pour la mettre en bonne humeur. Mais que résulte-t-il de son raisonnement ? la doctrine des circonstances atténuantes, que dis-je, des circonstances justifiantes :
— car de pareilles folies font violence à la langue comme
au bon sens, — non-seulement pour l'assassinat, mais pour
tous les crimes qu'il est possible de commettre. De ce qu'il
n'y a rien d'absolu dans les choses de ce monde, on con-
clut qu'il n'y a rien d'absolu dans les lois de Dieu. L'adultère, le vol, la luxure, quel crime ne saura pas se placer,
aussi bien que l'assassinat, sur cette limite du bien et du
mal, où le *Journal des Débats* prétend que sa morale est
embarrassée ? — et je ne crois pas que ce souci la prenne
souvent ! Poussez un peu ces gens qui vous absolvent
Charlotte Corday, et demandez-leur ce qu'ils pensent
d'Agnès Sorel : n'y a-t-il pas, pour glorifier aussi celle-là,
l'omnipotence de l'humanité ? Si l'une n'a point commis
un crime, l'autre n'a rien fait de honteux : l'une et l'autre

sont condamnées par la même loi. Si subtiles que soient vos distinctions, vous n'en obtiendrez pas de pouvoir admirer le meurtre, sans qu'aussitôt la prostitution et l'adultère ne deviennent innocents, peut-être même estimables ! Et ce n'est pas ce qui vous gêne, je le sais bien. Vous auriez encore sur ce point quelque immonde théorie à nous vomir dans vos feuilletons, quitte après à distinguer dans un article apologétique. Mais tandis que vous triturez des distinctions, vous avez des lecteurs qui tirent des conséquences : les jeunes filles qui vous lisent n'imiteront pas Charlotte Corday, je le crois aisément ; mais que M. Soulié, M. Barrière, M. Janin, M. Sue ne leur apprennent pas à imiter d'autres héroïnes, c'est ce dont je suis moins sûr : elles sont aussi habiles à distinguer que vous. J'admire les écrivains qui se tranquillisent suffisamment la conscience, en pensant qu'ils n'ont poussé personne à assassiner le roi ! cela rappelle justement l'absolution que se donnent les chiffonniers esprits forts : Que peut-on me reprocher ? Je n'ai tué ni volé !

Mais puisque le *Journal des Débats* distingue si bien, qu'il nous dise donc pourquoi l'on ne pourrait pas ranger Charlotte Corday sur la même ligne que Ravaillac, Damiens et Louvel ? S'il ne s'agit que de frapper bravement, elle n'a point été plus brave que Ravaillac, qui certes a résolûment fait son coup ; si elle a cru changer en bien les destinées de la patrie, Louvel, ce misérable, s'était donné cette mission, il aspirait à cette gloire ; si elle a voulu effacer du nombre des vivants un tueur d'hommes, vous n'auriez pas assez de marbres pour tailler des statues au mortel généreux qui, en 1815, aurait couché par terre, d'un coup de poignard, celui qu'à cette époque vous appeliez un ogre et un tyran. Vous faites une morale qui donne au premier insensé, au premier philanthrope venu, droit de vie et de mort sur tout roi qui déclare la guerre. Mais la victime de

Charlotte était détestable ! Est-ce donc toute la question ?
Vous haïssez le souvenir de Marat, il y en a qui l'aiment ;
et l'assassin a bien assez d'ailleurs de sa haine ou de sa folie,
sans s'inquiéter de vos jugements et de vos goûts. On dé-
teste suffisamment celui que l'on tue ; on le croit assez coupable, assez exécré, du moins assez digne de l'être ; et vous
n'aurez rien à répondre, que par la hache, au clubiste
gorgé des calomnies répandues contre le roi, qui viendrait
demain vous dire que ce prince est pour lui ce que Henri III
était pour Jacques Clément, Henri IV pour Ravaillac,
Marat pour Charlotte Corday ! Ce mystère de haine, d'ignorance, de fanatisme, lui constitue, d'après vous-mêmes, des
droits que vos subtilités seront mal venues à lui contester
plus tard ; et comme il sacrifie sa vie à ses « convictions, »
il ne vous reste qu'à lui offrir votre admiration. Car c'est à
vos yeux quelque chose d'admirable que de savoir mourir !
Quoi ! renoncer à tant de belles places que l'on peut toujours
obtenir, à tant de stalles à l'Opéra, à tant de dîners que l'on
pouvait faire encore ? Cela vous étonne, et vous restez stupéfaits, vous qui rêvez délicieusement de mourir tard et
de mourir gras !

Faut-il répondre encore à cette impertinence, familière
au *Journal des Débats*, de nous citer l'Écriture sainte avec
dérision ? Judith et Aod sont sans doute proposés à l'admiration du monde ; faut-il pour cela mettre sur un autel le
couteau de Jacques Clément ? Que diraient demain ces beaux
railleurs, si quelque dévot de Fieschi, se mettant à lire l'É-
criture suivant leurs préceptes et l'interprétant comme eux,
passait de l'admiration à l'imitation ? Que diraient-ils et que
n'ont-ils déjà dit de quelques théologiens aventureux qui,
dans le double silence de l'école et de la langue latine, ont
incliné à croire que le meurtre du tyran n'est pas un péché ?

En résumé, comme nous faisons profession d'être sincères, nous ne voulons point nier que certains cas ne puis-

sent se présenter où le meurtre d'un homme semble en quelque sorte devenir un acte de légitime défense. Mais ces choses-là, on les garde au fond de la conscience. Un chrétien s'en ouvrira dans le mystère du confessionnal, afin d'obtenir la force nécessaire pour supporter la tyrannie et laisser passer, même sur sa tête et sur celle des siens, le flot terrible des vengeances de Dieu. Un homme de cœur selon le monde et la pauvre philosophie du monde attendra le jour et l'heure ; il ne parlera de son dessein à personne, il l'exécutera si Dieu n'a pitié de lui, laissant son nom à la postérité qui le dira coupable, son corps aux lois violées, qui feront bien de le frapper, son âme au souverain juge. Et malheur à cette âme, si elle n'a pour se justifier que son zèle à servir l'humanité par des coups de couteau ! — Mais il n'appartient qu'à un de ces demi-lettrés frivoles, pour qui rien n'est mystérieux ni sacré, de venir, sans croyance, sans lumières, considérant toutes les lois divines et humaines comme non avenues, agiter dans un feuilleton ces redoutables matières, ne pas s'inquiéter s'il parle au milieu d'un peuple qui a perdu toutes les notions chrétiennes et dont une partie ardente s'est, depuis dix ans, familiarisée avec l'idée du régicide ; dire ce qui lui passe par la tête, faire une morale à sa guise, et finalement se prononcer en faveur de l'assassinat, comme il se prononce en faveur de quelques méchants vers. Eh ! Monsieur le Galant, si vous mesurez qu'une grande âme comme celle de Charlotte Corday, comme celle de votre auteur, ou même comme la vôtre, peut sans crime tuer le tyran, attendez d'avoir un tyran à tuer, et jusque-là taisez-vous !

Nous souhaitons que le *Journal des Débats* profite de ce dernier avis. Malgré nos fréquentes querelles, tout le mal que nous lui voulons n'aboutit pas plus loin que ce désir. Mais ce désir ne sera pas satisfait ! Le *Journal des Débats* nous déclare qu'il réclame la liberté de discussion sur les

matières philosophiques. Il veut, dit-il, pour achever sa justification, qu'il y ait dans ses colonnes une région à part,
une place réservée, où le souffle des passions ne puisse atteindre et où les esprits élevés puissent respirer un air plus
pur que celui de la politique journalière. Cet air plus pur
est celui qui s'exhale des feuilletons de M. Janin, de M. Soulié et de M. Süe. Pour refaire ses lecteurs, fatigués de l'o-
deur de sa politique, le *Journal des Débats* leur offre les
aventures du Chourineur et de la Goualeuse [1], et se réserve de mettre en discussion dans l'article littéraire ce qu'il
considère comme indiscutable dans le *premier-Paris*. Nous
n'avons rien à dire contre un pareil système ; il y a visiblement là-dessous une question d'abonnement. Le *Journal
des Débats* a toujours mieux aimé changer de drapeau que
de renverser sa marmite. Mais qu'il cesse de s'étonner si le
club et la rue aussi se mettent à discuter, et si, pour cou-
per court à des conversations qui ne nourrissent pas tout
le monde, quelques philosophes inférieurs entreprennent
de terminer le litige avec l'argument du poignard ou du
pistolet.

[1] Personnages des *Mystères de Paris*, que publiait en ce moment le
*Journal des Débats*.

# DU CYNISME

(à propos de Chodruc-Duclos).

22 octobre 1842.

L'Europe sait maintenant que Chodruc-Duclos n'est plus, mais les abonnés de l'*Univers* savent-ils ce qu'était Chodruc-Duclos? Chodruc était une sorte de feuilleton vivant, un gueux plein de vanité qui passait sa vie à promener ses haillons dans le Palais-Royal. On l'avait d'abord appelé *l'homme à la longue barbe;* puis on connut son nom, ses aventures, on eut son portrait, et il parlait de publier ses Mémoires. On y aurait trouvé le relevé des lignes écrites sur lui dans les diverses feuilles parisiennes. Il avait calculé, à deux sous la ligne et à trente sous le repas, combien les journalistes lui ont dû de dîners. Sa mort a démesurément grossi le total, et déjà la somme était ronde. Chodruc se considérait comme un bienfaiteur des lettres. Il leur était quelque chose de plus. Peu de Mécènes furent d'ailleurs mieux traités et payés de plus de gloire. Nos jeunes littérateurs cultivaient Chodruc, lui faisaient des mots, écrivaient même des morceaux sous son nom. Quand Chodruc paraissait en police correctionnelle, ils assistaient au jugement; quand Chodruc changeait quelque chose à sa toilette, ils en avertissaient le monde; quand Chodruc était malade, ils publiaient le bulletin. Si Chodruc s'était marié, nous aurions eu le portrait, le nom, la généalogie et l'histoire de sa femme, l'inventaire du mobilier, tout le détail de la noce. Il ne tenait qu'à Chodruc d'acheter un chien pour faire dans Athènes le même bruit qu'Alcibiade. Chodruc depuis huit jours est mort, et depuis huit jours les oraisons funèbres pleuvent et pleurent.

Sans doute, il y a de la spéculation : la ligne vaut un sou, deux sous, trois sous, quelquefois plus, mais il y a aussi quelque chose d'amical et de fraternel. L'article Chodruc est de rigueur ; un maréchal de France ne serait pas si diligemment ni si tendrement servi. A la complaisance du journalisme on sent que Chodruc était de la famille. Disons le mot, cet homme tenait à la petite littérature par un lien plus étroit : elle vient de perdre en lui un symbole. Il était si essentiellement symbolique, que je le prendrais aujourd'hui pour un mythe, si je ne l'avais pas rencontré mille fois en vie et en haillons. Suivez cette figure :

Il usa dans les dissipations et les orgies sa jeunesse et son patrimoine ; il s'abstint sévèrement de toute besogne utile : tyran de parterre, bel esprit de café, lion de tabagie, zélateur des modes nouvelles, duelliste, etc. C'est le feuilletoniste en sa fleur.

L'âge venu, le patrimoine parti, Chodruc trouva qu'il avait rendu au commerce des spiritueux, aux beaux-arts et à l'humanité assez d'éminents services pour être récompensé. Il fit savoir au ministère qu'il accepterait une recette générale, on lui offrit un bureau de tabac. L'analogie se maintient : ces hautes visées et ces demi-succès se présentent souvent dans l'histoire des lettres contemporaines. Seulement, avec le bureau de tabac, l'on offre aujourd'hui la croix d'honneur.

Chodruc trouva la faveur au-dessous de ses droits et ne voulut point l'accepter : nous avouons que tous les gens

de lettres ne sont pas si fiers. A l'humiliation de vivre labo-
rieusement d'un emploi honnête, il préféra noblement gueu-
ser toute sa vie, prêt à soutenir cette oisive existence, non
point par l'aumône, fi donc! il était trop gentilhomme, mais
par l'emprunt. Il se fit un habit de guenilles et commença
ses promenades, qu'il n'interrompit plus. Comme quelques-
uns de ses anciens compagnons d'aventure étaient devenus
ministres (qui n'a pas un ami de jeunesse au ministère, et
un au bagne?), il se donna pour exemple mémorable de
l'ingratitude des grands. Ceci n'est pas seulement de la littérature, c'est de la haute politique. Cette polissonnerie eut
un succès admirable. Chodruc fut d'emblée reçu à une
place d'honneur dans les rangs de l'opposition ; il devint un
argument avec quoi les patriotes prouvèrent fort bien que
le ministre Peyronnet était digne de la hart pour son mauvais cœur.

A dater de ce coup, par où Chodruc fit voir qu'il connaissait l'homme en général et le Parisien en particulier,
notre gueux ne se donna plus la moindre peine : il comprit
que sa réputation était faite, sa position conquise. Le Parisien aime le nouveau, mais il a cela de commode qu'on peut
le divertir vingt ans avec la même nouveauté ; et c'est en
quoi Chodruc fut véritablement mythique. Cette éternelle
guenille qu'il promenait éternellement aux mêmes lieux
avec le même succès, n'est-ce pas l'homme de lettres formé,
mûr pour l'Académie? Voyez la phrase de M. J., le vaudeville de M. S., le roman de M. K., l'article de M. Q. E?
Tout cela sort tous les matins comme faisait feu Chodruc,
se promène, se fait voir, fièrement, collige les gros sous,
rentre quand les cafés s'éteignent, reparaît le lendemain
plein de grâce et d'imprévu.

Notez que Chodruc ne quittait pas le Palais-Royal, le
lieu du monde où cette sorte de littérature qu'il signifiait
est le plus connue et souvent le seul où elle soit connue.

C'est après avoir vingt ans mené ce train, que Chodruc est mort subitement, dans la rue, à la porte d'un cabaret, aux environs de ce jardin d'Académe où il avait fait un cours pratique de littérature si prolongé. Ainsi meurent tous les jours beaucoup d'œuvres qui n'ont pas tant vécu.

Il faut oser faire maintenant quelques réflexions plus graves. Le malheureux de qui nous parlons est mort frappé d'apoplexie, et vraisemblablement sans avoir eu le temps de songer à son âme. Ses amis les journalistes, qui ont tant écrit de sa misérable vie et de sa misérable mort, sont brefs sur ce point effrayant d'une telle mort après une telle vie. Quelques-uns seulement en entrevoient la logique. Aucun ne s'arrête, aucun ne songe à plaindre ce confrère, mort cyniquement au coin d'une borne. Et plaise à Dieu que nul d'entre eux n'ait fait le souhait d'expirer de la même façon, sinon au même endroit, complétant l'analogie de l'existence et des œuvres par celle de la mort ! Il est remarquable combien la mort subite, ce vieil effroi des chrétiens, qui leur fait faire tant de prières, qui les conduit à tant de pèlerinages, qui leur inspire tant d'actes de charité, épouvante peu cette sorte de gens, et, tout au contraire, leur paraît une manière assez douce de quitter la vie : point de souffrance, à peine une courte épouvante ; on est exempt de l'ennui de regretter ce que l'on a fait, ou du chagrin d'abandonner ce que l'on aime, du souci de songer à ce qui peut suivre. Voilà le goût des esprits et la nature du courage moral qui règne présentement dans les cœurs ; c'est ainsi qu'on ne veut pas avoir le démenti d'une vie tout animale, et qu'après avoir vécu comme un Cafre, on aspire à mourir comme un chien. Mais que dis-je? M. J. J. soutient que Chodruc n'était pas un cynique, et qu'il n'y a de cynique au monde que la haine, l'envie, les jalousies féroces, les calomnies abominables, les médisances dans les carrefours, les plus sales besoins de la vie satis-

faits en public.—De quels feuilletons parle donc ici l'auteur
des feuilletons du *Journal des Débats?*

Le même M. J. J. vient de donner une belle leçon aux
vaudevillistes. Un de ces moralistes aimables a tiré une pièce
de la chanson de M. Béranger intitulée : *Les deux Sœurs de
charité*, dont voici le premier couplet :

> Vierge défunte, une sœur grise,
> Aux portes des cieux rencontra
> Une beauté leste et bien mise
> Qu'on regrettait à l'Opéra.
> Toutes deux dignes de louanges
> Arrivaient, après d'heureux jours,
> L'une sur les ailes des anges,
> L'autre dans les bras des amours.

A ce propos, M. J. J., qui n'est pas sans utilité gouver-
nementale, et qui ne refuse jamais un coup de main à la
saine politique, déclare que les chansons politiques de Béranger sont mortes, et qu'elles méritaient de mourir, mais
que ses chansons joyeuses sont justement immortelles :
« Béranger et sa chanson, dit-il, avaient aimé jusqu'à l'a-
« doration l'Empereur, ce dieu tombé, et le peuple, qui est
« le véritable éternel... Aujourd'hui les graves refrains s'es-
« timent fort heureux d'être protégés par les douces et
« amoureuses chansons, chancelantes sous la double ivresse
« de l'esprit et du vin de Champagne ; folles inspirations
« de sentiments intimes, gracieux caprices d'un esprit va-
« gabond. Béranger appelle ces chansons-là ses filles ché-
« ries ; filles chéries en effet, filles immortelles de quatre
« puissances qui ne sauraient mourir : l'esprit, le vin, la
« jeunesse et l'amour. »

Ayant ainsi réhabilité la gloire pâlissante de Béranger,
M. J. J. revient à son vaudevilliste et se montre moins clément.—Ce vaudevilliste a été trop moral ! il n'est pas entré
dans les intentions de M. J. J. et du *Journal des Débats ;*

il y a de la vertu dans sa pièce, une autre vertu que celle qui est dans la chanson. Il semble y avoir parlé d'un éternel qui n'est pas Napoléon et pas même le peuple. « Ce « sont deux béguines qu'il nous montre, deux vierges dé- « funtes ; la vierge de l'Opéra est aussi prude que la sœur « grise, et ce n'est qu'à l'aide d'un bon mariage qu'elle « consent à aimer M. Paul Raymond. De cette fille de cha- « rité si bien mise, de cette cousine de Camille et de Fré- « tillon, le mélodrame a fait une femme de ménage, une « héroïne d'épargne et de pot-au-feu. Vanité de toute chose « et même de la chanson. » Oh ! non, Chodruc ! tu n'étais pas le cynique de ce temps !

# LES DEUX NATIONS.

Décadence de la nation philosophique. — Progrès de la nation chrétienne. — Pourquoi rien n'est mort.

Les spectacles d'ignominie donnés en ce moment, avec autorisation de la police, par une si grande partie de la population parisienne, les scandales plus prolongés et plus révoltants de la presse, le caractère mesquin de l'intrigue qui se poursuit dans les hauteurs politiques, nous inspirent de tristes réflexions. Certes, il est cruel d'entendre une grande nation se plaindre que son gouvernement n'a pas soin de son honneur, et de la voir en même temps se ruer dans de sales et sots plaisirs ; il est navrant de lire, à la suite des comptes rendus de la justice criminelle, ces feuilletons, au moyen desquels les journaux, qui se plaignent de la décadence des mœurs, font pénétrer partout les plus âcres poisons de l'immoralité ; mais ce qui porte au comble la peine intime du vrai citoyen, c'est de mesurer les pensées qui préoccupent ceux qui gouvernent,—journaux, chambres et ministère,—en présence des maux et des besoins de la patrie.

Quels que soient le nombre et l'étendue de ces besoins, quelle que soit, devant leur immensité, la faiblesse, nous ne disons pas du Ministère actuel, mais de tout Ministère

possible (puisque le mal est dans le fond même de la société
et qu'il n'y a point de régime politique qui puisse guérir
instantanément des maladies morales aussi invétérées que
les nôtres), cependant nous pourrions espérer contre l'espérance même ; nous mettrions notre recours en Celui qui
a fait guérissables les peuples de la terre. Ce que toutes
les forces humaines ne sauraient obtenir, un peu de bonne
volonté le peut faire ; tout est possible à la miséricorde de
Dieu. Un regard sérieux sur nos misères, un seul effort,
dût-il échouer, tenté par le Gouvernement ou par les
Chambres, pour jeter dans le ciel ces ancres de salut que
réclament nos périls, nous remplirait de confiance en
dépit des tempêtes du présent et des menaces de l'avenir.

Mais quand le mal moral produit chaque jour des maux
physiques infinis ; quand, politique extérieure, administration, enseignement, tout est faussé, détraqué, rompu, aban-
donné à l'aventure ; quand la souveraine habileté des pouvoirs n'est plus de corriger le mal ni d'en arrêter les progrès, et que c'est un succès de le faire durer de jour en
jour, d'heure en heure, dans l'attente d'une catastrophe toujours imminente au milieu de cette dissolution ; entendre
cinquante journaux gloser tous les matins sur un mot de
M. Thiers, sur une démarche de M. Dufaure, sur un signe
de M. Passy, voilà ce qui pourrait briser l'espérance au fond
du cœur.

Ne parlez point à nos législateurs des milliards qui s'a-
joutent aux milliards de la dette ; taisez-vous sur le désar-
roi de la morale publique, sur les embarras de l'industrie ; ils s'occupent d'une affaire plus sérieuse : dix ou
quinze d'entre eux passeront-ils du parti qui peut aujour-
d'hui donner les places au parti qui pourrait les donner
demain ? C'est la grande question nationale. La vieille
Byzance, oubliant que l'ennemi est aux portes, regarde dans
le cirque courir ses cochers. On parie, on fait des vœux,

on se passionne, on se coalise ; tout le reste est oublié.
Quelle joie ! les *bleus* l'emporteront peut-être sur les *verts* !
que tout ira bien demain si M. Molé remplace M. Guizot, si
M. Wustemberg remplace M. Cunin-Gridaine, si le minis-
tre des travaux publics, qui se nomme présentement
M. Teste, se nomme demain M. Billault !

Nous renonçons à formuler l'inexprimable mépris qu'inspire cette puérilité des vieilles opinions. Eh ! que vous
importe quels noms seront apposés au bas des traités qui
vous châtient ! Levez-vous, prenez les armes, exigez d'autres traités. En donnant les fonds secrets à M. Dufaure
plutôt qu'à M. Duchâtel, croyez-vous changer la face des
choses dans le monde ? Diminuerez-vous ainsi le nombre
foudroyant des vols, des assassinats, des suicides, des adul-
tères ? Laisserez-vous moins voir dans vos consciences la
large plaie par où peuvent entrer les faveurs ? L'ordre sera-
t-il rétabli dans vos administrations? la décence et le bon
sens siégeront-ils dans vos colléges ? verra-t-on la pudeur
diriger la plume de vos écrivains? vos philosophes sauront-
ils et enseigneront-ils s'il y a un Dieu ?

Certes, nos plaintes n'ont rien d'exagéré, nous n'avons
que trop amplement de quoi les justifier toutes ; la situation du pays est affreuse, et d'autant plus lamentable qu'elle
ne résulte pas moins de la corruption des mœurs que du
vice des institutions. Il serait commode, sans doute, de tout
rejeter sur le Pouvoir, et l'on peut dire avec vérité que le
Pouvoir est ignorant, insouciant, timide. Mais qu'est-ce,
après tout, que ce pouvoir, sinon nous-mêmes ? D'où sortent
les quelques hommes que l'on appelle ministres et qui ont
la signature nationale? D'où sort la Chambre qui les nomme,
qui les dirige, qui les maintient? Qui forme enfin l'opinion? La presse n'est-elle pas la pratique incessante du suffrage universel, et s'aperçoit-on que ce suffrage universel,
exercé par tout ce que l'on appelle capacité ou intelligence,

s'occupe en majorité de remédier à la profondeur du mal moral, source de tous les autres maux?.... — Nous avons beau dire, nous sommes solidaires!

Nous sommes solidaires, et c'est pourquoi nous ne désespérons pas! Au milieu de nos misères, cette bonne volonté qui commande aux bénédictions célestes existe dans un grand nombre d'âmes, et s'y développe avec une énergie incomparable.

Il y a une France officielle à qui appartiennent les scrutins, les tribunes, les emplois, les chaires, les journaux, presque toute la littérature. C'est celle-là qui s'occupe d'une parole de M. Guizot, d'un geste de M. Dufaure, du silence de M. Thiers, et qui s'amuse de la guerre des portefeuilles quand elle est repue des plaisirs du bal masqué. Elle est comme du monde, dont elle supporte avec une colère impuissante, peut-être menteuse, les longues risées.

Il y a une autre France, silencieuse, mais active, à qui appartiennent les bonnes œuvres, les sérieuses études, l'austérité de la prière et du dévouement : celle-là est ignorée encore des regards vulgaires ; elle est patiente dans l'oubli, elle accepte l'humiliation présente comme la juste expiation des torts anciens ; mais elle se confie en une parole infaillible. Et tandis que vous errez sans guide au fond de vos ténèbres, des hauteurs de la vérité elle voit poindre le jour où Dieu bénira ses travaux et comblera son espérance.

Qu'on y regarde avec cet œil de la foi qui reconnaît le germe du grain éternel enfoui sous la terre : on découvrira qu'au milieu de cette stérilité, parmi ces ronces, dans ce perpétuel avortement de l'orgueil humain, Dieu nous prend en pitié, et nous conduit à quelque chose de meilleur. Ce Gouvernement, qui ne sait pas empêcher le mal, n'ose pas, autant qu'il le pourrait peut-être, empêcher le bien ; il ne l'ose pas, il ne le peut pas, et souvent il ne le veut pas.

Obligé de compter avec tout le monde, s'il faiblit devant les mauvais, il ne craint pas toujours de céder à la raison et au vouloir des bons. Et c'est une source d'espérance de voir tout ce qui vit, tout ce qui résiste, tout ce qui grandit pour le bien, vivre, subsister et grandir sans secours, par la seule et unique force du bien, à côté de tant de préjugés naguère furieux, maintenant indolents et craintifs, ou stupéfaits comme s'ils assistaient à la résurrection des morts. Dans une société anarchique, contre des adversaires disciplinés pour le combat, la religion, qui n'a que peu de journaux, et dont les enfants les plus zélés sont souvent divisés entre eux par des opinions et par des origines contraires, est cependant assez forte pour soutenir la lutte, avancer et gagner du terrain. Elle fait des conquêtes partout, l'on n'en fait plus sur elle! ou si parfois les passions humaines lui ravissent un combattant de marque, le monde est tout étonné de voir qu'elle n'en est point affaiblie. Les traits qu'on lui lance tombent sans force à ses pieds, et il n'en arrive pas qui n'arme tout aussitôt dans ses rangs un vengeur. A l'ombre de sa bannière viennent continuellement se ranger des soldats inattendus; s'il en est qui soient plus pressés de souffrir et de mourir pour elle, ce sont les heureux transfuges qui combattaient hier chez l'ennemi. L'Allemagne protestante lui apporte le tribut de ses veilles; l'Angleterre hérétique est aujourd'hui la nation qui bâtit des églises. L'archiconfrérie de Notre-Dame-des-Victoires, sortie depuis cinq ans à peine de son œuf imperceptible, est depuis longtemps répandue dans le monde entier. Hier, en vingt endroits de la France, les reptiles habitaient d'illustres et saintes ruines, maintenant relevées et bientôt agrandies, et devenues l'encensoir d'or où le parfum de la prière publique brûle toujours. L'admirable armée des Frères de la Doctrine Chrétienne multiplie sous les injures; nous produisons des Sœurs de Charité pour tout l'univers; nous apprenons pres-

que au même instant que l'on a découvert une terre nouvelle et que nos missionnaires et nos martyrs l'ont gagnée
à Jésus-Christ. Qu'une flotte anglaise introduise l'opium à
Canton ! quelque pauvre vaisseau marchand y portera bientôt des Français et l'Évangile, et nous saurons un jour qui,
de l'Angleterre ou de ces quelques Français, aura fait la
plus durable conquête !

Les doctrines philosophiques, tombant en décomposition
dans le cœur des peuples allaités par l'impiété, laissent
l'homme sans croyance, c'est-à-dire sans lumière. Il cherche, il n'est pas maître de ne point chercher ; car il faut une
croyance à l'homme, comme il lui faut de l'air et comme il
lui faut du pain ; il cherche, parce que rien ne fera que
l'homme ne soit plus l'homme, que l'abuser soit le transformer, que lui faire croire le mensonge soit lui ôter le
besoin de la vérité ; il cherche, et sous ce *détritus* d'erreurs
stériles, découvrant vivante et éternelle cette foi de l'Eglise
qu'il croyait morte, il se prend pour elle d'un ardent amour ;
et Paris voit le *Credo* emporter de vive force, au milieu des
applaudissements, jusqu'aux bastions voltairiens de la Sor-
bonne et de l'Académie des sciences.

Voilà pourquoi, dans l'ignominie de nos langueurs pré-
sentes, les mains tendues vers le ciel, nous espérons iné-
branlablement. Quelles que soient nos fautes et notre dé-
gradation, Dieu ne s'est point retiré du monde et de nous.
Nous croyons à la vie d'un peuple chez qui l'impiété rail-
leuse peut tous les jours saisir la Providence en flagrant délit de miracle, d'un peuple qui produit des Sœurs de Charité, des prêtres, des martyrs. Rien de digne et de grand
n'est mort, là où reste du sang pour arroser la croix.

# L'ÉVÊQUE ET LE PRÉFET.

11 mars 1843

Mesquine situation du préfet ; grandeurs et force de l'autorité spirituelle.
— Ce qu'il faut aux évêques pour faire le bien.

La mort, en frappant dans les rangs vénérables de l'é-
piscopat français, nous permet de remarquer fréquemment
la grande place que tiennent aujourd'hui parmi nous les
évêques. Les préfets, les généraux, les premiers présidents
changent de poste, vont et viennent sans que l'on y prenne
garde ; la foule se presse, recueillie, autour du cercueil de
l'Evêque qui meurt, et bientôt se porte avec des palmes et des
chants d'allégresse au-devant de l'Evêque nouveau. Partout,
lorsqu'il arrive, ce sont des arcs de verdure, des fêtes,
des gardes d'honneur. Pourquoi ces démonstrations ? Est-
ce l'autorité civile qui les provoque ? Non, car elle ne pourrait rien obtenir de semblable pour elle-même. Est-ce l'attente d'une récompense ? On sait, il est vrai, que l'Evêque
partagera son modique revenu avec les pauvres ; mais ce ne
sont pas seulement les pauvres, c'est encore et surtout la
classe aisée qui lui souhaite cette bienvenue, qui lui forme
ces cortéges brillants, qui lui prépare ces triomphes, et elle
ne reçoit de lui que des conseils et des bénédictions.

Fait digne de la plus sérieuse attention des hommes d'Etat,
c'est-à-dire des esprits libres de tout préjugé vulgaire, qui

s'appliquent à démêler, dans la confusion des manifestations
publiques, les sentiments vraiment profonds et utiles, pour
les féconder, pour s'en servir comme d'un instrument avec
lequel il est plus facile d'accomplir le bien.

Après tant de coups portés à l'Eglise, tant d'efforts en apparence couronnés de succès pour ruiner tout ensemble et
l'influence du sacerdoce et l'empire des croyances religieuses,
qu'est-il arrivé? Cette autorité de l'Eglise, que l'on voulait
abolir, est restée seule debout dans le cœur du peuple ! Là
où le peuple croit à quelque chose, il croit en Dieu ; s'il res-
pecte quelqu'un, c'est l'Evêque.

Nous ne voulons offenser personne. L'autorité temporelle,
malgré nos critiques fréquentes, n'a pas d'administrés plus
dociles que nous, plus désireux de lui faciliter sa tâche, plus
reconnaissants lorsqu'elle l'a dignement remplie. Mais enfin, nous avons à constater un fait dont les conséquences
importent au bien général, et nous demandons ce qu'est
dans nos départements le préfet à côté de l'Evêque ? De
quel côté est la considération, l'influence, l'autorité véritable
et reconnue ?

Légalement, le préfet est tout, fait tout, ou du moins
met la main à tout. On ne peut ouvrir un chemin, bâtir un
édifice, former un établissement, nommer un garde cham-
pêtre, ériger une paroisse, obtenir une gratification ou une
croix d'honneur, qu'il ne s'en mêle plus ou moins. Il tient
dans sa main l'abrégé de tous les pouvoirs du Gouvernement ; il touche un traitement assez sortable, il a une petite
cour.

L'Evêque, renfermé dans l'administration de son diocèse,
n'est rien hors de ce cercle, où il rencontre à chaque pas le
préfet, soit pour recevoir son contrôle, soit pour lui demander approbation ; à peine le consulte-t-on lorsqu'il s'agit
de son séminaire et de sa cathédrale ; il ne peut par lui-
même ni placer un aumônier de son choix dans un collège,

ni fermer une mauvaise école, ni gouverner un hospice. Ce
qui devrait le plus évidemment lui appartenir lui est soustrait, ou ne lui est laissé que moyennant conditions. Son
unique patronage est sur la multitude des abandonnés et
des derniers de ce monde : et quiconque dans son troupeau
peut vivre sans lui n'a rien à attendre de lui : la loi veut
que l'on puisse naître, vivre, mourir au delà des limites
bornées où peut atteindre la houlette pastorale.

Mais, ce que permet la loi humaine n'est pas toujours permis par la loi de Dieu, c'est-à-dire, en beaucoup de cas, par
la nature de l'homme même : car la nature de l'homme et la
loi de Dieu viennent de la même main, sont faites l'une
pour l'autre, et c'est le lieu d'appliquer une sainte parole
dont le sens est ici rigoureusement vrai : *L'homme*, quoi
qu'il fasse, *ne séparera pas ce que Dieu a uni*.

Allons à la réalité : pourquoi le préfet, malgré la multitude de ses pouvoirs, est-il si peu important ? Pourquoi
l'Évêque, relégué dans le gouvernement des choses saintes,
indifférentes au plus grand nombre de ces hommes qui sont
comme les forces vives de la société, tient-il néanmoins une
si grande place ?

Ce n'est pas uniquement parce que le préfet n'est, après
tout, comme administrateur, que l'instrument des bureaux ;
comme homme politique, que l'envoyé du ministre, muable
et révocable à volonté, serviteur d'intérêts qui sauront tout
aussi bien, lui absent, se faire servir par un autre. Ces
considérations, ainsi que les considérations personnelles, où
nous ne voulons pas nous arrêter, contribuent sans doute
au manque absolu d'autorité qui paralyse le préfet dès qu'il
veut agir par lui-même, et qui le contraint à n'être qu'un
entremetteur plus ou moins habile et un chef d'atelier plus
ou moins intelligent ; mais la grande, la vraie raison de
cet état de choses, c'est que l'Église est toujours une autorité, tandis que le Gouvernement n'est plus qu'une fonction.

Le Gouvernement s'est détruit lui-même en voulant détruire l'Eglise.

Par une triste conséquence de l'imperfection humaine, tout pouvoir temporel penche à l'ingratitude envers Dieu et à la tyrannie sur les hommes. Dieu permet les pouvoirs temporels pour l'organisation matérielle de la société et pour le service des peuples : à ce titre, l'Eglise les reconnaît, les appuie et les honore, sans préjudice de ce qui est dû au Maître des maîtres d'une part, et de l'autre à la dignité et à la liberté de la conscience chrétienne. Ces pouvoirs infidèles ont voulu tout abaisser au niveau de la servitude, et, trouvant dans l'Eglise un élément de liberté qui leur résistait toujours, ils ont excité contre elle l'ignorante fureur des passions populaires ; ils ont rompu toutes les digues, armé toutes les mains, permis toutes les violences, déchaîné toutes les cupidités, encouragé toutes les folies ; mais quand l'œuvre des destructions a été accomplie et qu'ils ont voulu recueillir le butin, la multitude révoltée s'est tournée contre eux, leur demandant qui les avait faits rois ? Et tandis que le flot populaire, en se retirant, laisse à découvert, dépouillé mais intègre, ce vieux rocher de l'Eglise avec ses temples, ses croix, ses prêtres, ses évêques et son Pape au sommet, quelques hommes s'efforcent péniblement d'arracher du limon les débris dispersés et déshonorés du pouvoir temporel, qu'ils n'emploient qu'en hésitant, non plus à la façon des possesseurs légitimes, mais comme des serviteurs à gages, toujours injuriés, toujours à la veille d'être frappés et chassés.

Entendez sur leur compte les éternels discours des orateurs, du public, des journaux. Les reproches vont jusqu'à l'injustice, le dédain jusqu'à l'ingratitude. « Quel est ce pouvoir ? d'où vient-il ? Il nous est apparu tout effaré au lendemain d'une nuit d'orage, traînant des insignes déchirés, cachant avec vergogne un sceptre rompu, cherchant à renier

la Sédition qui se dit sa mère et qui le fustige tous les jours.
Recule-t-il devant elle, il nous trahit et se trahit lui-même.
La combat-il, on crie au parricide. Il n'emploie pas un
agent qui lui soit dévoué, pas un homme que la foule dé-
bordée aime ou redoute assez pour rentrer dans le devoir
à son seul aspect. Nous ririons s'il osait nous parler de morale. Il ne s'énonce qu'au nom de la force et avec l'appareil
de la logique : mais ses prescriptions, ses lois, ses ordonnances portent dans leur sécheresse nous ne savons quelle
empreinte de doute, de servilité et de peur. C'est lui qui
nous craint ; et nous, nous ne le craignons pas, nous ne le
haïssons même pas ; il semble que nous le connaissions à
peine, nous le laissons faire, nous le supportons... »

Ce langage n'est pas le nôtre ; mais il nous permet d'apprécier combien le Pouvoir est déchu ; combien, par suite,
la société est languissante, et combien l'action de ce
Pouvoir abaissé doit rester impuissante à lui rendre la force
et la vie.

Si les lois établissent que l'on peut être citoyen sans le
secours de l'Evêque, il est établi de Dieu, et l'on sent qu'il
est impossible de faire ou de recomposer une société avec des
ministres et des préfets.

La société est une famille. La famille existe par le père,
et non par les frères aînés ou les serviteurs de la maison.
L'Evêque, prince du sacerdoce, est le père immortel de la
famille sociale.

Cette vérité dormait au fond de la conscience des peuples,
elle commence à s'y réveiller.

Je sais que les derniers murmures d'une révolte insensée
ne sont pas apaisés encore ; je sais que les frères aînés insur-
gés contre l'autorité paternelle, ne se sont pas tous repentis ;
je sais que les serviteurs ambitieux n'ont pas abjuré le coupable rêve de régner sans contrôle. Mais je sais aussi que
leurs prétentions, démasquées hier, sont contestées ce ma-

tin, et qu'elles seront risibles avant la fin du jour. Je sais
qu'on les voit se débattre et sombrer sans leur tendre la
main. Ceux qui ont des yeux pour voir, regardant ce rocher
de l'Eglise inutilement submergé par tant de flots, s'aperçoivent qu'il n'y a d'appui qu'en ce qui est fort, qu'il n'y a
de fort que ce qui est vivant, qu'il n'y a de vivant que ce
qui est éternel.

Quel prodige est-ce là? Comment cette Eglise n'a-t-elle
pas succombé? On prête l'oreille aux voix qui retentissent
sur la montagne sublime ; on entend des mots qui semblaient
n'être plus de la langue des hommes, et qui vont, jusque dans
les plus obscures profondeurs du cœur et de l'entendement,
frapper des échos longtemps endormis. Est-ce un rêve? Est-
ce un souvenir? Beaucoup ne sauraient dire encore ce qu'ils
éprouvent. Néanmoins, au milieu de leur étonnement, ils
devinent que cette parole tendre, miséricordieuse et sage, est
plus nécessaire au monde que tous les règlements de police
façonnés par les préfets, et que tous les Codes, sans elle impuissants, promulgués par les sénats.

L'Église ne dit pas des choses nouvelles, mais elle dit des
choses oubliées; un grand nombre de ceux qui l'écoutent,
l'écoutent pour la première fois, et sont émerveillés comme
des aveugles qui tout à coup verraient le jour. Il fallait
peut-être que nous eussions passé par un demi-siècle d'erreurs et de ténèbres, pour saluer avec cet amour les sereines
lumières de la vérité ; il fallait que nous eussions poursuivi
l'égalité sur tant de routes chimériques et périlleuses, pour
nous attacher à la hiérarchie de l'égalité chrétienne ; il fallait que les pouvoirs temporels, tout en nous exhortant à la
concorde, et tout en nous traitant de *chers concitoyens*, eussent tour à tour employé et souvent prodigué la prison, la
confiscation, l'exil et l'échafaud, pour nous faire comprendre
que dans l'Eglise et dans le cœur de l'Évêque nous sommes
vraiment frères et fils. Durant cinquante ans, sous prétexte

de liberté, on a fait de nous des sauvages; sous prétexte de
gloire, on a fait de nous des tyrans; sous prétexte d'intérêts
matériels, on a fait de nous des bêtes de somme et des machines : il fallait cela pour que nous fussions étonnés et ra-
vis d'entendre dire que nous avons une âme immortelle, que
notre liberté est d'obéir à Dieu, que notre gloire est d'aimer
nos semblables et de les servir.

Si les hommes d'État osaient comparer les proclamations
des préfets et leurs propres discours aux mandements des
évêques; s'ils examinaient ensuite ce que le préfet peut par
lui-même dans son département, ce que l'Évêque peut et
pourrait dans son diocèse, cette étude leur révélerait toute
une face de l'époque qui leur est trop inconnue.

Fénelon traçait, il y a cent cinquante ans, un tableau
déplorable. « Il ne faut pas, écrivait-il à l'Évêque d'Arras,
« que les évêques s'abusent sur leur autorité : elle est si
« affaiblie qu'à peine en reste-t-il des traces dans l'esprit des
« peuples. On est accoutumé à nous regarder comme des hom-
« mes riches et d'un rang distingué, qui donnent des béné-
« dictions, des dispenses et des indulgences; mais l'autorité
« qui vient de la confiance, de la vénération, de la docilité
« et de la persuasion des peuples, est presque effacée. On
« nous regarde comme des seigneurs qui dominent et qui
« établissent au dehors une police rigoureuse; mais on ne
« nous aime point comme des pères tendres et compatis-
« sants qui se font tout à tous. Ce n'est point à nous qu'on
« va demander conseil, consolation, direction de con-
« science... »

Grâce à Dieu, Fénelon ne ferait plus aujourd'hui entendre ces plaintes.

Nous ne regrettons certes pas l'influence politique et les
richesses que les évêques possédaient jadis; nous bénissons
Dieu qui les en a dépouillés, et qui leur rend en échange *l'autorité de la confiance et de la persuasion*; mais nous fai-

sons des vœux pour que le Pouvoir temporel comprenne
que cette autorité peut devenir le salut de la France et le
sien, s'il a seulement l'intelligence de la laisser exercer,
pleine et entière, par les mains où Dieu l'a placée. Il ne s'a-
git point ici d'anciens priviléges à rétablir, de nouveaux
priviléges à donner, d'injustices criantes à réparer, de pacte
à conclure entre l'autel et le trône quel qu'il soit : il s'agit
simplement de laisser nos évêques faire le bien qu'ils peuvent faire, de les abandonner aux libres inspirations de leur
foi et de leur charité, de ne pas boucher de vive force les
oreilles qui veulent s'ouvrir à leurs conseils, de ne pas contraindre à l'oisiveté les actifs dévouements qui se lèvent par
milliers dès qu'ils disent un mot.

Croyez-nous; les préfets et tous les agents politiques,
quels que soient leur zèle et leur habileté, ont aujourd'hui
peu d'empire sur les esprits, et vous sont d'un petit secours :
ils se bornent à procurer dans les conseils généraux quelques votes de nulle valeur; ils parviennent à faire nommer
une majorité de députés tranquilles, qui ne rehaussent pas
beaucoup les formes constitutionnelles et qui ne garantissent
guère la stabilité des institutions.

L'Évêque, en jetant parmi le peuple quelques germes de
croyance et de morale, fait plus de politique qu'il n'en sort
d'une session, et la fait meilleure pour nous tous. On vous
reprochait dernièrement de n'avoir pas encore apporté votre
dot à la France, et celui qui vous le reprochait [1] ne nous
paraît pas lui-même savoir nettement de quelle dot, de quel
bien inconnu la France sent le besoin. Souffrez qu'on lui
fasse acquérir la grâce de Dieu : c'est le don qui lui manque;
elle sera fidèle et contente lorsqu'elle l'aura reçu.

[1] Discours de M. de Lamartine dans la discussion des fonds secrets.

# LE CONSTITUTIONNEL ET LE P. LACORDAIRE.

19 avril 1843.

Le R. P. Lacordaire à Nancy. — Le *Constitutionnel* l'accuse de bona-
partisme. — Terreurs du libéralisme. — Le moyen de parvenir. — Ce
que c'est que la liberté du culte catholique.

Le *Constitutionnel* se préoccupe beaucoup des prédications du R. P. Lacordaire. Sans doute renseigné par quelques amis de Nancy, où l'illustre orateur répand depuis
bientôt six mois les salutaires enseignements de la foi chrétienne, le vieil organe du vieux libéralisme ne cesse de crier
qu'il faut prendre garde, si l'on ne veut tout à l'heure re-
voir les bûchers de l'Inquisition, et, pour nous servir de
l'heureuse expression d'un protestant de ses compères, qui
lui écrit de Strasbourg, revenir aux horreurs de la SAINTE-
Barthélemy. C'est là qu'en est encore ce *demeurant d'un
autre âge*. Il mourra dans ces idées, et si nous en parlons,
c'est seulement à titre de curiosité. De semblables raretés
ont une valeur, la valeur des choses qui vont passer de la
vie au souvenir. En outre, ce qui, de près ou de loin, touche
à la mission du P. Lacordaire ne saurait être indifférent aux
catholiques ; les impuissantes clameurs du *Constitutionnel*
acquièrent une sorte d'intérêt lorsqu'elles s'élèvent contre
ce grand cœur et contre ce grand nom. De quel tort l'éloquent religieux s'est-il donc rendu coupable ? quel mal a-t-il

fait? Le *Constitutionnel* va nous l'apprendre. Voici un premier exposé de ses griefs::

Le R. P. Lacordaire, voyant la Lorraine peu disposée à prendre pour patron et pour modèle le bienheureux saint Dominique, n'a rien avisé de mieux pour vivifier ses sermons que de parler à un auditoire patriote de la grande armée, du général Bonaparte, de guerres et de lauriers français, etc., etc. Le dominicain s'est retrempé dans le *chauvinisme* pour attirer la foule, et il appelle les curieux au son des clairons et de la grosse caisse de nos armées. A Nancy, il fait respirer l'odeur de la poudre; ailleurs, il évoquait les souvenirs de 93, et partout il fait valoir la beauté de son organe et l'élégance de ses gestes. *On dit ses prédications fort en succès près du sexe.* Ainsi l'héritier de saint Dominique aurait une assez bonne escorte, si l'on savait où il veut mener ses adeptes; mais il n'est pas facile de discerner la physionomie et le caractère d'un ancien collaborateur de M. Lamennais, qui s'est fait d'abord radical, puis qui a arboré la bannière de saint Dominique et qui finit par transformer en vrais théâtres les lieux des saints mystères, du recueillement et de la piété.

Il nous semble jusqu'ici qu'à part l'inconvénient *d'être fort en succès près du sexe*, qui peut exciter la jalousie du *Constitutionnel*, les torts du P. Lacordaire ne devraient pas paraître si grands ni à ce journal, ni au bel esprit de province qui le renseigne avec tant de délicatesse. Parler de la grande armée, du général Bonaparte, invoquer les souvenirs de 93 et ceux de 89, si ce sont là des choses qui déplaisent au *Constitutionnel*, comment lui plaira-t-on? Il ne fait pas autre chose dans le monde. Mais le dominicain transforme en vrais théâtres les lieux des saints mystères? Eh bien, que vous importe? Les chrétiens le trouvent bon, les évêques ne s'en plaignent pas : ne pouvez-vous nous laisser traiter, comme nous l'entendons, une religion et un culte qui ne sont point les vôtres?

Mais le *Constitutionnel* a d'autres griefs : d'abord il avait annoncé tout joyeusement que le Gouvernement venait de refuser au P. Lacordaire l'autorisation de s'établir à Nancy;

ensuite il s'est trouvé que la nouvelle de ce refus était fausse ; et c'est là ce qui le fâche pour le moins tout autant que l'assiduité du *sexe* à ces sermons où paraissent le général Bonaparte et la grande armée. « A en croire, dit-il, un « journal de l'Est, feuille catholique et radicale » (il s'agit de l'*Espérance*, qui est radicale à peu près comme nous), « le « R. P. Lacordaire *est gravé bien profondément dans le* « *cœur et dans l'esprit des Nancéiens.* » Le *Constitution-* *nel* souligne ces mots, tant ils lui paraissent exorbitants. « Il doit, poursuit-il, fonder un monastère de son ordre, « dans un magnifique domaine *qui lui a été donné en pur* « *don.* » Encore souligné. *Donné en pur don* exprime l'idée du plus haut et du plus dangereux fanatisme. « Une maison « du prix de 45,000 fr lui a été donnée à Nancy même. « On prétend, en outre, *qu'on lui a donné cinq cent mille* « *francs en espèces.* »

Ici le *Constitutionnel* termine l'alinéa. Il sent le besoin de respirer ; il partage évidemment la terreur que ces choses formidables doivent inspirer à ses abonnés ; et il a besoin de courage pour ce qui lui reste à dire.

Il [le P. Lacordaire] compte sur douze dominicains qui ont fait leur noviciat pour fonder son monastère. A ces religieux s'adjoin- draient plusieurs jeunes gens qui habitent Nancy, tous distingués *par leurs emplois et par leurs talents.* Ils attendent avec impatience le mo- ment de l'ouverture de l'établissement.

Sentez-vous grandir l'épouvante ! Des jeunes gens ! chose lamentable. Des jeunes gens distingués ! chose affreuse. Le *Constitutionnel* se demande si l'on veut dire que ces jeunes gens sont prêts à prendre le froc. Cela lui paraîtrait, ajoute- t-il, *assez curieux de la part d'employés de l'Etat* ; et devinez l'idée qui se présente aussitôt à lui : en méditant sérieusement le fait, le *Constitutionnel* découvre que ces jeunes gens, ces employés de l'Etat qui prendraient le froc, *verraient là peut-être* UN MOYEN ASSURÉ D'AVANCEMENT !...

On croira que nous inventons, et l'on nous fera trop d'honneur. Tout le monde peut dire qu'un homme qui entre en religion, qui renonce à tout, qui fait vœu de pauvreté, de chasteté, d'obéissance, agit par fanatisme, par faiblesse d'esprit, par ambition d'atteindre aux dignités ecclésiastiques ; mais trouver qu'il le fait *pour s'avancer dans les fonctions publiques*, c'est-à-dire pour devenir, de surnuméraire, employé ; de substitut, procureur du roi ; de sous-préfet, préfet ; de lieutenant, capitaine, etc., c'est ce que ne croiraient pas les esprits forts de Pontoise. Un tel excès d'innocence n'appartient dans le monde entier qu'au *Constitutionnel*. Nous avouons qu'il se surpasse, et que l'on voit peu d'acteurs comiques soutenir si longtemps leur réputation.

Nous ignorons ce qu'il y a de vrai dans tous ces bruits. Si le P. Lacordaire établit une maison de son ordre dans l'intelligente capitale du pays lorrain ; si, ayant trouvé à Nancy tant d'esprits dignes de le comprendre, il y a encore trouvé des cœurs assez forts pour le suivre et pour l'imiter, nous en bénissons Dieu, sans nous étonner d'un fait dont l'heure est venue. D'accord en cela avec le *Constitutionnel*, nous réclamons la liberté des cultes ; il la possède, et nous touchons au moment où il devra souffrir que nous partagions avec lui.

Or, la liberté de notre culte, mal connu du *Constitutionnel*, mais plus familier et plus respectable aux têtes intelligentes, c'est que, moyennant l'approbation de l'Église, chacun puisse servir Dieu de la façon et sous l'habit qui lui convient, s'engager suivant la pente de son cœur sous la règle de saint Dominique, sous celle de saint Benoît, sous celle de saint Bruno, sous celle de saint Ignace, sous celle de saint Vincent de Paul, également saintes, également salutaires à ceux qui les prennent, également secourables à l'humanité, également faites pour procurer l'avancement des âmes dans cette voie ardue qui mène au ciel. Nous ne sommes pas libres si nous ne pouvons pas nous dévouer à la prière, à la retraite, au silence, aux bonnes œuvres, à l'ardeur de la pénitence et du repentir; nous ne sommes pas libres, si nous ne pouvons pas fuir la mêlée des passions humaines, et, fatigués du combat, employer le reste de nos jours à prier Dieu pour ceux qui nous ont blessés. On a voulu nous dégager de ce souci, nous faire une autre liberté; mais puisqu'il est clair que nous ne l'acceptons pas, et que les pierres dispersées de nos temples et de nos monastères se relèvent pour ainsi dire d'elles-mêmes, il faudra bien qu'on y laisse de nouveau retentir nos hymnes et couler nos pleurs; qu'on laisse nos âmes, opprimées par les spectacles du monde, y chercher la paix et l'oubli. Nous y reviendrons donc. Quand et comment? bientôt et par la liberté. Tous les hommes ne le veulent pas? Et quand donc ont-ils voulu d'un commun accord que la conscience chrétienne fût libre, et que Dieu pût être servi? Mais Dieu et la conscience chrétienne ont de tout temps fait leur jeu de ces entraves. A ne compter que les moyens humains, nous avons ce qu'il faut pour vaincre; et si vraiment les ennemis de la prière s'épouvantent, ils ont raison, car ils seront vaincus. Pour combattre l'Eglise, il leur a fallu faire des lois d'iniquité dont nous saurons équitablement nous servir. Nous ne puiserons que dans leur arsenal, et nous n'y prendrons que la loi. Nous leur laisserons la fraude et la tyrannie. Nous userons de nos droits de citoyen, nous userons de la presse; et si Dieu permettait que, par un dernier effort, ils parvinssent à nous enlever ces armes puissantes, dans le silence et dans le secret de nos âmes il nous resterait la prière : ce serait plus qu'il ne faut. Dix-huit siècles ne leur ont pas appris à quel pouvoir ils s'attaquent : soit! Ces dix-huit siècles nous laissent sans inquiétude, en ce qui nous concerne, sur ce qu'ils peuvent et sur ce qu'ils sont. Leur persécution est à regretter sans doute, mais enfin ils n'ont pas plus de rhétorique et d'ima-

gination que Julien l'Apostat ; ils ont moins de moyens
d'exécution que Dioclétien et Galère. Combien de philosophes avant eux ont entrepris d'anéantir ce grain de sénevé
qui partout est devenu un grand arbre sous l'averse des injures et des calomnies ? Combien de bourreaux l'ont cherché dans les veines des martyrs et l'ont vu germer au fond
des cachots, et couvrir de ses rameaux les instruments du
supplice, et ombrager la terre arrosée de sang ? Ils ne veulent pas que nous soyons libres ; nous serons libres, parce
que Dieu le veut.

Qu'ils écrivent donc, s'il leur plaît ; qu'ils aient de l'esprit, s'ils le peuvent ; que cette vieille vipère voltairienne
qui frétille encore *incognito* dans le fond des provinces,
trouve un reste de venin à répandre, un reste de dent à briser sur la lime éternelle ! Puisque la question hollando-
belge est épuisée, que le droit de visite a fait son temps, et
que voilà le procès Caumartin fini, il faut bien que les cafés
s'amusent de quelque chose. *Les chrétiens aux bêtes !* Nous
connaissons ce cri, et ceux qui le poussent verront encore
une fois que les chrétiens n'en meurent pas. Non ! en vérité, nous ne ressentons point les colères qu'ils nous reprochent, et nous n'y avons aucun mérite. Où trouverait-on
des ennemis qu'il fût plus facile d'aimer ?

# DES LIBERTÉS DU THÉATRE

CONTRE LA RELIGION.

30 mai 1843.

Impuissance de la censure : description du censeur. — Argument de
M. Duchâtel, ministre de l'intérieur. — Que la religion catholique
doit être librement insultée sur la scène, par respect pour *Athalie*.

Nous ne pouvons laisser sans observations l'attitude prise
à la Chambre des Pairs par M. le Ministre de l'Intérieur,
dans la discussion de la loi sur la police des théâtres. Il s'a-
gissait d'ajouter au projet ministériel un article destiné à
prévenir les complaisances de la censure pour les auteurs
qui veulent introduire sur la scène les costumes, les cérémonies et les symboles de la Religion. Rien, assurément,
de plus légitime que cette prétention ; rien aussi de mieux
fondé et de plus parfaitement modéré, sous tous les rapports, que les raisonnements et les faits dont MM. de
Tascher, du Bouchage et de Gabriac l'ont appuyée. Les
nobles Pairs ont fait toucher au doigt l'impuissance des censeurs, honnêtes gens, sans doute, mais enfin très-petits,
très-minces employés, manquant de lumières quand la
bonne volonté ne leur manque pas, manquant d'autorité
lors même qu'ils auraient bonne volonté et lumières. Les
censeurs laisseraient paraître Notre-Seigneur Jésus-Christ
sur la scène, pourvu qu'on ne lui fît rien dire contre le Gou-

vernement. Et si le vaudevilliste ou le dramaturge, ayant
par hasard jeté les yeux dans les évangiles, montrait le Rédempteur du monde comme un homme bon, faisant du bien
aux pauvres, guérissant les malades, mariant les amoureux,
alors le censeur, visant la pièce, croirait, dans la simplicité
de son âme, rendre service à la mémoire de Jésus-Christ.
Que l'habit sacré soit traîné sur les planches, que la mitre
y paraisse au front d'un figurant, la croix aux mains d'un
autre ; que les demoiselles de la maison, déguisées en enfants de chœur, agitent l'encensoir ; que les danseuses, sous
le voile des épouses de Jésus-Christ, suivent les bannières
de la Vierge dans une procession dansante ; que l'on produise les dais, les cierges et jusqu'au simulacre blasphéma-
toire du Saint Sacrement ; qu'en même temps l'orgue chante,
l'encens fume et que le reste du peuple de théâtre se jette à
genoux : il y a cent à parier contre un que le censeur trouvera cela fort moral, fort *religieux*, qu'il sera même attendri
et qu'il croira bonnement qu'un tel spectacle purifie l'âme.
Il faut savoir ce que c'est qu'un censeur ! Pas un censeur,
qui, de grand vouloir, ne fût demain vaudevilliste, s'il en
avait le génie.

Cependant le censeur a-t-il lu quelque part quelque lam-
beau de discours ministériel, où il aura vu que le Gouvernement veut protéger la Religion ? les cris d'un feuilletoniste en verve de piété l'auront-ils alarmé sur les audaces du
vaudeville ? Il pourra projeter d'être désormais plus sévère ;
il n'y parviendra pas. L'auteur est là qui l'épouvante de son
courroux. Il craint les brocards de coulisse, il a peur d'un
article de petit journal. Aucun censeur n'est fier de ce titre
et ne se soucie de paraître en public ses ciseaux à la main.
On a tant ri des censeurs sous la Restauration ! Ils faisaient
la paire avec les *Jésuites*, et il n'est pas impossible que le
censeur d'aujourd'hui n'ait lui-même autrefois, *quand son
âge fleuri roulait son gai printemps*, lancé contre la cen-

sure, dans le *Miroir* ou dans le *Nain jaune*, des traits qu'il
n'a point oubliés. Devant ces menaces, devant ces souvenirs, devant cette horreur dont il se sent chargé, il plie, il
ferme les yeux. Il se contente de sareler ce que le manu-
scrit peut renfermer d'impiétés et de sacriléges envers les
majestés de l'État, princes, ministres, chefs de bureau,
commissaires de police, gendarmes. Dans une pièce, par
exemple, où l'on dit de Mazarin : Ce *damné ministre*, il
efface le blasphème, met : Ce *damné cardinal* (1), et s'en
va, bien avec sa conscience, bien avec l'auteur, bien avec
le Gouvernement, jouir aux premières loges du succès de
sa correction.

Voilà quelle est la censure. Il faudrait donc la fortifier
contre elle-même : on le pouvait sans nuire à l'art et sans
nuire aux auteurs. De longs discours ne sont pas nécessaires
pour prouver que partout, sous la loi chrétienne, c'est l'intelligence et le respect des choses sacrées qui ont fait la gloire
et la splendeur de l'art. Personne en France ne l'ignore, et
moins que personne M. le Ministre de l'Intérieur, lui qui
dirige les Beaux-Arts, et qui connaît leur état présent. Quant
aux auteurs, d'un ordre si notoirement inférieur, qui croient
avoir besoin de la profanation et du sacrilége pour donner
à leurs ouvrages un peu de montant, dès qu'ils sauront que
cet élément ne peut plus entrer dans leurs spéculations, ils
s'industrieront pour le remplacer par un autre. Ils ont vécu,
depuis les lois de septembre, sans outrager les personnes
royales, ni les ministres en place ; sans rouvrir, comme ils
le faisaient auparavant, les tombeaux à peine fermés, pour
dévorer ce que la mort y avait laissé de chairs : ne sauraient-
ils pas tout aussi bien se passer d'introduire nos saints, nos
mystères, notre clergé, nos religieux, tous les objets de
notre vénération, dans leurs parades indécentes ?

(1) Historique.

Les nobles orateurs faisaient valoir ces considérations avec une force irrésistible, et nous le répétons, avec une modération que leurs collègues et M. le Ministre lui-même ont dû admirer. Ils ajoutaient les réflexions naturelles en pareille matière à tout esprit vraiment politique ; démontrant que rien n'est funeste aux mœurs, et par conséquent à la saine police des États, comme le mépris des croyances ; que l'honneur de la Religion est délicat par-dessus toute chose, et que montrer sur la scène l'habit de ses ministres, y parodier son culte, c'est véritablement lui porter des coups empoisonnés.

Qu'a répondu M. le Ministre ?

Il a demandé d'abord de quelle religion on voulait parler : que si c'était de la catholique, elle n'était pas la seule reconnue en France, et qu'on ne pouvait créer un privilége en sa faveur. Quoi ! pas même le privilége de n'être plus outragée sur le tréteau par permission de la police et des autorités constituées ? Admettons néanmoins l'objection comme les nobles Pairs l'ont admise. Qu'il s'agisse dans la loi de tous les cultes reconnus, qu'ils soient tous respectés, nous ne demandons pas mieux, la morale ne peut qu'y gagner. Mais c'est justement là que M. le Ministre nous guette, armé de l'argument incomparable qui doit l'emporter sur les raisons de dignité, de morale, de bonne police qu'on lui présente et qu'il apprécie tout le premier. Dans le fond, dit-il aux auteurs de l'amendement, je suis de votre avis ; mais s'il faut prohiber sur la scène les cérémonies de la religion catholique, il faut prohiber aussi celles de la religion juive ? — D'accord, quoique nous ne sachions pas bien ce que le théâtre serait tenté de prendre aujourd'hui dans les cérémonies de la Synagogue. — Eh bien ! reprend triomphalement M. le Ministre, si les cérémonies juives sont interdites, comment représentera-t-on *Athalie* ?...

Voilà le coup de dialectique qui a mis l'amendement sur

le carreau. Vainement les nobles Pairs qui l'avaient proposé ont voulu le relever ; M. le Ministre se contentait de
répéter : *Athalie ! Athalie*, cet ouvrage impérissable ! *Athalie*,
ce chef-d'œuvre immortel ! *Athalie*, qui... *Athalie*, que...
*Athalie ! Athalie* ! Et à chaque fois l'amendement retombait
plus meurtri, tant qu'enfin il en est mort. Hélas ! combien
de larmes aurait versées le pauvre Racine et de quel cilice il
se serait couvert, s'il avait pu prévoir que ce poëme, le der-
nier-né de son génie et de sa piété, servirait de raison pé-
remptoire à un ministre pour autoriser les profanations que
la Religion subirait un jour sur tous les théâtres du royaume
très-chrétien !

Il faut que M. Hugo, M^me Sand, M. Dumas, M. Carmou-
che, MM. Cogniard frères et tant d'autres puissent nous
montrer en plein théâtre des cardinaux pervers, des prêtres
*tolérants*, des moines infâmes, des nonnes lascives ; il faut
que celui-ci ait le droit de mettre le confessionnal sur la
scène, que celui-là parodie le baptème, comme on le faisait
sous Néron, que cet autre y déploie les processions de la
Fête-Dieu.... Ces processions qui n'ont pas le droit de sortir
de l'église, le premier venu peut en faire un divertissement
scénique ! Tel costume que la police ne tolérerait pas dans
la rue, sur les épaules d'un saint, sera licite sur les tréteaux,
dans les farandoles et les bals masqués, dans le cortége du
bœuf gras, où M. le Ministre de l'Intérieur a pu voir
comme nous, cette année même, la croix de Jésus-Christ, le
glorieux insigne des combats de la Terre sainte, sur la poi-
trine d'un garçon boucher, au milieu d'une cohue d'écuyè-
res et de baladins ! Tout cela parce que Racine a fait *Athalie !...*

Et puis l'on viendra nous affirmer que l'on est plein de
vigilance et de soucis pour le bien de la Religion, que l'*on sent
toute l'importance de ce grand intérêt social*, qu'on le respec-
te, qu'on le protége ! M. le Ministre de l'Intérieur n'a pas

manqué d'en donner sa parole à la Chambre des Pairs, ainsi
que M. Cousin l'avait fait quelques jours auparavant dans
la même assemblée, le jour où M. Quinet parlait au Collège
de France ; ainsi que M. le Ministre de l'Instruction publique le répétait au même instant à la Chambre des Députés ! Avec cette parole, on répond à tout, on est quitte
de tout, rien ne prévaut contre d'aussi nettes assurances ;
et ceux qui ne s'en contentent pas, voyant les faits, sont des
emportés, des *imprudents* (nous citons les expressions de
M. le Ministre de l'Intérieur), *qui, par leurs excès, discré-
ditent la Religion aux yeux des populations.* O bonne foi !
De quelle exagération dans la pensée, de quel excès dans
la forme se sont donc rendus coupables, nous en revenons
là toujours, ces trois nobles Pairs, qui priaient qu'on mit un
terme à des jeux sacriléges, dont l'impudeur a maintes fois
scandalisé jusqu'aux feuilletons ?

C'est l'État, au contraire, nous ne craignons pas de le
dire, qui continuellement repousse, par des violences de
langage, les réclamations les plus mesurées de l'Épiscopat,
les observations les plus calmes des orateurs catholiques,
les discussions les plus légales de la presse. Il s'irrite contre
des prélats, contre des hommes politiques, contre des écrivains qui ne témoignent et qui n'ont pour la plupart, il
le sait bien, aucun sentiment hostile à son égard ; qui se
feraient scrupule de l'entraver dans le moindre bien qu'il
voudrait sérieusement opérer, qui se sont mis en dehors de
tous les partis pour n'embrasser que les intérêts de la
France : il les repousse, il est âpre envers eux, il calomnie
leurs intentions, il les injurie en les traitant de calomniateurs. Oui ! des ministres ne rougissent pas de venir, à
l'exemple d'un vil journal, nous traiter de calomniateurs,
dans le sein même du parlement ; et ils nous blessent moins
qu'ils ne nous font souffrir pour eux par cet oubli de leur
dignité ; car si nous avons calomnié, ils nous doivent des

juges ; si nous n'avons pas calomnié, ils nous doivent justice,
et dans l'un comme dans l'autre cas, ils nous doivent le silence, et ils se le doivent encore plus qu'à nous. La violence
vient d'eux, vient de l'État, voilà le fait! Et en même temps,
contraste lumineux, l'État n'a pas un acte de vigueur, pas
une parole de blâme officiel contre des rhéteurs, contre des
journalistes, contre des ouvriers de théâtre qui déversent
insolemment en son nom, ou de par le privilége qu'il leur a
concédé, l'outrage et le mépris non-seulement sur les choses
qu'il doit vénérer le plus comme chrétien, mais encore sur
des doctrines hors desquelles il n'est point de salut pour les
sociétés.

En bonne foi, que pouvons-nous conclure, sinon : premièrement, qu'avec toutes ces belles paroles, le Gouvernement n'aime pas la Religion ou ne la comprend pas ; qu'il
la protége à titre de chose existante, peut-être utile, mais
non à titre de chose respectable et divine en soi ; secondement, que, malgré notre réserve, malgré un respect dont
nous avons soin de ne jamais nous départir envers les lois,
envers la dynastie, envers tous les corps constitués (l'Université exceptée, qui n'a point d'existence légale), le Gouvernement, par une erreur déplorable, nous considère comme
ennemis, nous et ce que nous défendons, et nous traite en
conséquence ?

Nous livrons ces réflexions à la méditation de tous les
catholiques de France : elles porteront des fruits, et tant
pis pour ceux qui récolteront la défiance après avoir semé
l'injustice !

# M. DE LAMARTINE ET LA DÉMOCRATIE.

18 juin 1843

Nouvel habit de la vieille opposition. — *A l'accomplissement régulier
et pacifique des destinées de la Démocratie!* — En quoi M. de Lamartine se trompe. — Annonce de sa destinée politique.

Quinze cents personnes de Mâcon ont donné un banquet
à M. de Lamartine pour le féliciter de la direction politique,
nous n'osons pas dire nouvelle, car M. de Lamartine prétend n'avoir pas varié, mais plus marquée, qu'il a prise
depuis la loi sur la régence. Suivant l'usage de ces réunions
l'illustre député a harangué ses quinze cents convives,
doublés d'un nombre bien plus considérable de simples
spectateurs. Il y avait, dit-on, quatre mille personnes. C'est
beaucoup pour un *meeting* français, et cela nous semblerait
beau, sans le contraste offert tous les jours par les assemblées qui courent au-devant d'O'Connell, et qui ne dînent
pas. D'ailleurs, les orateurs et les intérêts sont dans la proportion des assemblées. M. de Lamartine a dit à un inter-
rupteur trop obligeant que la France n'est pas l'Irlande,
qu'il n'est pas O'Connell, et qu'il ne poursuit pas le même
but. Rien de plus vrai. Hommes, principe, influence et
gloire sont dans la proportion de quatre mille à quatre cent
mille. Les talents seuls sont équivalents ; mais qu'est-ce que
le talent tout seul ? Avec le talent on fait les apparences,

non les réalités. Le meilleur cuisinier du monde (qu'on nous
passe cette comparaison à propos d'un discours d'entre-
mets), s'il ne sert que des sauces, ne servira rien de forti-
fiant.

La sauce de M. Lamartine est cependant appétissante ; elle
a enthousiasmé les convives et sera goûtée ailleurs qu'à
Mâcon. Le Pouvoir et les partis, depuis longtemps, n'ont
rien présenté à l'intelligence publique que l'on puisse comparer même à cette nourriture creuse. L'orateur a parlé
très-habilement toujours et quelquefois avec une rare ma-
gnificence, de liberté complète et pourtant paisible, de
démocratie absolue et pourtant ordonnée, d'égalité parfaite
et pourtant d'hiérarchie ; il a dépouillé fort rudement la
vieille opposition de ses lambeaux misérables, dont on commence à se lasser, pour la vêtir, en sa personne, d'un habit
tout neuf et tout brillant ; il a proposé une conciliation des
partis qui doit donner à penser non-seulement au Cabinet,
non-seulement au Gouvernement, mais au *Système* (terme
nouveau qui va loin en langage constitutionnel) ; car cette
conciliation, qui pourrait bien réussir, exclurait naturellement le *Système* de l'embrassement général et l'inquiéterait
beaucoup sur les terres d'alluvion où il s'est établi. En un
mot, M. de Lamartine fait dans ce discours ce que ni feu
M. Garnier-Pagès, ni M. Odilon Barrot, ni M. Thiers, ni
M. Guizot, ni M. Molé, ni le *Système* n'ont pu faire depuis
qu'ils y travaillent ; il réunit dans un programme assez ha-
bilement coordonné pour paraître logique à peu près tous
les instincts bons ou mauvais, légitimes ou seulement plau-
sibles, ou même tout à fait faux, qui tourmentent aujour-
d'hui les diverses classes de la société. Il a des phrases adroites
pour lier les idées les plus disparates ; il en a de vraies pour
justifier les plus douteuses ; il en a de nobles pour faire admettre les plus saines ; il en a d'éloquentes pour relever les
plus folles. Après l'avoir lu, tout bon citoyen, tout honnête

homme, dont la pensée ne va pas plus loin au fond des choses que celle de l'orateur (et combien en est-il en ce temps qui ne vont pas jusque-là!), peut en conscience être l'adversaire du Gouvernement. Pour n'être pas tenté par son programme, lorsqu'on a suffisamment d'intelligence, de patriotisme et de chaleur d'âme, il faut tenir au budget par les dents, — ou à la vérité par le cœur.

M. de Lamartine a résumé son discours dans le toast suivant : *A l'accomplissement régulier et pacifique des destinées de la démocratie !* Ce n'est pas ce que nous blâmons. Nous aimons tout développement régulier et pacifique, parce que tout ce qui se développe de la sorte est chrétien. S'il plaît à Dieu que la démocratie forme la base des institutions futures, nous n'aurons rien à objecter contre un fait qui a cessé d'être nouveau depuis dix-huit cents ans. Le jour où le Rédempteur lava les pieds de douze hommes choisis parmi les plus pauvres et les plus ignorants d'une race opprimée, ce jour-là, l'égalité descendit sur la terre, et le Pouvoir reçut l'éternelle mission dont il ne pourra se départir sans être bientôt brisé. Mais avant ce grand enseignement avait été donnée la seule loi qui pût le rendre praticable dans le monde. Depuis lors, tout gouvernement chrétien, régulier et paisible a été une démocratie appropriée aux besoins du temps. Les révolutions ne sont que des efforts tentés pour arriver là, sortir de là, revenir là. Toujours il y faudra revenir. Dieu a eu des égards et des respects pour la dignité humaine, qui ne permettent pas qu'il en soit autrement. Sa colère même s'épuisera sur les nations coupables : après avoir permis qu'elles s'égarent, il leur pardonnera. Elles s'affranchiront des mains de l'homme et retrouveront leurs droits. La démocratie sera faussée, sera ruinée ; mais la loi éternelle d'où elle découle la redressera et la relèvera toujours. Cette loi, c'est l'invincible nature des peuples régénérés de Dieu. Dieu ne permettra pas que dans cette partie de l'espèce humaine où il lui a

plu d'être connu et adoré, l'âme humaine, pour laquelle il a
voulu mourir, devienne à jamais la vile proie d'un vil tyran.
Que le tyran soit légitime ou qu'il ait usurpé, qu'il cor-
rompe ou qu'il abrutisse, qu'il tue ou qu'il déshonore, l'âme
humaine lui échappera. *A l'accomplissement régulier et
paisible des destinées de la démocratie !* Nous ne disputerons
pas là-dessus, et tout au contraire voici notre verre,
voici notre main, voici notre cœur ! Nous vous faisons raison,
si vous demandez l'accomplissement des volontés de
Dieu qui nous veut libres et frères sous son sceptre paternel ;
si vous demandez que l'Église de Dieu puisse nous enseigner
en liberté cette foi et cet amour, qui sont les deux
sources où se raffermit toute sagesse et se ranime toute vertu ;
si vous demandez qu'un jour, et le plus tôt possible, la voix
du genre humain déclare exécrable quiconque, regardant
les hommes comme un misérable troupeau, use à son profit
de l'autorité qui lui est déléguée pour les conduire, et par
quelque moyen que ce soit, garrottant ceux qui ont reçu mission
de prêcher la liberté du Seigneur, s'efforce de mettre
dans leur bouche un bâillon parricide, ou veut seulement l'y
laisser !

Mais est-ce là ce que M. de Lamartine demande ! Nous
ne pouvons pas même répondre que nous en doutons : nous
sommes malheureusement sûrs qu'il veut le contraire. Son
opinion trop connue sur la liberté d'enseignement nous dit
assez que sa démocratie n'est pas la nôtre. Toute la largeur
de ses vues, tout l'effort de son génie se bornent à rassembler
des nuages et à former des tempêtes, là où le Gouvernement
s'exténue à maintenir le calme plat. Mais une boussole, un
astre au ciel, un port dans l'avenir, il n'en connaît point. *La
France*, a-t-il dit un jour, *est une nation qui s'ennuie;* et il a
dit vrai, plus vrai qu'aucun de ceux qui n'ont pas dit toute
la vérité. Cependant l'homme qui n'a vu que cela dans nos
besoins et dans nos misères n'est bon qu'à nous désennuyer.

Nous ne prétendons point qu'il soit dépourvu d'une ambition plus haute et meilleure, qu'il ne garde des désirs plus dignes de la France et de lui. Il y a des illuminations dans son discours; l'on y reconnaît parfois la pensée d'un homme d'État, et plus souvent encore on y sent l'âme d'un homme de bien. Jamais les orateurs de l'Opposition, jamais ceux du Gouvernement, les uns attachés aux chimères de leur étroit libéralisme, les autres engourdis dans le culte de la matière et de la peur, n'ont eu d'inspirations pareilles, n'ont fait paraître avec un semblable prestige, devant les instincts éblouis de la foule, ce beau fantôme de l'ordre libre et de la liberté ordonnée, dépouillant en apparence tout esprit d'exclusion, immolant tout préjugé haineux, acceptant avec honneur tout noble souvenir, aspirant à la paix, à la gloire, à la concorde; enfin, un rêve!... mais un rêve qui semble praticable à tous, excepté au Pouvoir actuel, à qui il demanderait trop de sacrifices; excepté à nous, qui voyons que l'Évangile n'y est pas.

M. de Lamartine n'en sait rien; c'est son malheur. C'est ce qui fait, entre autres choses, qu'au lieu de ressembler à O'Connell le catholique, prophète et libérateur de son peuple, il n'est qu'un chef de parti populaire, quelque chose, talent et caractère à part, comme O'Connor le chartiste. La démocratie, qu'il nous peint si belle, ne sera jamais, s'il la fait triompher, qu'une révolution où il aura pour un jour le premier rang, et qui, puissante comme un orage, passera vite et laissera tout à refaire après qu'elle aura passé. Pourquoi ? Parce que l'Évangile n'y sera pas, et que là où n'est pas l'Évangile il n'y a rien de bon, sauf quelques vains désirs incessamment combattus par mille faiblesses chez les plus honnêtes, par l'incommensurable multitude de passions égoïstes dans tout le reste de cette tourbe qu'émeut le souffle des révolutions. M. de Lamartine peut s'abuser sur l'influence de son talent et de sa probité : personne ne peut croire que le *caput mortuum* des vieux partis révolutionnaires, ce reliquat dont le *National*, le *Constitutionnel*, le *Siècle* et tant d'autres feuilles nous peignent les inguérissables préjugés, vient se ranger de bonne foi sous le drapeau de la concorde universelle. Quelle que soit la pensée de M. de Lamartine, ces hommes le prennent pour ce qu'il est, pour une arme de guerre que la fortune leur envoie et qu'ils sauront bien employer à leurs desseins. L'illustre orateur, tout grand partisan qu'il se montre des libertés publiques, oserait-il en demander une qui lui assurerait notre concours, mais qui lui enlèverait le leur, plus nombreux et plus bruyant, moins honorable et moins convaincu? Donc, ou il est d'accord avec eux dans le résultat qu'il veut atteindre, et ce résultat est misérable ; ou dès à présent il porte leur joug, et misérable est sa destinée ! S'il ne se laisse pas corrompre à l'intérêt de sa gloire personnelle, tout au moins il suit de trompeuses lueurs. Il travaille pour lui, pour un parti, il travaille pour un jour ; il ne saurait être l'homme d'un peuple, le révélateur d'un avenir. Et pourquoi Dieu appellerait-il à tant d'honneur celui dont le cœur trop faible, trébuchant sous le poids du génie, s'est laissé, comme une femme, gagner à la louange et aux passions ? On s'explique le héros de l'Irlande, puisant dans la prière et dans l'humilité chrétienne la force merveilleuse dont il brise un à un, depuis quarante ans, les fers de sa patrie ; mais que l'homme qui, après avoir reçu la harpe sainte, en a tiré tour à tour, au gré de ses flatteurs, des chansons pour Elvire, des outrages pour le Dieu du Sinaï, des blasphèmes contre le Dieu du Calvaire, s'élève tout à coup à la hauteur sociale de l'Évangile et trouve des idées capables de former un peuple avec les restes de cinquante révolutions, c'est ce que le monde n'a point vu encore. Dieu qui a donné au génie tant de beaux privilèges a réservé celui-là pour la foi.

Je le dis avec un profond regret, et j'espère bien qu'il n'y a dans mes paroles aucun outrage : M. de Lamartine servira les desseins de Dieu, parce que tout homme et toute action humaine vont là ; mais il me semble avoir pris la voie de ceux à qui leurs œuvres ne sont pas imputées à justice, et qui, s'avançant dans la lumière un bandeau sur les yeux, n'arriveront au terme que pour répondre du bien qu'ils auront mal fait.

Qu'est-ce qu'un programme de liberté où le nom de l'Église ne paraît même pas, où l'on sent qu'elle restera captive si elle est comptée, où l'on blâme le Pouvoir d'avoir *retiré peu à peu toutes ses promesses*, lorsque l'on a soi-même, du cœur et de la voix, consenti au parjure envers la seule de ces promesses dont l'Église et la conscience des catholiques aient réclamé l'accomplissement ? Quoi ! vous nous parlez de démocratie, et parce que nous croyons en Dieu, nous serons, dans cette démocratie, des ilotes incapables de léguer notre croyance à nos enfants ! Vous nous parlez d'égalité, de fraternité, et parce que nous croyons en Jésus-Christ, nous ne sommes ni vos égaux ni vos frères : vous nous tenez en tutelle et en servage ! Tandis que vous prêchez en pleine rue ce que bon vous semble, vous nous gardez prisonniers dans nos églises, où vos inquisiteurs peuvent venir encore arracher à nos prêtres l'habit qu'il leur plaît d'y porter (1) ; prisonniers dans nos maisons, où nous ne pouvons que par tolérance nous réunir sous une loi de prière, et d'où vous viendrez demain chasser les enfants de nos voisins pauvres, si nous voulons leur faire connaître et leur âme immortelle et les commandements de Dieu ! Est-ce assez dire ? Non ! car vous prétendez que la foi soit prisonnière au fond de nos consciences

(1) La police de Paris avait récemment exigé que le R. P. Lacordaire ne parût pas dans la chaire de la métropole avec sa robe de dominicain, mais avec les insignes de chanoine.

mêmes, et vous cherchez le moyen d'empêcher que nous y prononcions le vœu éternel de rester chastes, pauvres, obéissants ! Voilà votre démocratie, voilà vos libertés : que voulez-vous que nous en attendions ? Faites-en des programmes, ornez-les de toutes les fleurs du langage, cela est bon pour des gens qui viennent de dîner. Quant à nous, nous vous laisserons dire et nous vous regarderons passer. Quelque chose un jour sortira de là, nous le savons bien. Dieu en tirera la vie : vous n'y avez mis que la mort.

Vous aimerez la liberté, l'égalité, la fraternité quand vous trouverez bon qu'un moine, rassemblant le peuple qui sortira de vos comices et de vos banquets, puisse, sous la garantie de ses supérieurs et sous celle des lois, mais avec toute l'indépendance de la religion, faire connaître à ce peuple ses devoirs envers vous, vos devoirs envers lui. D'ici là, je vous dis que vous aurez peur de la liberté, de l'égalité et de la fraternité. Vous ne serez pas une opinion, vous ne serez pas un pouvoir ; vous serez une coterie contre une coterie, vous escamoterez le sceptre pour un jour, et quelque autre vous le volera le lendemain. Nous vous regarderons passer ; vous passerez en bloc, l'histoire ne vous distinguera pas ; vous passerez jusqu'à ce que vous ayez accompli le nombre de mouvements nécessaires pour que l'aiguille marque une heure sur le cadran de l'histoire.

Combien vous seriez faibles, si le Pouvoir n'ignorait plus encore que vous ce que vous ignorez tant ; si vous n'aviez contre lui l'avantage de ces fautes que vous commettrez aussi fréquemment que lui, quand ce sera votre tour d'être aveuglés par le maniement de l'autorité, de trembler devant les dées dont vous épouvantez vos rivaux, de gémir comme eux sous le faix importun de vos serments ! Néanmoins, satisfaites à leur destinée et à la vôtre. Nous sommes neutres ; tant que vous serez à l'horizon les uns et les autres, nos jours ne nous paraîtront pas venus. Vivez et combattez aussi longtemps que Dieu le voudra bien. Ce nous est assez de savoir qu'il est seul éternel. Nous ne faisons de vœux pour personne. Qu'avons-nous à recueillir dans vos débats? Aucun avantage, notre part seulement de l'expiation commune. Nous gardons fidèlement, à l'écart de vos mêlées, le plus cher intérêt de la patrie; rien ne nous séparera de ce dépôt sacré, nous le défendrons pour vous, contre vous-mêmes. Car enfin vous vous fatiguerez, vous vous épuiserez, vous rougirez! Un jour, dans une lassitude et dans un désespoir immenses, les plus sages d'entre vous s'écrieront : Où donc est la liberté, où donc est la concorde, où donc est la loi, où donc le repos, la gloire, l'honneur? Alors il sera possible de vous faire écouter l'Evangile, et vous pourrez devenir des citoyens.

# DU ZÈLE ET DE LA MODÉRATION.

25 mai 1843.

La polémique contre les universitaires déplaisait à un certain nombre
de catholiques dont elle effrayait l'esprit ou gênait la situation. Plusieurs de ces derniers, oubliant la part que de vénérables évêques
prenaient à la lutte, accusaient la presse de troubler la paix. L'article suivant fut la réponse de la presse à un discours prononcé
devant un nombreux auditoire. L'orateur, M. Ozanam, recomman-
dable par son talent et par ses vertus, s'était donné le tort d'attaquer
les écrivains laïques qui combattaient l'Université jusqu'à les menacer du destin de Lamennais.

Nous faisons peu de cas, on le sait, de l'habileté humaine.
Sans nous préoccuper des commentaires de la mauvaise
foi, nous disons nettement ce que nous pensons, ce que
nous voyons, ce que nous voulons ; nous essayons d'exécuter ce qui nous est démontré juste et de devoir. Notre
prudence regarde notre âme exclusivement : nous faisons
en sorte de ne point mentir, de ne point haïr, de ne servir
aucun ressentiment, de ne vouloir, à l'issue du combat, ni
butin ni gloire, de résister dans le péril à cette langueur
qui, sous le nom de mansuétude, conseille la fuite et le
repos. Le reste, à la grâce de Dieu ! Un chrétien n'attri-
buera jamais à la sagesse de ses calculs l'accomplissement
des desseins qu'il a formés. Après le succès, il bénira Dieu
qui a vu la pureté de son intention et qui l'a fait réussir par

des coups de providence inattendus. Toute l'action de
l'homme, une fois accomplie, est une force mystérieuse
jetée dans le monde, dont les effets ne lui appartiennent
plus; Dieu en usera souverainement. Il en usera pour sa
gloire, terme dernier de toutes choses ; mais en même temps
il en usera pour notre punition ou pour notre récompense,
selon l'intention à laquelle nous aurons obéi.

Au milieu des ténèbres d'ici-bas, supputant les conséquences infinies dont le germe est dans nos moindres œuvres,
qu'oserions-nous faire, si nous ne prenions confiance en
Dieu ? Insensé celui qui se flatte d'accomplir le bien sans un
secours miraculeux et continuel ! Mais celui-là serait un
autre insensé, qui, désespérant d'obtenir secours, dépen-
serait sa vie dans une lâche inaction, et, pour ne pas faire
mal, voudrait s'abstenir toujours. Il commettrait le crime
du serviteur qui enfouit son talent. Nous avons reçu un bien
propre, dont nous pouvons payer tous les dons du Saint-
Esprit : c'est notre liberté, c'est notre intention ; voilà notre
domaine, notre royaume, ce qui est bien à nous. Vouons à
Dieu cette liberté ; efforçons-nous, par toutes les voies que
l'Église nous enseigne, par toutes les puissances qu'elle
nous acquiert, par toutes les lumières dont elle nous en-
toure, de rendre cette intention pure, droite, de la mettre
entièrement sous la main de Dieu. Et lorsqu'une fois nous
en sommes là, ne délibérons pas tant sur ce qu'il convient
de faire. La vérité est attaquée, il convient de la défendre ;
l'Égyptien frappe notre frère, il convient de sauver notre
frère ; la terre de la servitude est mauvaise, la foi s'y perd,
l'âme y est opprimée: n'importe quels flots et quelle aridité
nous séparent de la terre promise à nos aïeux, il convient
de fuir la servitude. Un chemin s'ouvrira sous les ondes, la
manne pleuvra dans le désert !

Oui : il y a toujours quelque chose d'humain dans les
œuvres de l'homme. Mais l'on est injuste envers nous, si

l'on ne rapporte pas surtout à des sentiments de foi cette ardeur à marcher en avant contre tant d'ennemis qui nous menacent, malgré tant d'amis qui s'empressent pour nous retenir, criant que nous les compromettons. Il s'agit bien ici d'amis ou d'ennemis, de la multitude des uns, des petits intérêts et des petites commodités des autres ! Tant pis pour ceux qui nous écraseraient de leur nombre, tant pis pour ceux qui peuvent être compromis ! Nous faisons une guerre où il faut toujours brûler ses vaisseaux. « Je jure, disait le chevalier du Temple, que je défendrai par mes paroles, par mes armes, par toutes les voies qui me seront possibles, et par la perte même de ma vie, les mystères de la foi, les sept sacrements, le symbole des apôtres et celui de saint Athanase, l'Ancien et le Nouveau Testament, avec les explications des saints Pères reçues par l'Église, l'unité de la nature divine et la trinité des personnes en Dieu, la virginité de la vierge Marie, avant et après avoir mis son Fils au monde. J'irai combattre outre-mer, s'il le faut ; je ne fuirai jamais devant trois infidèles, quand même je serais seul... J'assisterai par mes armes, par mes paroles et mes actions, les personnes religieuses. » Et saint Bernard s'écriait : « Allez ! chassez d'un cœur intrépide les ennemis de la croix de Jésus-Christ, bien sûrs que ni la mort ni la vie ne pourront vous séparer de l'amour de Dieu qui est en Jésus-Christ. En tous périls et en toutes conjonctures, répétez ces paroles de l'Apôtre : Vivants ou morts, nous sommes à Dieu ! Vainqueurs ou martyrs, réjouissez-vous, vous êtes au Seigneur ! »

Méprisons-nous cependant la modération ? A Dieu ne plaise, quoique certains amis nous la recommandent par trop immodérément ! De quelque façon que l'on nous conseille une vertu, le conseil est bon ; quelque usage douloureux que l'on fasse contre nous du mot, l'on ne parviendra jamais à nous rendre la chose moins respectable et moins chère.

Nous honorons beaucoup la modération, nous l'admirons beaucoup, nous avons même la prétention de la pratiquer, particulièrement à l'égard de ces modérés qui nous condamnent devant le monde et que nous n'avons point condamnés. Maintes fois, secrètement étonnés de les voir si loin de la mêlée et si paisibles sous la tente, nous leur avons cherché des excuses, nous disant qu'il faut aussi des prudents et des sages, et que Dieu ne leur avait pas donné la même vocation qu'à nous. Où avons-nous accusé leur réserve et leurs précautions ? quand et comment les avons-nous provoqués à sortir de ces tentes heureuses dont nos mains ont peut-être conquis l'emplacement, sur lesquelles nous ne voyons pas que notre souffle ait attiré beaucoup d'orages, auxquelles nous ferons un rempart, dès qu'il le faudra ?

Nous nous sommes interdit de blâmer, nous ne les blâmons point. Aujourd'hui même, lorsque nous les voyons, laïques comme nous, et sans autre titre que leurs craintes ou leur mauvaise humeur, nous abandonner et nous réprimander, non pas dans l'intimité, ce qui serait permis et salutaire, mais en public ; tout au plus nous permettons-nous de penser qu'ils choisissent mal le moment. Néanmoins, ils usent d'un droit que nous ne contestons pas. Nous avons reçu le coup, ce n'est pas le premier, et nous sommes habitués à ne point conserver de rancune. Ils nous ont frappés : qu'ils aillent en paix ; mais qu'ils acceptent à leur tour des avis que nous craignons d'avoir trop différés.

Ils nous recommandent la modération, nous leur conseillons le zèle.

Sans doute, Dieu réprouve un zèle amer ; et si le nôtre a ce défaut, plaise à sa clémence de nous en faire porter ici-bas toute la peine et de ne la faire porter qu'à nous, non pas à ceux que nous voudrions éclairer, non pas même à ceux dont l'absence et l'abandon pourraient en certains moments nous aigrir ! Mais tout zèle est-il amer, et faut-il

honorer du nom de modération toute peur et toute timidité ?
Les œuvres imprudentes pourront peser dans la balance du
jugement ; nous avons peine à croire que rien y pèse autant
que l'inertie de la foi. Que voyons-nous dans le monde présentement ? Où est le grand danger de l'Église ? quel est
l'ennemi de Dieu ? Ce n'est pas le Turc, comme au temps
des chevaliers du Temple : les Croisades, — ces œuvres
imprudentes ! — l'ont détruit. Ce n'est pas le Protestant :
la Ligue, — cet acte de violence ! — la révocation de l'Édit
de Nantes, — cette célèbre iniquité ! — l'ont anéanti en
France ; si grand que soit un cadavre, il ne compte plus. Ce
ne sont pas les quatre articles gallicans ; quel catholique
voudra rester dans cette forteresse vermoulue, quand le Pape
lui ordonnera d'en sortir ! Ce n'est pas le schisme constitutionnel : la Vendée, — cette autre folie à jamais sainte ! — l'a
noyé dans son sang généreux. Ce n'est pas l'inimitié populaire : de toutes parts la vieille sève catholique jaillit du
peuple en vigoureux rejetons. Quel est donc l'ennemi ?

Je dis que ce sont ces prétendus savants, ces docteurs de
mensonge, qui sans cesse désolent les âmes en répandant sur
la jeunesse les flots de leur impiété. Quelle hérésie, quel
schisme, quels outrages, quelle haine contre la religion
et les personnes religieuses se sont jamais produits sur la
terre, que l'on ne retrouve dans leur enseignement, avec tout
ce que peut y ajouter une rage de démons vaincus ? Nous
prions qu'on nous désigne un péril qu'ils ne fassent pas
courir à la foi, une injure qu'ils lui aient épargnée, un
piège lâche qu'ils rougissent de lui tendre. Vous dites qu'ils
sont dans l'ignorance ? Nous le souhaitons pour eux ; mais
malheureusement nous trouvons qu'ils ont confessé la divinité de la religion par tous les moyens dont ils se sont
servis pour la ruiner. Ils se sont efforcés de tourner contre
elle le raisonnement et le savoir ; ils ont attaqué chacun de
ses dogmes dans son essence et par son nom ; ils ont voulu

employer à son détriment les vertus mêmes qu'elle nous commande, cherchant à faire de la morale divine une armure à leur immoralité. Eux aussi nous recommandent la charité, la modération. Le *Journal des Débats* diffame l'enseignement des séminaires ; le *Constitutionnel* se sert de saint Paul pour argumenter contre l'Évêque de Chartres ; M. Quinet explique dans ses cours les exercices de saint Ignace ; M. Michelet nous reproche des hérésies ; M. Cousin parle de se faire approuver à Rome. Leur ignorance est douteuse !

Si elle est réelle, de quel droit outragent-ils ce qu'ils ne connaissent pas, ce que nous adorons ?

Prudence, modération, charité tant qu'il vous plaira ! Devant de pareils hommes, celui qui nous recommande de ne pas faire de bruit, de ne pas troubler les leçons de ces pauvres impies, *assez malheureux de ne pas croire*, de ne point les irriter surtout, parce qu'ils pourraient devenir plus méchants et rompre toute relation avec des fidèles moins indiscrets : celui-là, quelles que soient l'ardeur de sa prière et l'abondance de ses aumônes, nous n'avons qu'une réponse à ses avis . N'ayez point peur ; l'Église n'en mourra pas !

Nous tâcherons de l'imiter dans la pureté de sa vie, dans son amour pour les pauvres ; nous prierons Dieu de nous inspirer la même patience dans les adversités, la même modération dans les désirs ; mais nous ne nous croirons pas obligés de renoncer au combat, parce qu'il n'aime pas le combat.

Nous voulons bien dénouer le bandeau qui couvre tant de regards ; mais nous ne croirons pas faire un crime quand nous l'enlèverons de vive force à quiconque le retient de ses deux mains sur les yeux d'autrui pour enseigner mieux à blasphémer le jour !

Nous voulons bien que les blasphémateurs sauvent leur âme , mais nous ne voulons pas qu'en attendant ils en perdent d'autres ; et si nous ne pouvons leur arracher nos

frères sans leur inspirer une haine éternelle contre le nom
de chrétien, nous en sommes fâchés. Il importe sans doute
qu'ils se sauvent, mais il importe aussi qu'ils cessent de nous
perdre : leur âme n'en vaut pas deux, et encore moins en
vaut-elle cent ou mille. Nous voudrions d'ailleurs savoir,
au point de vue de l'éternité, quel tort nous leur faisons, en
les empêchant d'augmenter la somme du mal qu'ils auraient commis ?

Mais ils auraient pu se convertir, donner un grand exemple ; déjà nous les attendrissions et ils promettaient les
meilleurs sentiments. Oui, c'est ainsi que vous les voyez.
Nous les voyons, nous, dans les écoles, au milieu d'une
jeunesse qu'ils abreuvent sans scrupule de tous les venins
de l'erreur ; ils ont l'audace sur le front, la raillerie à la
bouche ; ils nous permettent de croire qu'ils ont l'athéisme
au cœur. Nous comptons par centaines leurs victimes, et
dans nos âmes mêmes s'agite un reste de leurs poisons.
Puisse Dieu les convertir demain ! Notre affaire est de leur
échapper aujourd'hui.

Mais il ne faut pas manquer à la charité ! — Ne pourriez-
vous pas d'abord être vous-mêmes plus charitables envers
nous ! Quelle est donc cette étrange modération qui vous
pousse à nous reprocher en quelque sorte de n'être pas
chrétiens ? Lisez-vous dans nos cœurs, ou faut-il absolument
que nous paraissions manquer de charité, pour que vous
puissiez ne pas vous accuser de manquer vous-mêmes de
zèle ? Si vous nous trouvez imprudents, venez nous le dire ;
si vous ne vous trouvez point charitables, taisez-vous.
Songez à ces vénérables évêques qui nous ont devancés et
nous soutiennent dans la lutte ; songez que l'outrage de
vos jugements et de vos désaveux s'élèverait jusqu'à ces
têtes sacrées.

Il est un dernier point, un dernier motif de modération
qu'il nous faut toucher une fois. Cette guerre ne mettra-

t-elle pas les catholiques dans une position gênante ? Ne leur fermera-t-elle pas les emplois, l'administration, les magistratures, l'enseignement universitaire lui-même, et quelques autres petites ouvertures par où, sous les habits de l'Etat, l'on instillerait discrètement et prudemment la religion dans les veines de l'Etat ?... Ah! ne soulevons pas davantage ce triste voile ! La religion ne peut demander que la liberté et la doit demander hautement. Qu'importe le reste ? Là où l'intérêt de Dieu est en question, il n'y a plus pour nous que l'intérêt du salut.

# OUTRAGES A DES ECCLÉSIASTIQUES.

28 mai 1843.

Les prédications et les articles universitaires commencent à porter leurs fruits. Nous savons de plusieurs côtés que les ecclésiastiques sont plus fréquemment insultés dans les rues de Paris, où ces traits de brutalité sauvage étaient devenus assez rares. Un prêtre vénérable, voué depuis un demi-siècle aux œuvres d'une charité sans bornes, connu et respecté de ce qu'il y a de plus digne en France, nous a dit lui-même que trois individus, l'ayant rencontré sur un boulevard solitaire, ont eu l'infâme courage de le poursuivre longtemps de leurs injures et de leurs imprécations. Après les avoir patiemment écoutés, il se retourna vers eux, sans leur parler, en souriant, pour voir quels étaient ces hommes qui lui en voulaient et qui pouvaient, en plein jour, *dans la capitale du monde civilisé*, pour nous servir de l'expression des orateurs du Collège de France, traiter de la sorte un ministre des autels, un vieillard plus que septuagénaire, qui, d'un pas pénible, allait, les yeux baissés, ne songeant qu'aux prières qu'il lisait en ce moment, humble et doux comme son divin Maître. Il vit que les insulteurs n'appartenaient pas à la dernière populace, mais à cette classe qui peut lire et comprendre certains journaux. L'un d'eux portait l'habit bourgeois ; les autres, moins grossiers et moins furieux, étaient des ouvriers. Son sourire les irrita, et pourtant nous n'aurions

qu'à le nommer pour faire comprendre à des milliers de
chrétiens quel dut être ce sourire qui a fléchi tant de colères,
séché tant de larmes et rassuré tant de pécheurs aux portes
de la mort. Ils ne le frappèrent point; un seul coup aurait
pu le tuer; mais ils redoublèrent d'outrages, de blasphèmes, de menaces féroces, jusqu'à ce qu'ils l'eussent enfin
quitté (1).

Un autre ecclésiastique, moins âgé, reçut l'autre jour,
en pleine rue, d'un passant, un crachat sur le visage. Cet
homme a, dit-on, été arrêté par les témoins. Il ne connaissait
pas l'ecclésiastique et n'en était point connu. Son action n'a-
vait aucun mobile, sinon l'honneur des lumières et de la
liberté. Un simple argument de philosophe à jésuite !

On le voit; quand les procureurs généraux et les sub-
stituts du monopole auront achevé leurs réquisitoires, ils
pourront trouver, à Paris du moins, bon nombre de ces juges qui, pour abréger les procédures et prononcer sans appel,
tuent d'abord l'accusé. La race en a été conservée avec soin
et n'est pas perdue. Qui sait même si, à force d'études, on
ne l'a point amenée en France à l'état de perfection où elle
s'est révélée à Madrid. Là, depuis 1830, il y a eu aussi de
généreux efforts contre les Jésuites : plusieurs ont été massa-
crés et l'un d'eux a été mangé. *La capitale du monde civilisé* ne voudrait pas rester en arrière.

Le *National* proclame que les *Jésuites* n'ont droit qu'à
l'expulsion; le *Constitutionnel* le lui concède; le *Journal
des Débats* acquiesce de grand cœur. Dès lors, le mode
d'expulsion importe peu : le meilleur ne sera que le plus sûr.
L'outrage est bon, l'exil est excellent, le massacre est parfait,
la manducation procurerait quelque divertissement au menu
peuple et serait le comble de l'art. Après *avoir mis sur ces*

(1) Ce vénérable prêtre, que je puis nommer maintenant, était le R. P.
Joseph Varin, de la Compagnie de Jésus.

*gens-là la main de Voltaire* (1), pourquoi n'y pas mettre
aussi sa dent?

Les orateurs, les philosophes, les écrivains qui aiguisent
ainsi contre nos prêtres l'appétit de la populace, doivent
croire que, pour sauver la vie d'un seul de ces hommes du
Seigneur, nous donnerions notre vie. Nous la donnerions en
effet; mais nous ne sacrifierions pas l'intérêt de la vérité.
Devant les coups dont on les frapperait pour nous contraindre
à cesser nos justes réclamations, et à garder le silence sur
les œuvres que le monopole produit, nous réclamerions plus
fort, et nous réclamerons tant que nous aurons une voix.
Qu'ils jugent par là si l'équitable liberté que nous demandons
nous est nécessaire, et si nous pouvons transiger avec le despotisme injurieux qui nous la dénie. Il faudra donc nous
rendre justice ou nous persécuter; nous donner la liberté
d'enseignement sans laquelle notre culte n'est pas libre, ou
nous ravir comme on pourra la liberté de la parole et de la
presse. Vous tiendrez vos serments, vous accomplirez la
Charte, ou vous achèverez de flétrir votre monopole en le
protégeant contre des citoyens soumis et paisibles par l'ignominie des voies révolutionnaires et des lois d'exception;
voilà sur quoi vous pouvez compter.

(1) Parole de M. Thiers.

# L'ULTIMATUM DE L'UNIVERSITÉ.

23 juillet 1843.

Jusqu'à la fin de 1843, trois évêques seulement avaient réclamé publiquement contre le monopole universitaire et son enseignement. C'étaient NN. SS. CLAUSEL DE MONTALS de *Chartres*, DE PRILLY de *Châlons*, DEVIE de *Belley*. Un mandement de ce dernier, très-mesuré mais très-ferme, avait excité la colère des défenseurs du monopole, et cette colère, à son tour, motiva certaines explications du vénérable Évêque, qui ne consentit d'ailleurs à rien retirer de ce qu'il croyait avec raison avoir très-légitimement dit. L'Université, après s'être trop fâchée, voulut se montrer victorieuse et clémente. Ce fut l'occasion d'une petite comédie qui se joua à la Chambre des députés entre M. MARTIN (du Nord), Ministre des cultes et M. SAINT-MARC GIRARDIN, membre du Conseil royal de l'instruction publique, rédacteur des *Débats*. Cette scène, augmentée des commentaires du *Journal des Débats*, fit parfaitement connaître aux catholiques les sentiments de l'Université et du Gouvernement.

Hier, à la Chambre des députés, le *Journal des Débats*, par l'organe de M. Saint-Marc Girardin, double universitaire, se déclarait satisfait *des excuses de Mgr l'Évêque de Belley*, et, se rangeant au sentiment gracieux de M. le Ministre des cultes, qui *n'a pas voulu contrister la vieillesse du vénérable Prélat par des poursuites rigoureuses*, il amnistiait généreusement le Clergé, coupable de tant de réclamations contre le monopole. Cette scène a eu quelque chose de magnanime. En présence des mandataires de la nation, le Ministre des cultes *réprouve* (c'est son terme) un mandement épiscopal ; il déclare que, *quand il s'agit d'une institution* aussi respectable *que l'Université*, tout le monde *doit s'associer au blâme* qu'il formule avec tant d'énergie. Aussitôt M. Saint-Marc Girardin, corédacteur du journal qui a publié contre l'enseignement des évêques la plus injurieuse et la plus perfide calomnie que la presse se soit permise depuis trente ans (1), monte à la tribune, fait grâce au Ministre des explications qu'il allait lui demander sur son silence envers le scandaleux mandement. Il trouve l'Évêque de Belley assez puni : que dis-je ? il le trouve assez pénitent : car *il croit que le Ministre n'a pu parler, comme il vient de le faire, qu'après s'être cru autorisé par l'Évêque lui-même à exprimer le profond regret qu'il ressentait ;* c'est-à-dire que l'Évêque lui-même *réprouve* son mandement et s'associe *au blâme général* justement encouru par tout ce qui blesse *une institution aussi respectable que l'Université.* Cela bien établi, M. Saint-Marc Girardin daigne ajouter *que toutes explications ultérieures deviendraient désormais inutiles,* et il espère *que ces paroles contribueront à ramener entre le Clergé et l'Université un esprit de concorde et d'harmonie que personne ne désire autant que les membres de l'Université.*

Nous l'avouons, en répétant ces choses, la rougeur nous monte au visage ! Nous savions quelle sorte de paix on prétend nous faire, mais jamais encore l'Université n'en avait aussi crûment posé les honteuses conditions. On ne nous avait pas dit que les cheveux blancs d'un évêque le rendaient plus sacré que l'onction divine ; que ses cheveux blancs mêmes, que cinquante années de sacerdoce et de vertus, que les devoirs de sa charge auguste, que les cris de sa conscience, que ses droits de citoyen, que la Charte, que rien

(1) On accusait l'enseignement théologique d'obscénité et de lubricité, à propos de certains cas de conscience.

au monde ne le préserverait des foudres du conseil d'Etat, si, s'étant permis contre l'Université une parole qu'elle trouve irrévérencieuse, on ne pouvait conjecturer et dire qu'il en a solennellement demandé pardon. Juste ciel! Mgr l'Évêque de Belley n'a même pas prononcé le mot condamné par ces hommes, dont l'enseignement a dépassé contre Dieu et sa loi les anciennes limites de la calomnie et de la violence : il n'a fait que citer l'Ecriture sainte ; voilà de quoi l'on veut qu'il ait demandé pardon (1).

Il ne s'agit plus aujourd'hui d'obtenir la liberté : il faut que l'Épiscopat, s'inclinant devant les docteurs du monopole, leur demande pardon de ses cris d'alarme, et, plus réservé désormais, accorde la protection de son silence aux blasphèmes nouveaux qu'il leur plaira de proférer. Voilà l'*ultimatum* officiel d'un membre du conseil royal ! A ces conditions, les membres de l'Université désirent la concorde et la bonne harmonie avec le Clergé ; sinon, non !

Pour notre compte, nous disons non, et cent fois non ! Non ! ce pacte de honte ne sera pas conclu ! Non ! nous n'accepterons point un accommodement qui tendrait à faire de l'Église de Jésus-Christ nous ne savons quelle créature couverte de joyaux et de broderies, mais reléguée dans les harems, où l'encenseraient, captifs comme elle, un vil troupeau de serviteurs mutilés. Qu'elle soit combattue, persécutée, calomniée, Dieu l'a aimée dans tous ces abaissements! Mais, disait saint Anselme, il ne veut pas d'une servante pour épouse. C'est qu'en effet, servante aujourd'hui, demain elle serait adultère et répudiée.

Libre ou dans les fers, elle sera fidèle. Une esclave se plait dans sa prison quand le maître veut bien l'y entourer de luxe

(1) Mgr l'Évêque de Belley recommandait aux fidèles de s'éloigner des *chaires de pestilence*. Les universitaires avaient particulièrement ce mot-là sur le cœur. Du reste, la scène parlementaire dont il est ici question n'obtint de loi qu'un démenti catégorique et solennel.

et de quelques vains honneurs ; à une reine, il faut son trône
ou les chaînes et la profondeur du cachot. Sans cesse elle
réclame ; si on ne lui donne que la liberté, on ne lui donne
rien. Elle peut, dans la grandeur de son âme, prier pour
ses vainqueurs ; mais elle ne paraît pas dans leurs fêtes et
dans leurs débauches, elle ne consacre point leur triomphe
injuste ; elle meurt, elle n'abdique pas.

M. Saint-Marc Girardin et l'Université en seront pour
leurs avances. L'Eglise n'abdiquera point, ne cessera point
de condamner leurs doctrines monstrueuses, de réclamer
son peuple et de dire que seule elle a les paroles de vie.

Et, du reste, le député universitaire a excédé ses pouvoirs ;
il a été trop politique ou trop généreux. Le *Journal des
Débats* fait ce matin de si nombreuses exceptions à l'amnistie
de M. Saint-Marc, qu'il devient impossible de savoir jusqu'à
quelles bassesses il prétend que l'Eglise descende ramasser
son pardon. Il transforme le crime de lèse-université en crime
de lèse-nation. Pour le contenter, ce ne serait plus au conseil
d'Etat, mais par-devant la Cour des Pairs, qu'il faudrait
traduire les *néocatholiques,* évêques ou écrivains. Il ne se
contente pas de *réprouver* les mandements, il les qualifie
nettement de *plats libelles*. Voici en quels termes il réclame
contre les *exagérations* de M. Isambert : « M. Isambert a
rendu l'Eglise tout entière responsable de quelques *plats
libelles* publiés contre l'Université, ou, POUR MIEUX DIRE, CONTRE
L'ETAT ; il a supposé que tous les évêques approuvaient la polémique de Mgr de Belley ou de Mgr de Chartres. » — *L'immense majorité du Clergé français* est à la vérité louée par le
*Journal des Débats ;* mais elle est louée d'avoir un *bon esprit*,
du *patriotisme,* une piété *sincère et intelligente,* c'est-à-dire
de ne rien penser ou du moins de ne rien écrire contre l'Université, et de ne point ressembler aux évêques de Chartres
et de Belley. Accepte le compliment qui s'en jugera digne !
Nous doutons qu'au fond de l'âme la feuille universitaire

reconnaisse beaucoup de justes dans le Clergé. Poursuivant avec le même goût et la même urbanité, le *Journal des Débats* juge à propos de définir la question religieuse, et voici ce qu'il entend que l'on y voie. Nous supplions nos lecteurs de méditer ses paroles, dont nous espérons que les plus injurieuses ne s'adressent qu'à nous, et, en particulier, nous demandons à ceux qui craignent que nous n'oubliions la charité dans notre polémique de chaque jour, d'examiner s'il est possible que nous conservions le moindre sentiment de rancune contre des adversaires emportés par la haine et la fureur jusqu'à nous traiter comme le fait le *Journal des Débats* :

La question religieuse, cela veut dire qu'un beau jour, au milieu du calme le plus complet, *quand la religion est honorée partout,* une petite coterie qui trouve le christianisme trop vieux, qui a la prétention de le rajeunir et de l'accommoder au goût du jour (sait-il seulement ce qu'il dit !), s'avise de crier à la persécution et de comparer M. Villemain à Julien l'Apostat ! Ces nouveaux chrétiens demandent la liberté d'enseignement *en style de crocheteur ivre* ; ils parlent de religion en grinçant des dents ; ils posent le poing sur la hanche, comme les matamores de l'ancienne comédie. Ces absurdités ne seraient justiciables que du sifflet, si elles n'avaient pas la religion pour prétexte.

Nous ne voulons rien dissimuler à cet égard, et les violences de M. Isambert *ne nous feront pas excuser d'autres violences.* Deux évêques *ont eu le malheur* d'encourager les passions furieuses de la coterie néo-catholique, et ont accusé l'Université de propager les plus épouvantables doctrines. Oui, cela est vrai, *voilà le mal.* Nous ne le nierons pas, mais il ne faut pas le grossir outre mesure. Oui, on *a l'audace de publier au nom de la religion d'imbéciles et abominables pamphlets* : mais les auteurs de ces libelles et de ces journaux sont désavoués par le Clergé, qui en a pitié. Oui, deux évêques ont donné un triste et dangereux exemple ; mais cet exemple n'a point porté ses fruits, et les paroles mêmes prononcées aujourd'hui à la tribune par le Ministre de la justice nous prouvent que Mgr de Belley *a rétracté les expressions injurieuses dont il s'était servi.*

Nous n'avons qu'un mot à ajouter : nous bénissons Dieu d'avoir bien voulu que ces pauvres gens oubliassent ainsi

toute prudence et dévoilassent toute leur pensée. Dans le
doute qui environne toujours les actions humaines, nous
aurions pu regretter de les avoir poussés trop fort ; et certes,
s'il nous eût été démontré que leurs intentions fussent le
moins du monde chrétiennes et acceptables, nous aurions
de bon cœur déposé la plume, et, au besoin, publiquement
regretté, non pas des mensonges, car nous n'avons point
menti, mais des vivacités de style, d'improvisation et de
douleur que tout autre, à notre place, comprimerait encore
plus difficilement. Ils emportent nos scrupules : mieux que
de longues méditations n'auraient pu faire, ils nous tracent
notre voie. Nous ferions bon marché de nos paroles, mais
celles de nos évêques nous sont plus respectables. Si nos
évêques en ont trop dit pour l'orgueil de l'Université, notre
voix, quelque humble et timide que nous nous efforcions de
la rendre, paraîtra toujours insolente, blessera toujours ces
maîtres chatouilleux. Qu'on ne cherche donc plus à nous
fermer la bouche. Chrétiens, nous prenons conseil de notre
conscience ; citoyens, nous nous appuyons sur nos droits ;
pères de famille, nous remplissons nos devoirs. Sur notre
conscience, sur nos droits, sur nos devoirs, l'Université
veut le silence : elle ne l'obtiendra pas.

# LETTRE A M. VILLEMAIN

MINISTRE DE L'INSTRUCTION PUBLIQUE

## SUR LA LIBERTÉ D'ENSEIGNEMENT.

Août 1843.

MONSIEUR LE MINISTRE,

I. Les catholiques ne veulent plus interrompre la guerre qu'ils livrent à *l'enseignement de l'Etat*. Cet enseignement, dont vous êtes le chef, fait courir à leur religion de tels dangers, lui impose des chaînes si intolérables, lui prépare des poisons si subtils, qu'ils s'imputeraient à crime de se taire un instant. Vous ne les réduirez au silence que par la justice ou par la force ; vous leur permettrez d'ouvrir des écoles, ou vous leur ouvrirez la prison. Comment admettraient-ils un système qui, d'une part, insulte sans cesse à leur foi ; de l'autre, leur interdit d'affermir cette foi au moins dans l'âme de leurs enfants ? Ils ne le pourraient sans forfaire à l'honneur humain et à la conscience chrétienne. Qu'ils aient en cela raison ou tort, ils attendent un jugement terrible, où chacun, sur le seuil des punitions éternelles, répondra du mal qu'il aura fait, du mal qu'il aura laissé faire, du bien même qu'il aura négligé d'accomplir ou qu'il n'aura que négligemment accompli : croyance antiuniversitaire peut-être, mais jusqu'à présent légale, daignez le

remarquer, beaucoup plus légale que l'*Université*, sa prin-
cipale ennemie. Or, toute action qui tend à détruire cette
croyance est un mal qu'elle nous oblige de combattre, comme
toute action qui peut la propager dignement est un bien qu'elle
nous enjoint d'opérer. Ainsi ont agi depuis dix-huit siècles
nos pères, avec les armes et selon les nécessités du temps où
ils ont vécu : martyrs sous les païens, soldats contre les infidèles, docteurs en présence des hérétiques, jamais ils n'ont
été dispensés de souffrir, de lutter, de parler, d'écrire pour
l'honneur, la liberté, la diffusion de la foi. La loi de l'Etat
nous autorise à remplir le même devoir ; elle nous l'inter-
dirait qu'il nous faudrait le remplir encore. Nous avons toujours et partout transgressé les lois qui nous ont défendu
de prier et de transmettre la prière. Nous ne devons point
nous révolter, mais aussi nous ne devons point pécher. C'est
pécher que d'être lâche dans les périls de l'Eglise de Dieu.
Le chrétien qui n'aura pas travaillé de tout son zèle à rétablir la vérité méconnue, à délivrer la vérité captive, celui-
là, j'en ai la conviction, sera jugé avec l'infidèle et avec
l'adultère. *Vœ mihi, quia tacui*, s'écriait le Prophète ; malheur à moi, parce que je n'ai pas parlé ! Vous voyez, Monsieur le Ministre, qu'il ne s'agit pas de si peu de chose, et
que le débat sort des termes où quelques-uns de vos journaux veulent bien dire que nous le renfermons.

Il y a de ces esprits supérieurs qui prononcent que c'est
affaire de spéculation, que le Clergé veut seulement prendre
à l'Université une part des gros bénéfices qu'elle fait. Sans
doute, Monsieur le Ministre, vous en jugez d'un peu plus
haut ; dans tous les cas, l'outrage d'une basse interprétation ne peut nous arrêter. Que l'Université gagne de l'argent ou qu'elle en perde, notre enjeu est d'âmes immortelles ; voilà ce qui nous intéresse à la partie, prêtres et
fidèles, pasteurs et pères, frères, tuteurs, citoyens, chargés
des obligations terribles de la religion, de la famille, de la

société. On ne nous empêchera pas d'aller au devoir, en criant que nous allons au gain. Toutefois, nous serions sensibles à l'avantage de payer moins cher une instruction plus morale et plus solide, où serait le mal ? Mais cette question sera traitée ailleurs.

II. Aujourd'hui je ne veux que résumer, pour le public et pour vous, Monsieur le Ministre, la longue polémique qui vient de s'agiter entre l'*Université* et le principal organe des catholiques dans la presse parisienne. Beaucoup de pères de famille ayant désiré ce travail, mes collaborateurs m'ont chargé de le faire ; j'ai résolu de vous l'adresser comme à l'un des hommes qu'il intéresse le plus. Je crains de ne vous être pas agréable, mais j'espère vous être utile. Votre Excellence nous a paru maintes fois se méprendre étrangement et sur la question même, et sur les faits. Elle en a donné à la tribune parlementaire des appréciations plus inexactes qu'il ne convenait à la dignité d'un Ministre et à l'impartialité d'un homme de bien. Ce court écrit, si vous daignez le parcourir, vous fera connaître au vrai nos droits, nos vœux et quelques-unes de vos fautes.

Nous n'en sommes plus aux compliments ; souvent même nous avons échangé des paroles assez dures. Avant d'aller plus loin, j'ai besoin de m'expliquer là-dessus, car je ne veux point vous outrager, mais seulement vous parler en toute liberté.

Au milieu d'un débat parlementaire, un Ministre, prenant part aux plus vives passions d'une polémique emportée, monte à la tribune, et, s'attaquant à un journal que chacun nomme, il dit, sans le prouver, que ce journal calomnie le Gouvernement et l'Université. Ce journal, c'est l'*Univers*, dont les rédacteurs, à défaut d'autre mérite, ont celui de pratiquer une religion qui déclare abominables le mensonge et la calomnie ; ce Ministre, c'est vous-même, Mon-

sieur, et nous aurions souhaité que vous n'allassiez pas si
loin. Quand un journal calomnie, on le livre aux juges,
on le fait punir. Si ce journal a réclamé des choses justes, on
avise aux moyens de les accorder un jour ; on ne se débar-
rasse pas de sa requête importune en le diffamant. Pour moi,
je ne suis qu'un pauvre écrivain, je cède aisément à mon
indignation, et comme je la sens loyale, je n'ai pas de scrupule à la laisser parler : j'écris, l'on imprime, le public lit :
en quelques heures tout est fait, en quelques heures tout est
oublié. Dépouillée de sa forme éphémère et maladroite,
l'idée seule reste, lorsqu'elle est vraie. Nous sommes cent
dans Paris qui faisons cela tous les jours. Fussions-nous dix
à la faire avec la même sincérité ! la France y gagnerait
beaucoup. Cependant, si j'avais l'honneur d'être homme
public, je veillerais à ces promptitudes, j'aurais encore une
autre dignité que celle de ma conscience, et surtout je ne
me plaindrais pas des écrivains. Je mépriserais ceux que je
saurais dignes de mépris, j'écouterais avec beaucoup d'attention les autres. Je les prendrais pour ce qu'ils sont, pour
des voix parfois désagréables, populaires, grossières si vous
voulez, mais franches et conséquemment utiles. Je ne
m'arrêterais pas à éplucher les mots avec la subtilité d'un
académicien ; mais en homme d'Etat, plus amoureux de la
vérité que de l'euphonie, je m'efforcerais de pénétrer au fond
des choses, et je saurais gré pour moi-même et pour ma
patrie au journaliste qui me donnerait un avis nécessaire,
m'eût-il un peu écorché l'oreille en se hâtant. Je me dirais
qu'il était ému, que le temps de la composition lui a manqué, que sais-je ? enfin je l'excuserais du tort d'avoir voulu
me blesser. Et quand il l'aurait eu ce tort, que m'importe-
rait, si au fond la justice était pour lui ?

Vous est-il cependant tout à fait impossible de passer sur
certains mots acerbes ? Ils m'ont échappé, je ne les ai sentis
moi-même que le lendemain, je les ai regrettés, je vous prie

de me les pardonner. Il m'en échappera encore, quelque attention que j'y fasse, mais je les regretterai encore, et d'avance je les désavoue. Le Ministre de l'instruction publique, grand maître de l'Université, qui pourrait nous donner la liberté de l'enseignement et qui nous la refuse, m'est, je le confesse, aussi antipathique que possible, et je désire ardemment qu'on le renvoie de sa place, car je n'attends rien de lui. Pour M. Villemain, je ne lui désire aucun mal, et je n'ai contre lui nulle haine ; je ne connais point ses défauts, j'endure très-volontiers qu'on me parle de ses vertus, je voudrais bien avoir son aimable style, à condition d'en faire un autre usage ; bref, je ne lui souhaite rien de pire que d'arriver au ciel, et d'y arriver après moi, s'il se plaît dans la vie. Maintenant, il m'est permis, je pense, de soulager mon cœur.

III. Les catholiques disent et prouvent, Monsieur le Ministre, que l'Université, sous plusieurs rapports, mais particulièrement sous le rapport des croyances et de tout ce qui s'y rattache, fait de mauvais écoliers.

Ils réclament la destruction du monopole qui les contraint de soumettre leurs enfants à cette éducation universitaire, mauvaise et funeste selon eux, parce que, blessant la foi, elle corrompt les mœurs, anéantit la dignité de l'homme, gâte son avenir en ce monde, compromet son éternité.

Ils établissent que ce monopole, source de tant de maux, n'est pas seulement oppressif, qu'il est encore illégal :

1° Il n'existe qu'en vertu d'une ordonnance et qu'à titre provisoire.

2° La Charte, la plus solennelle de nos lois civiles et politiques, le condamne et le supprime de droit par un article qui lie irrévocablement l'État.

3° Il est en contradiction effective avec les dispositions les plus essentielles de cette même Charte, œuvre de transaction,

où la France, espérant le triomphe de la vérité, a stipulé
deux choses sans lesquelles il n'y a point, en nos jours, de
paix possible : la liberté des cultes et la liberté des opinions.

Les catholiques disent qu'on les prive de ces deux libertés
fondamentales, en leur refusant la liberté d'enseignement,
qui en est tout à la fois la conséquence naturelle et l'appui
nécessaire. En effet, l'opinion est-elle libre dans un pays
où l'Etat peut ravir l'enfant à la famille pour le couler dans
son moule et le frapper à son effigie? La religion, et surtout
la religion catholique, est-elle libre lorsque ceux qui la professent, et dont c'est le premier devoir de la léguer à leurs
enfants, sont tenus de livrer ces enfants à des instituteurs
qui seraient presque obligés, comme mandataires de l'Etat,
de ne reconnaître aucune religion, de n'en pratiquer aucune,
et qui généralement s'en tiennent là?

Les catholiques ajoutent que cette sainte religion, *hors
de laquelle il n'y a point de salut*, embrassant l'homme
tout entier, devant dominer toutes ses passions, diriger
toutes ses lumières, régler toutes ses actions, ne peut être
convenablement enseignée en quelques heures ni en quelques jours; — qu'au lieu de former un accessoire de l'éducation, il faut qu'elle en devienne la large base, sur quoi
littérature, philosophie, sciences, tout repose, étant elle-
même le plus haut et le principal savoir; — qu'enfin une
éducation rigoureusement établie sur ce système serait encore
insuffisante si l'exemple des maîtres n'y était joint, leçon des
yeux et du cœur que l'enfant pourra sans cesse recevoir,
même durant ses jeux : salutaire souvenir qui doit demeurer
en lui, impérissable au milieu des désastres dont les vents
du monde menacent les principes les mieux enracinés.

S'appuyant de toutes ces raisons, forts du droit de la
famille, forts des engagements de la Charte, forts aussi de
ce noble et chrétien sentiment de la liberté, germe heureux
que la miséricorde divine a semé parmi nos ruines et qui

pourrait, cultivé par la religion, consoler la France d'un siècle de malheurs, les catholiques exigent en principe, et sauf les conditions d'ordre qu'il conviendra, de régler en discussion législative :

Premièrement : liberté pour tout citoyen d'ouvrir école ;

Secondement : liberté pour tout citoyen de fréquenter telle école que bon lui semblera, et d'y envoyer ses enfants ;

Troisièmement : formation d'un jury d'examen pour le baccalauréat, réunissant aux garanties nécessaires de science et de sévérité, les garanties non moins indispensables de moralité et d'impartialité, afin que devant ce jury tout citoyen, sous le seul patronage de sa capacité et de son honneur, puisse demander le diplôme, quelle que soit l'école qu'il ait fréquentée, et quand même il n'en aurait fréquenté aucune.

Il est clair pour votre bonne foi, Monsieur le Ministre, comme pour la mienne, que cette formule exprime la pensée générale et non les dispositions absolues de la loi que nous réclamons. Les catholiques sont avant tout des hommes d'ordre. Une liberté sans limites ne les effraie pas : ils comptent sur la science, sur la vertu, sur le dévouement de leurs prêtres ; mais cette liberté deviendrait dangereuse à d'autres ; ils les avent, et nul ne peut douter qu'ils n'acceptent avec empressement les mesures nécessaires pour que la faculté d'enseigner se maintienne dans toutes les mains aussi paisible, aussi morale, s'il se peut, que dans les leurs. Ils veulent que la liberté par laquelle on remplacerait la tyrannie actuelle soit une législation, non pas une anarchie.

Ils admettent l'existence de l'Université pour ceux qui n'ont point de préventions contre elle ; la surveillance de l'État, comme une garantie bonne pour tout le monde ; l'examen du baccalauréat comme un complément de cette garantie générale et comme une barrière utile à l'espèce de folie qui précipite toute la jeunesse dans certaines carrières,

au grand dommage de la bonne économie politique et des
mœurs.

Mais ils répètent que la liberté de faire élever leurs enfants
comme ils l'entendent leur est indispensable, et ne l'est pas
moins à la religion ; qu'ils n'ont point d'intérêt plus pressant
sur la terre ; que leur salut même y est engagé. Depuis
treize ans, que dis-je ? depuis cinquante ans, c'est le cri de
leur âme ; leurs députés l'ont porté à la tribune ; leurs
évêques, les plus imposants mandataires qu'ils puissent
avoir, l'ont fait retentir cent fois. On formerait une vaste
bibliothèque des écrits qu'ils ont publiés sur cette matière.
Au nom de la famille, au nom de l'Église, au nom de la
patrie, par les raisons les plus fortes, par les sentiments les
plus purs, par les droits les plus légitimes et les mieux
reconnus, ils invoquent cette liberté souvent promise, qui
doit terminer leurs angoisses, et mettre en repos leurs consciences alarmées.

Qu'obtiennent-ils de Votre Excellence ?

IV. D'abord, Votre Excellence ne donne pas la liberté.
Ensuite elle dit aux catholiques qu'ils ne la demandent pas,
et elle leur objecte le petit nombre de signatures que l'on
voit sur leurs requêtes.

Votre Excellence remarquera qu'elle n'est déjà plus dans
la question.

Le droit est évident, la promesse claire, des citoyens réclament, ils suffit : ne fussent-ils que cent, un gouvernement de bonne foi leur doit justice. C'est une société sauvage et déshonorée, celle où le bon droit d'un seul et le respect des serments ne prévalent pas contre l'indifférence,
contre les préjugés ou contre l'inique intérêt du nombre.
Vous m'avez promis cela, et vous ne me gouvernez qu'en
vertu du pacte où vous me l'avez promis. Vous me devez
cela, ou je ne vous dois rien. Le pacte est violé. Je suis le plus

faible, et j'obéis ; mais j'obéis à la force, non à mon devoir :
l'impôt que je vous paie, le premier venu, avec deux pisto-
lets, peut me le faire payer aussi légitimement que vous, la
nuit, au milieu des bois.

Si, en effet, les réclamants sont peu nombreux, que vous
importe ? donnez-leur toujours ce qu'ils ont le droit de vous
réclamer, et ne contraignez pas la foi d'un seul père de famille à l'exil où il condamne son fils pour sauver cette jeune
âme du danger de vos leçons. Qu'avez-vous à craindre,
d'ailleurs ? Peu nombreux, dites-vous, sont les réclamants :
peu nombreux seront donc les colléges libres : votre chère
Université, dont le profit vous inspire ces réponses iniques,
libre également, riche et favorisée, ne s'apercevra pas même
de la concurrence.

Mais si, au contraire, vous vous êtes mépris, de dessein
formé, sur la maigre apparence des pétitions ; si chaque
père de famille qui les a signées en représente mille qui n'ont
point songé à le faire, parce que ce n'est point encore la
coutume en France d'user de ce moyen ; si véritablement
cette liberté d'enseignement, qui est un besoin national,
nous le prouverons, est en même temps le vœu connu, positif, dès à présent formulé d'un très-grand nombre de citoyens ; s'il y a lieu de penser que les familles profiteraient
avec empressement d'une éducation où la foi et les mœurs
des enfants leur paraîtraient moins exposées ; encore un
coup, Monsieur le Ministre, que répondez-vous à leurs sol-
licitations ? Comment justifiez-vous l'intérêt occulte en faveur duquel l'Etat, méprisant le serment royal et le pacte
que nous gardons, sacrifie des intérêts si chers et si imposants ?

V. Votre Excellence alors, changeant de thèse, jure son
honneur, M. Cousin l'assistant, que les catholiques ont tort
de réclamer, par la raison que l'Université est une institu-

I.                                                                    7

tion admirable et parfaite, ne laissant rien à désirer sous aucun rapport, savante au delà de ce qu'on peut dire, pieuse comme saint Jean, orthodoxe comme saint Pierre, des mains de laquelle il ne sort que de vrais petits docteurs angéliques, qui, leurs études terminées, vous écriraient une Somme théologique, comme au temps de M. Vinnet ils eussent rimé une tragédie.

Votre collègue et vous, Monsieur le Ministre, n'êtes jamais embarrassés de faire un beau discours. Mais nous sommes plus durs à l'éloquence que vous ne le pensez.

Sans toucher ici la question du savoir, sur laquelle certains doutes sont bien jetés par l'orthographe des lettres qu'ils reçoivent du collége et par la rapidité avec laquelle ils voient s'enfuir le latin, plus stable encore que le grec, et s'évaporer l'histoire, plus tenace encore que les mathématiques ; sans parler de quelques idées qui les effraient, et de quelques habitudes qui les navrent, et de quelques sentiments qui les désespèrent, les catholiques répondent un seul mot : leurs enfants ne font plus leurs pâques dans vos colléges, et les font moins encore lorsqu'ils en sont sortis.

Mettons qu'ils sont savants, moraux, philosophes comme Votre Excellence elle-même : ils ne sont point catholiques ; et c'était justement à quoi le père de famille catholique tenait le plus. Votre Excellence insiste : elle affirme que les enfants sont catholiques. Alors, les catholiques, s'assurant que Votre Excellence ne peut mentir, s'aperçoivent que malheureusement elle n'entend pas le catholicisme comme eux. Cependant, c'est comme eux qu'il faut l'entendre pour l'entendre bien. Le curé, l'Évêque, le Pape, le catéchisme sont fort clairs là-dessus.

Du reste, ce n'est pas précisément de quoi il s'agit en ce moment ; vous sortez encore de la question : souffrez que je vous y ramène encore.

La Charte à la main, je vous fais observer que le point

n'est plus de savoir si l'Université élève chrétiennement les enfants, ou si seulement elle le peut faire, mais bien de savoir si les catholiques ont le droit de faire élever leurs enfants par d'autres maîtres que ceux de l'Université.

Ce droit est-il imprescriptible dans la famille ? *Oui !* — Résulte-t-il implicitement de la liberté des cultes ? *Oui !* — La Charte l'a-t-elle reconnu ? *Oui !* — L'avez-vous reconnu vous-même ? Oui, cent fois oui !

Pouvons-nous l'exercer ? NON !

VI. Vous contestez, il est vrai, que nous ne puissions pas l'exercer, et c'est la plus curieuse de vos assertions. Après nous avoir affirmé que nous ne demandons pas la liberté de l'enseignement, après nous avoir juré qu'elle ne nous est pas nécessaire, vous nous apprenez enfin que nous la possédons !

Vous nous montrez quelques colléges ecclésiastiques de plein exercice, disséminés de loin en loin par une main avare, soumis à vos inspections, à votre fiscalité, à vos caprices, n'ayant qu'une existence précaire, ne pouvant nullement assurer l'avenir de leurs employés ; prospérant néanmoins, mais par la force du besoin public, par le prodige du dévouement sacerdotal, et inquiets de cette prospérité qui peut exciter, qui excite en effet vos jalousies. Car quels obstacles ne mettez-vous pas à la création coûteuse d'une de ces maisons que vous pouvez toutes fermer ou ruiner demain ?

Vous nous montrez les petits séminaires, dans lesquels un certain nombre d'élèves, que leurs parents ne destinent peut-être pas à l'état ecclésiastique, mais que peut-être y appelle le bon Dieu, sont exempts de la rétribution universitaire, comme si l'on était sûr de leur vocation. Cette grande faveur, dont quarante ou cinquante enfants profitent dans chaque diocèse, vous paraît tellement exorbitante, qu'il

faudrait que les évêques fussent continuellement à vos pieds
pour vous en rendre grâces, et que vous menacez parfois de
la supprimer, comme s'il ne tenait qu'à vous. Et les pauvres écoliers sortis de là sont obligés d'employer la fraude
pour se présenter devant vos jurys d'examen. Les exami-
nateurs refuseraient de les interroger, si un maire de campagne ne consentait à certifier qu'ils ont fait leur philosophie chez leur père, bûcheron, vigneron ou fermier, attendu que des professeurs de petit séminaire peuvent bien
enseigner à connaître Dieu, mais non pas la philosophie, et
qu'il vaut beaucoup mieux contraindre les aspirants bacheliers à se procurer des certificats faux, que d'admettre
qu'ils aient pu devenir philosophes sous la direction d'un
Évêque et par les soins d'un ministre de Jésus-Christ.

Enfin, Monsieur le Ministre, vous nous montrez la maison paternelle, où le monopole ne s'est pas encore implanté.
En pleine assemblée législative, avec un sérieux admirable,
vous nous demandez si le père ne peut pas élever ses enfants chez soi, et si ce n'est pas là de la liberté ? Non, Monsieur le Ministre, ce n'est pas de la liberté ? ce n'est pas
même de la bonne comédie : une plaisanterie n'est bonne
qu'autant qu'elle est opportune; et, en vérité, ni le sujet,
ni l'auditoire, ni nos angoisses ne vous permettaient cette
bouffonnerie cruelle. Un père est libre d'élever ses enfants
chez soi, comme il est libre d'avoir quarante mille francs
de rente, comme il est libre d'introduire un étranger dans
sa maison, comme il est libre de renoncer aux affaires civiles et politiques qui pourraient l'obliger à s'éloigner de ses
enfants et de leur précepteur.

Votre Excellence me permettra de lui dire que je rougis
d'avoir à combattre sur un pareil terrain un homme dont
la fonction est si élevée dans ma patrie. Quoi ! l'on nous reproche, à nous pauvres journalistes inconnus, des paroles
trop irritantes ; et l'on ose, du haut de la tribune, le por-

tefeuille ministériel à la main, nous jeter, en les accompagnant encore d'injures, ces inqualifiables raisons ! Est-ce de la discussion ? est-ce de la dignité, est-ce de la convenance, est-ce seulement de l'habileté ? Que ne faites-vous valoir encore, Monsieur le Ministre, pour nous prouver que l'enseignement est libre, la générosité de votre police à nous octroyer des passe-ports sur Bruxelles et Fribourg, quand nous décidons d'y exiler nos enfants ?

La vérité est que notre droit est reconnu, et que nous ne pouvons l'exercer. Pourquoi, encore une fois, ce déni de justice ? Quelle raison donc, quelle raison valable en donnez-vous ?

Aucune, Monsieur le Ministre : pas plus de raison que de loi. On nous refuse la liberté d'enseignement, parce qu'on ne veut pas nous la donner ; voilà tout.

VII. Il est vrai que ce refus n'est pas déclaré bravement, à la façon des gouvernements forts ; ni brutalement, à la façon de ceux qui, sans être forts, sont assez hardis pour user de violence. Quant à la force, on peut douter que vous sachiez même ce que c'est ; quant à la violence, elle est au fond de votre tempérament, et vous nous le faites voir ; mais elle y demeure percluse et rugissante, conseillant des excès qui avortent. La hardiesse, cette simagrée de force qui trompe parfois les hommes et la fortune, est encore quelque chose de trop relevé pour vous. Vous êtes un gouvernement d'avocats et de gens de lettres, poussés par des passions mesquines, et puis retenus par des superstitions libérales ; emportés par de puériles chaleurs de colère, et puis tout à coup bridés par la peur, qui fait office de prudence et de réflexion. Très-souvent vous ne savez pas ce que vous voulez ; quand vous le savez, vous n'osez pas le vouloir ; quand vous savez, quand vous voulez, quand vous oseriez, vous ne pouvez pas. Que Votre Excellence me pardonne ces vérités. Je fais moins son portrait que celui d'un ministre constitutionnel. Seulement, les défauts inhérents au ministre constitutionnel, tel qu'il existe parmi nous, sont notablement accrus dans la personne de Votre Excellence, par les préventions, les haines et les intérêts du grand maître de l'Université.

Le refus que subissent les catholiques est enveloppé de ruses, d'allégations diverses, d'atermoiements, de louvoiements. Ressources des gens faibles qui commettent une mauvaise action, et qui ont vergogne de leur faiblesse et de leur mauvaise action !

Néanmoins, tout cela ne suffisant pas, bien convaincu désormais qu'au fond cette querelle de liberté est une querelle de religion, nous entendant toujours contester l'orthodoxie de l'Université, ne pouvant plus douter qu'il s'agit principalement pour les catholiques de confier leurs enfants à leurs prêtres, comme il s'agit pour vous de les retenir dans vos mains, vous avez, sinon imaginé, du moins autorisé la célèbre tactique qui vient d'étonner la France et de vous aliéner peut-être pour jamais tout ce qu'elle renferme de plus honnêtes gens. Vous avez fait une chose non-seulement immorale, mais insensée : vous avez entrepris de déshonorer tout ensemble et la religion et le clergé ! L'histoire en est assez triste et assez importante pour être reprise d'un peu haut.

VIII. L'homme n'est sociable que parce qu'il est religieux. S'il n'avait pas reçu de son Créateur certaines vérités d'où découlent les lois qui règlent ses rapports et ses devoirs envers ses semblables, il serait obligé de les combattre et de les fuir. Il vivrait craintif dans les solitudes, et son intelligence, abandonnée à elle-même, sommeillerait, inférieure peut-être à l'instinct des autres animaux, dont pas un ne naît aussi misérable que lui.

Mais Dieu l'a enseigné, et il en fait un roi sur la terre, et plus qu'un roi, car ce royaume terrestre ne lui suffit pas : il s'élève jusqu'à le dédaigner et jusqu'à vouloir légitimement son royaume dans le ciel.

Que lui a donc appris Dieu ? Trois choses : la foi, l'espérance et la charité.

Selon que l'homme a plus ou moins connu ces trois choses, il a formé des sociétés plus ou moins parfaites : la barbare, la païenne, ou la chrétienne dont l'éclatante supériorité laissa tout d'abord loin derrière elle, comme des rudiments informes, les plus beaux et les plus irréalisables rêves de la sagesse antique, formulés par les Socrate et par les Platon.

Selon que la société, dans les lumières de l'initiation chrétienne, a plus ou moins pratiqué ces trois choses ; selon qu'elle a plus ou moins cru en Dieu, espéré en Dieu, et que les hommes s'y sont plus ou moins aimés pour l'amour de Dieu, elle s'est plus ou moins éloignée, plus ou moins rapprochée du type sublime qu'elle peut concevoir et réaliser. Supposez la foi, l'espérance et la charité dans leur plénitude, c'est la société des anges : il n'y a plus de haine, il n'y a plus de désespoir, il n'y a plus de misère. Affaiblissez-y la foi, l'espérance et la charité, faites que tout vestige s'en efface : c'est la société des démons, et bientôt ce n'est plus une société.

Établissez au sein de la plus dégradée des peuplades sauvages quelques prêtres catholiques qui ne connaissent que leur Dieu : en cinquante années ils auront fait un peuple dont la police et la philosophie émerveilleraient tous les sages de la Grèce.

Transportez dans l'Éden une population pourvue de tous les arts, de toutes les lois, de toutes les sciences de l'Europe, mais qui ne sache rien de Dieu : cinquante ans après vous ne retrouverez que des sauvages, si vous retrouvez quelqu'un.

Ce ne sont point des hypothèses : les Jésuites avaient fait du Paraguay un paradis sur la terre ; les Prêtres des missions, les Maristes, renouvellent ce miracle dans l'Océanie ; les îles Sandwich offrent à notre vénération des confesseurs et des martyrs comparables à ceux des premiers siècles de l'Eglise, et Rome placera peut-être un jour sur nos autels, à côté des Ignace et des Laurent, quelques-uns de ces héros que l'Evangile est allé chercher au sein de l'anthropophagie. Il est vrai qu'en même temps Otahiti, malgré son climat fortuné, se dépeuple ; mais la main qui l'étouffe n'est pas catholique, elle est protestante ; elle ne donne pas l'Evangile, elle cherche de l'argent.

Attaquer la religion, c'est donc attaquer la société dans sa base.

Il est donc monstrueux qu'un corps enseignant privilégié puisse être hostile ou seulement indifférent envers la religion du pays, où il exerce son privilége à l'exclusion de tout autre corps et même de tout individu.

L'Université professe en masse ou cette hostilité ou cette indifférence. Quelques exceptions que l'on pourrait citer ne détruisent pas la règle et ne changent rien au principe de sa constitution, qui est, doit être et doit rester la liberté individuelle et l'indifférence pratique en matière de religion, puisqu'elle représente l'Etat, et que l'Etat n'a point de religion.

De quel droit serait-elle catholique, puisqu'elle est exclusivement chargée d'enseigner les enfants protestants et juifs ?

De quel droit serait-elle protestante ou juive, puisqu'elle est exclusivement chargée d'élever les enfants catholiques ?

Pourquoi voudrait-on que les professeurs développassent dans leur enseignement n'importe quel symbole religieux, puisqu'il leur est permis de n'en reconnaître aucun, la liberté des cultes étant, suivant l'interprétation commune, la liberté de n'en avoir pas ? Seront-ils tenus d'enseigner ce qu'ils ne sont pas tenus de savoir ? Exigera-t-on, avant de les laisser monter en chaire, qu'ils subissent un examen sur un catéchisme quelconque, et ne serait-ce pas même le comble de la folie que de l'exiger ? Du moment enfin qu'on ne leur trace rien à croire, peut-on empêcher chacun d'eux de croire ce qu'il lui plaît ?

L'un d'eux se vantait à moi de l'austérité de sa conscience : « Je ne suis pas chrétien, me disait-il ; mais on me confie des enfants chrétiens, et je les laisse chrétiens. » Je lui prouvai qu'il n'avait pas de conscience, puisqu'il voulait bien laisser ses écoliers dans ce qu'il croyait être une erreur ; ensuite j'obtins de lui l'aveu que les enfants qu'il avait instruits finissaient par être en réalité de très-minces chrétiens.

Vouloir qu'un enfant sorte chrétien des mains d'un incrédule, c'est vouloir que le grain d'ivraie produise un épi de froment.

Ce que l'Université peut faire de mieux, c'est d'enseigner tacitement la négation de toute religion.

Qu'elle existe dans ces termes, on le conçoit à la rigueur, puisqu'il existe des hommes et des pères de famille qui ne veulent ni de l'Evangile ni de l'Alcoran. Il faut attendre que la Providence leur ouvre les yeux ou que la société, revenue de ses erreurs, les leur fasse ouvrir. Mais que cette même Université, qui n'est que l'indifférence réduite en système, possède le monopole de l'enseignement ; c'est-à-dire que, au nom de la liberté la plus illimitée de tous les cultes symbolisée en elle, tous les cultes lui soient asservis et soient forcés de venir s'anéantir dans ses étreintes ; qu'on lui livre protestants, juifs, catholiques, pour qu'elle en forme des indifférents, des panthéistes, des athées, ce fait, lorsqu'on y réfléchit, surpasse l'imagination ; l'on a peine à comprendre l'excès de déraison qu'il révèle.

Elever l'enfant, c'est former l'homme et le citoyen ; élever tous les enfants d'un pays comme la France, c'est former plus qu'une société, plus qu'une nation ; les élever sans religion, c'est faire une chose immorale et impolitique, c'est préparer à l'avenir du monde des malheurs comparables aux plus grandes calamités que le passé ait connues. Ne portons point jusque-là nos regards, demeurons dans les limites les plus étroites du sens commun.

IX. La première et la plus importante connaissance que la société chrétienne doive donner à l'homme est la connaissance de Dieu : elle doit la lui donner pour lui et pour elle-même.

Pour lui d'abord, afin qu'il ne s'engage pas sans boussole sur cette vaste mer de la vie ; afin qu'il ne demeure pas sans consolation, sans secours durant ces naufrages auxquels sont communément réservées les plus chères espérances du cœur. Lorsqu'il aura perdu le riant bagage de ses jeunes chimères et la richesse plus solide des sentiments de l'âge mûr ; lorsqu'il sera frappé dans ses biens, dans son cœur, dans son âme, dans son corps, partout où nous voyons qu'est frappé cet être créé pour attendre, pour aimer et pour souffrir, il faut qu'un indestructible appui reste à son âme immortelle et la sauve du désespoir. Cet appui, c'est Dieu ; il n'en est point d'autre. Où l'homme le prendra-t-il, s'il ne le connaît pas ? Où trouvera-t-il l'unique refuge de son âme, s'il n'a, dès la jeunesse et dès l'enfance, contracté l'habitude salutaire d'y porter avec amour l'offrande de sa joie et de ses pleurs ? La vie et les événements de la vie n'ont qu'un but, auquel notre volonté doit concourir : ils sont faits pour nous rapprocher de Dieu ; de là vient que, contentements et peines, aux regards sereins du fidèle, tout est béni, tout est bon. Mais ces mêmes événements nous éloignent au lieu de nous rapprocher, quand notre volonté refuse de les tourner au dessein de miséricorde qui les a disposés. L'homme qui n'a point connu Dieu, qui ne l'a connu que superficiellement, qui finit par l'oublier, s'éloigne donc de lui sans cesse; il souffre en vain; tout est funeste dans sa vie; ce peu de bonheur amer qu'il arrache parfois à la morne âpreté de son destin, ces fruits rares et chétifs qui pendent aux buissons de la mauvaise voie, sont mauvais comme elle, trompent la soif du malheureux qui les cueille et chargent son âme d'un aliment empoisonné. Souffrance dans le temps, réprobation imminente dans l'éternité, c'est à quoi votre cruauté le condamne. Vous ne croyez pas cela, Monsieur; vous avez peut-être trouvé quelque part quelque bonne raison d'en douter?.... Vous concevrez que vos doutes nous consolent fort peu, nous qui croyons, qui devons croire et qui ne voulons point douter, même sur la parole de nos passions et de nos intérêts.

X. Qu'il soit de l'intérêt de la société que l'homme apprenne à connaître Dieu et à le servir, c'est ce que l'on s'étonne d'avoir à prouver encore.

Avez-vous quelquefois réfléchi, Monsieur, sur l'importance de votre charge? Vos collègues n'ont à régler que des affaires, et vous avez à former des intelligences; ils ne veillent que sur des intérêts passagers, vous veillez sur des enfants qui vont devenir hommes entre vos mains et qui resteront, la plupart, ce que vous les aurez faits. Quand vos collègues se trompent, le dommage n'est pas grand; quand vous vous trompez, il est presque irréparable. Leurs actes passent, les vôtres sont de chair et d'os, ils se perpétuent durant une vie d'homme et au delà; ils engendrent; ils peuvent troubler de fond en comble la société, susciter des catastrophes, qui crient vengeance aux pieds de Dieu jusque dans la voix des races futures.

Vous administrez ce formidable département, comme le

Ministre de la guerre administre ses casernes !... Que dis-je?
dans les casernes, il y a du moins le drapeau et l'honneur
du drapeau ; dans vos colléges, il n'y a que l'exercice. Il
faudrait former des hommes, on y façonne à la grosse, vaille
que vaille, les bacheliers que nous connaissons. Voyons-les
face à face avec les devoirs de la vie : ils sont obligés de
dompter leurs passions, appelés à secourir leurs frères, à
diriger bientôt eux-mêmes une famille ; ils doivent le bon
exemple à leurs inférieurs, la soumission aux lois, le respect
aux supériorités; il faut que l'humanité règle leurs entreprises, que la chasteté gouverne leurs sens, qu'une austère
probité les contienne dans les affaires, qu'ils rendent à la
religion un hommage public. Voilà l'homme que la société
vous a chargé de former, et que, mandataire intelligent et
fidèle, vous lui devriez encore, lors même qu'elle ne vous
le demanderait pas. Est-ce l'homme que vous lui donnez ?
Je laisse à votre conscience de répondre ; je laisse à la
conscience publique de proclamer ce que sont, dès à présent
et ce que promettent d'être vos bacheliers.

Mais vous-mêmes, Monsieur le Ministre, êtes-vous bien
satisfait de ces nourrissons? Ils ne sont pas en petit nombre
dans les affaires publiques, et vous les voyez à l'œuvre. Vous
paraissent-ils, plus qu'à nous, promettre un peuple duquel
on puisse espérer de grandes choses ? Vous flattez-vous
d'établir un ordre quelconque sur ces mouvants esprits? Je
n'attends certes pas que vous en fassiez votre confession :
mais, entre nous, vous savez ce qu'ils valent. Où en sont,
parmi eux, les maximes d'autrefois, et ce fier sentiment de
l'honneur national, et cette vive conviction des vérités qui
font le salut des Etats, et cette altière probité de l'homme
qui stipule pour autrui, et ce jaloux amour des intérêts
qu'on est chargé de défendre, et ce scrupuleux respect des
droits du faible, et cette ardente commisération pour les
misères du pauvre peuple? Et quand l'apparence de quelque

chose de tout cela se trouve quelque part, combien vaut le
silence? Et quand par hasard, quelque chose de tout cela se
fait entendre, combien vaut la réfutation ou le désaveu?....
Oh! que la conscience est fatiguée des spectacles qu'on lui
donne aujourd'hui! Non, vous ne faites pas des hommes,
vous n'en préparez pas pour la société. Dans vos assemblées
politiques, dans vos journaux, je n'entends que la voix
égoïste des partis, et que demande-t-elle ?... Les grandes
vérités, les grands besoins, les grandes douleurs n'y ont pas
un avocat ; rien de généreux et de fraternel ne s'y produit.
Cinquante années de votre régime universitaire ont formé
une France inconnue au monde, qui n'est plus à la tête de
rien, qui n'invente rien, qui ne comprend rien, qui n'aime
rien, qui n'ose rien. Un scandale l'amuse, un discours
l'irrite ; on peut entreprendre de la mettre en colère contre
l'habit d'un moine, et de l'apaiser après les insolences de
l'étranger. France tellement déchue, que le monde ne pouvait
y croire et qu'il eut peur d'un retour de vertu, lorsqu'elle
fit, en 1830, ce violent effort pour conquérir un reste de lie
et d'opium au fond de la coupe que Voltaire lui avait pré-
sentée, et que l'Université a remplie de nouveau. A qui
n'a-t-elle pas menti depuis lors? quels autels n'a-t-elle pas
apostasiés? Elle a dansé pour les peuples qui lui demandaient
des armes, elle a craint les factions, elle a craint le gouvernement ; il a fallu lui arracher les résolutions justes et
sages, on lui en a fait accepter de honteuses ; elle n'a
soutenu aucune aspiration de véritable gloire et de loyale
liberté, l'accent du bon droit et de la détresse ne l'a jamais
émue ; elle a laissé égorger la Pologne, elle laisserait égorger
l'Irlande : ce qu'il lui faut à présent, c'est l'alliance des forts ;
elle se fait persuader que son gouvernement la trahit, et
elle n'en a cure ; elle ne refuse pas l'obéissance à son chef,
mais elle ne lui rend nul honneur ; en dix années, elle a vu
commettre plus de régicides qu'il ne s'en était commis en dix

siècles; elle a connu dans sa capitale une secte d'assassins,
et n'a rien tenté pour l'étouffer et la vomir; et quand on
assassine le roi, ce n'est qu'un accident auquel elle est accou-
tumée. Masse inerte, qui ne se lasse pas de voir jouer son
avenir aux dés pipés des scrutins, que nul parti ne peut
révolter, que nul pouvoir ne peut gouverner, qu'il faut
laisser croupir.

Et j'en dis moins encore que vous n'en avez dit, Monsieur
le Ministre, d'un seul mot, avec toute la supériorité de votre
talent. C'est vous-même qui, parlant de la politique de vos
prédécesseurs, l'avez appelée le système *de l'abaissement
continu*. Or, comme l'on ne s'aperçoit pas que vous en
suiviez une autre, il faut bien penser que *l'abaissement
continu* est beaucoup moins le système de tel ou tel ministre,
que le système unique, obligé, fatal de la nation. Il est
cruel d'écrire en français de pareilles vérités sur la France,
mais qu'on boive la honte du supplice qu'on nous fait !

Et maintenant, d'où vient ce phénomène ? pourquoi cette
torpeur, ces apostasies criantes qui n'étonnent plus, cette
vie bassement matérielle où languit la nation la plus intel-
lectuelle du monde ?... C'est que quelque chose d'immense
l'a quittée.

De ce cœur qui battait à toutes les pensées hautes, la foi,
l'espérance et la charité se sont enfuies, chassées par de
malheureux rhéteurs; et le cœur de la France ne bat plus,
car ce qu'il y reste de fibres pures est paralysé par l'hébéte-
ment commun. Bien que l'on puisse trouver encore quelques
consciences formées sur les règles antiques, elles ne savent pas
ou n'osent pas faire entendre une voix condamnée d'avance
à l'injure et aux mépris. Il y a des catholiques partout; ils
font la majorité des gens qui croient en Dieu, ils font la majorité des honnêtes gens, ils forment seuls ces associations de
bienfaisance qui nourrissent plus de pauvres que n'en nourrit
l'État ; mais, grâce à l'éducation de la classe régnante, ils

ne font la majorité d'aucun collège électoral; ils sont vingt, dit-on, dans la Chambre des Députés, et c'est à peine si l'on en connaît deux ou trois. Oui, la foi catholique, c'est-à-dire l'idéal du dévouement, de la probité, du courage, la foi catholique est cette grande chose que la France a perdue et dont la perte la retient dans un abaissement sans terme et sans limite, *l'abaissement continu.*

Cette foi cependant n'est pas morte. Tout ce qu'elle a fait d'admirable, elle peut le faire encore, elle s'offre à le faire. Elle vous demande en pleurant ces enfants qu'elle peut remplir de l'abondance des vertus privées et sociales, cette société malade qu'elle peut guérir et relever en une génération. Elle garde les traditions austères de la probité, les sources ardentes du dévouement, le levier de cette foi qui remue les montagnes, le trésor de cette charité qui fait de tout homme riche ou seulement valide un économe et un père pour les malheureux. Elle vous offre tout cela : vous la repoussez ! Non-seulement vous l'empêchez de gagner la confiance des familles incrédules, mais vous lui arrachez les enfants que les familles pieuses voudraient lui confier. Vous ne la souffrez dans vos collèges que réduite aux seules forces d'un pauvre prêtre, ou plutôt d'un professeur de catéchisme. Là, n'ayant pour parler de Dieu qu'une heure ou deux par semaine, indifférente aux autres professeurs qui prennent le reste du temps, et souvent l'objet de leurs sarcasmes, quel est en définitive son principal rôle auprès du plus grand nombre des enfants chrétiens?

Elle préside aux sacriléges qui signalent leur entrée dans la vie.

Hélas! à qui viendrez-vous le nier ? Est-ce que celui qui vous parle ne sort pas aussi de vos écoles ? Est-ce que son âme n'a pas traîné douze ans, le temps précieux de l'adolescence et de la jeunesse, dans la fange de l'incrédulité ? Est-ce qu'il n'a pas fallu des miracles pour fermer cette

source de souillures ouverte par les éclats de l'enseignement
universitaire qui retombent jusque sur le pauvre peuple, et
des larmes de sang pour en affaiblir la trace, qui ne s'effa-
cera jamais ? Et que sont devenus ses compagnons ! Comment dire dans quels abîmes d'ignorance, de brutalité, de
misère sont plongés quelques-uns de ces cœurs qu'il a
connus intelligents et purs ! Vous répondrez des malédic-
tions qui les écrasent, étranges hommes d'Etat à qui l'on
confie des âmes saines et qui les rendez flétries, et qui vous
croyez quittes de tout, dès qu'une majorité vous remet ou
vous laisse prendre la clef du budget !

XI. La folie et l'abomination de cet anticatholicisme qui
résulte de l'enseignement public a toujours été le fait principal dont nous nous sommes appuyés pour réclamer la
suppression du monopole. Nous avons toujours dit : *l'Université n'est pas catholique*, parce qu'à nos yeux ce grief
renferme tous les autres. Et vous avez prouvé, Monsieur le
Ministre, qu'en effet ce grief est terrible, car vous n'avez
eu rien tant à cœur que d'en laver l'Université. Plus nous
le lui avons reproché, plus vous avez nié qu'elle en fût
coupable. Il a bien fallu vous convaincre que nous disions
vrai, et en même temps convaincre tous les pères de famille,
tous les gens de bon sens. De vénérables évêques ont dé-
noncé vos philosophes avec la force de leur zèle sans doute,
mais aussi avec toute la modération, toute la sincérité de
leur caractère sacré. Nous avons, sans y mettre, il est vrai,
la même mansuétude (il faut de longues vertus pour arriver là), mais avec une sincérité pareille, cité de longs extraits de vos historiens, de vos littérateurs , de vos livres
approuvés et distribués en prix ; enfin un prêtre a publié le
lumineux recueil qui lui a valu tant de haine (1).

(1) *Le Monopole universitaire destructeur de la religion et des lois*, par
M. l'abbé Des Garets, chanoine de Lyon.

Devant ces accablants témoignages, quel devrait être le rôle du Gouvernement ? Sauver l'honneur de l'Université en réfutant les évêques, en prouvant que l'abbé Des Garets et les journaux catholiques avaient menti, — ou sauver l'honneur du Pouvoir et se hâter de rassurer les consciences par la présentation d'une bonne loi sur la liberté d'enseignement. Vous n'aviez de choix honorable qu'entre ces deux partis. Vous en avez pris un troisième, qui ne lave pas l'Université du crime de ses enseignements, qui ne vous lave pas, vous Gouvernement, du crime de les autoriser, et qui, loin de rassurer nos consciences, les épouvante de plus en plus.

Vous n'avez pas discuté contre nos évêques, vous les avez fait insulter. Dans vos journaux, dans vos chaires, à la tribune, on leur a, de votre aveu, prodigué l'outrage. Un ministre même, qui n'y était pas forcé, M. Martin du Nord, s'est oublié jusqu'à dire en pleine Chambre des députés qu'il *réprouvait* un mandement, comme s'il s'était agi de quelque réquisitoire de substitut.

Vous n'avez pas démenti le livre de M. l'abbé Des Garets, et vous ne pouviez le démentir; vous n'avez pas démenti nos citations, vous n'avez pas discuté contre nous. En véritable grand seigneur de juillet, ne pouvant nous mettre à la Bastille, vous nous avez traités de calomniateurs. Sachez que, comme hommes et comme chrétiens, nous vous pardonnons cette injure; mais que, pour l'honneur de notre foi qui nous défend de calomnier, nous vous la renvoyons. Pair de France, ministre du Roi, grand maître de l'Université, grand officier de la Légion d'honneur, sous les insignes de toutes vos dignités, recevez ce démenti légitime, et ne croyez plus que tant de titres vous donnent le droit d'outrager des citoyens que le mensonge rendrait indignes de leur cause et de leur Dieu.

Enfin, et c'est ici la plus sérieuse de vos fautes, ce que

I.                                                          8

vous avez fait incomparablement de plus répréhensible et
de plus dangereux dans cette affaire : pour délivrer définitivement votre Université d'une concurrence redoutable,
vous avez conçu, je dis *vous*, et j'ai raison de le dire, le magnifique plan de déshonorer notre religion.

Le monopole ne pouvait plus être sauvé que par ce
moyen-là.

Il vous a paru politique de ranimer contre l'Eglise toutes
les fureurs du siècle de Voltaire et du temps de Barras,
d'édifier par la calomnie et par l'outrage une digue entre
elle et les âmes que lui ramène un mouvement impétueux.
Vous vous êtes dit que, grâce à cette manœuvre, s'il vous
fallait absolument proposer une loi sur la liberté d'enseignement, les Chambres, sous l'influence de tant de mensonges et la commune ignorance aidant, feraient cette loi de
telle sorte, vous permettraient d'y annuler si bien l'action
de l'Eglise, qu'après tout nous y pourrions perdre au lieu de
gagner.

Monsieur le Ministre, je ne crois pas que votre dessein
réussisse ; mais, dans tous les cas, c'est une folie et une
honte de l'avoir formé, c'est un crime de l'avoir mis à
exécution.

Quoi ! parce que des citoyens ont réclamé l'exercice d'un
droit essentiel, reconnu par vous-même et garanti par les serments du chef de l'Etat ; parce qu'ils ont prouvé qu'on don-
nait à leurs enfants des principes hostiles à la croyance qu'ils
doivent leur transmettre intacte et pure, cette croyance,
sans laquelle ils professent que la vie est un malheur
affreux, peut être légalement injuriée ! Des professeurs
nommés par l'Etat peuvent, sous la protection de l'Etat,
faire des cours publics et gratuits contre une religion
qui était hier encore la religion de l'Etat, et qui est
toujours, du moins suivant la Charte, la religion de
la majorité des Français ! Ils peuvent, celui-ci comme un

orateur de club, et celui-là comme un histrion, déverser
sur nos dogmes, sur nos saints, sur nos prêtres, tous les
mensonges, tous les mépris que la rancune et souvent l'i-
gnorance leur viennent dicter ! Ils excitent parmi leurs
jeunes auditeurs les passions les plus brutales et les plus
dangereuses : on le trouve bon ! Leurs journaux annoncent
que tel jour, à telle heure, tel professeur, chargé d'enseigner pour l'État, crachera publiquement au visage de Jésus-
Christ, et les ministres de la monarchie très-chrétienne n'y
voient point de mal, et même, en faveur de cet outrage, ils
se relâchent jusqu'à pardonner aux insulteurs ce qu'ils
voudront dire de contraire aux doctrines du Gouvernement !
Cela, certes, est hideux, et nous paraîtrait incroyable, si
nous ne l'avions vu ; mais ce n'est pas tout encore.

Sous le nom d'un ordre religieux dont aucun membre
n'a paru dans la querelle, ordre d'autant plus vénéré des
chrétiens, qu'il a plus souffert et que l'ennemi commun l'a
plus haï, ces énergumènes ont dévoué à l'exécration publique
tout le Clergé national, c'est-à-dire plus de cinquante mille
citoyens, non-seulement dignes de nos respects et des vôtres
comme ministres des saints autels, mais dignes encore
d'admiration et de reconnaissance par leurs vertus, par
leur savoir, par leurs travaux, par les pauvres qu'ils nourrissent, par les malheureux qu'ils consolent, par l'honneur
qu'ils font dans le monde entier, Monsieur le Ministre, au
pays que vous gouvernez. Ce Clergé si pur, si paisible, si
fécond en œuvres de science et de charité, qui arrose toute
la France de ses sueurs, tous les pays infidèles de son sang,
qui ne demande d'autre faveur et d'autre richesse que la
liberté légale de faire plus de bien, on le représente comme
un ramas de fous dangereux, presque de misérables. Tandis
que certains professeurs, sans même se mettre en peine de
préciser un fait, déclament contre lui dans les chaires où
l'État les fait monter, d'autres professeurs, dans les jour-

naux, déclarent qu'il reçoit des évêques et propage dans
son sein un enseignement tellement abominable, que les
termes manquent pour en caractériser l'infamie. On l'accuse
de se complaire aux plus révoltants détails de la lubricité,
d'excuser le vol, le mépris des lois, l'adultère, l'avortement,
le parjure, les voluptés immondes... ; que dis-je ; on l'en
accuse? on le prouve! On a pour cela toute l'effronterie
d'une publicité fermée à ses réclamations, toutes les ressources d'une rhétorique sans pudeur. C'est la haute
Université qui invente cette perfidie dans le *Journal des
Débats* et la *Revue des Deux Mondes ;* c'est la basse Université qui la propage dans le *Constitutionnel*, dans le
*National*, dans les dernières honteuses petites feuilles de
province... Et vous, Monsieur, vous Ministre, vous chrétien,
vous homme d'études, vous voyez, vous entendez, vous
savez, et vous applaudissez !

Vous applaudissez, ne le niez pas ; vous auriez une fois
de plus le malheur de ne convaincre personne ! Au commencement, nous vous avons fait l'honneur de croire que
de pareils excès encouraient votre blâme et que, par politique au moins, vous seriez le premier à vous plaindre de
l'indiscrétion de vos agents. Quel moyen d'imaginer qu'un
ministre désireux de maintenir la paix et la moralité publiques, qu'un grand maître jaloux d'établir l'orthodoxie des
doctrines de l'Université, qu'un homme d'Etat occupé de
nous prouver que la liberté d'enseignement ne nous est pas
nécessaire, contemplait avec plaisir, autorisait même ce
débordement d'impiétés, de provocations, de sottises? Nous
accusions l'Université d'avoir la peste, on nous appelait
calomniateurs ; pouvions-nous penser qu'on excitait en
même temps le malade à déchirer ses derniers voiles et à se
dresser devant toutes les familles, couvert d'ulcères et de
tumeurs? Vous le faisiez cependant, Monsieur! La persistance des attaques, leur extension surprenante, leur audace

a révélé votre connivence ; car vous avez sur tous ces universitaires, dont vous êtes le suzerain, une autorité qui ne
peut être longtemps méprisée ; ils sont indépendants, mais
ils ne dédaignent point vos bonnes grâces. Bientôt l'apparition dans la mêlée de vos familiers les plus chers, l'ordre
suivi par eux, l'habileté sournoise de quelques agressions,
ont transformé les soupçons en certitude. Aucun doute n'a
plus été possible, lorsque ayant à vous expliquer devant les
Chambres, vous avez enfin pris parti vous-même. Ce n'est
point sur de vaines apparences, mais sur vos paroles que
nous vous jugeons. Dans vos allusions contre nos évêques,
dans vos sorties violentes contre nos journaux, montrez-
nous un mot qui blâme les leçons brutales du Collége de
France, les systèmes hérétiques de vos philosophes, les mensonges flagrants de vos historiens, les turpitudes cent fois
odieuses de vos journalistes ? Votre collègue, M. Martin du
Nord, qui se croit bonnement une juridiction sur les évêques,
*réprouve* un mandement qui accuse l'Université. Vous,
Monsieur, qui, comme grand maître et ministre de l'instruction publique, gouvernez bien réellement tout le corps
enseignant, vous ne voulez pas prononcer une parole contre
cinquante leçons, discours, articles de journaux, où d'un
bout de la France à l'autre, vos agents mettent le Clergé au
ban de la morale et de la civilisation !...

Nous avons tourmenté l'Université, ce sont là ses représailles, et vous trouvez bon qu'elle en use ainsi. N'y eut-il
pas, durant les dernières guerres d'Espagne, un général au
service du Gouvernement qui, plusieurs fois malheureux
sur le champ de bataille, prit enfin une glorieuse revanche,
en faisant fusiller la mère et les sœurs de l'insurgé qui
l'avait battu ?...

XII. Voilà où nous en sommes, Monsieur le Ministre. Après
cette diversion fameuse, dont l'honneur de la religion est,

dans votre pensée, destiné à faire les frais, la querelle s'est un peu ralentie; vos bons combattants du Collège de France ayant gagné les 6,000 francs qui leur sont attribués chaque année, et les autres pareillement reçu leurs deniers de la synagogue universitaire, ils vont prendre du repos. L'Eglise catholique peut respirer jusqu'à l'hiver prochain; seulement, pour qu'elle ne se croie pas délivrée et qu'un salutaire effroi lui reste de tout ceci, MM. Michelet et Quinet publient à frais communs, dans le même volume, l'un ses dithyrambes fanatiques et l'autre ses grotesques extases, le tout orné de préfaces, où ces Messieurs avouent ce que leur corporation entend par *jésuitisme*, comme si cela était encore nécessaire et que les aveugles mêmes pussent s'y tromper.

Il demeure que nous avons toujours droit à la liberté d'enseignement, et que vous ne le niez pas; que vous êtes aussi peu disposé que jamais à nous la donner; que, plus que jamais, nous devons nous efforcer de l'obtenir.

Probablement, vous ne prendrez plus la peine de prouver désormais que le gouvernement universitaire est catholique. Après avoir laissé si clairement établir par le *Journal des Débats* et par M. Libri que le Clergé est immoral, par M. Michelet que le catholicisme est *l'esprit de mort*, par M. Quinet que le catholicisme doit désormais être exclu de la société française comme le seul schisme qui s'y soit maintenu et la seule hérésie que l'on y connaisse, ce serait faire à votre Université une étrange injure, que de la supposer fidèle aux préceptes d'un culte qu'elle condamne et réprouve avec autant d'éclat. Si vous avez naguère affirmé son orthodoxie, vous avez voulu sans doute parler de cette orthodoxie nouvelle, découverte de M. Quinet, laquelle, exilant enfin le catholicisme de la communion où toutes les sectes vivent animées d'une tendresse et d'une estime réciproques, le déclare insubordonné, insociable, dangereux; et, par toutes ces raisons, contraint l'Etat de veiller à ce qu'il ne puisse se reproduire et se perpétuer par l'enseignement.

Probablement aussi, Monsieur le Ministre, les catholiques ne goûteront pas ces hautes raisons; ils continueront de croire à la moralité de ces prêtres et de cette loi qu'ils pratiquent tous les jours ; ils continueront de croire à la divinité de ce CHRIST, qui ne leur a pas prédit qu'après dix-huit siècles de durée, ses dogmes et son Église auraient besoin des perfectionnements de M. Quinet. Ils continueront d'admettre à l'égalité civile les autres religions, mais en les regardant toujours de l'œil dont ils regardent toute erreur, mais en les jugeant toujours du haut de la vérité de leur Seigneur Jésus-Christ. Enfin, ils continueront de professer qu'eux et leurs enfants et les enfants de leurs enfants, jusqu'à la fin des siècles, doivent vivre et mourir dans le sein de cette seule Église véritable et divine, la très-sainte Église catholique, apostolique, romaine, hors de laquelle il n'y a point de salut ni pour l'homme ni pour la société ; et par conséquent, ils continueront de vouloir invinciblement pour elle, non pas seulement la vie, mais la royale condition de la vie: la liberté, c'est-à-dire l'honneur et la primauté : car étant libre, elle est reine, et vous le savez bien.

Nous voulons qu'elle règne ; vous et vos philosophes, vous voulez qu'elle meure : c'est la question entre nous.

En demandant la liberté d'enseignement, nous demandons que l'on fasse tomber le mur d'airain, l'obstacle inique et barbare qui s'élève depuis cinquante ans entre les lumières et les bienfaits de la religion, et l'ignorance et la misère du peuple. Pourquoi? parce qu'il ne se passera pas vingt-cinq ans que l'Église n'ait consolé le peuple, et ne s'en soit fait aimer, qu'elle ne lui ait refait le cœur des âges catholiques, qu'il ne lui ait rendu à son tour la splendeur et la force dont elle a besoin pour attaquer et vaincre, c'est-à-dire ramener à l'unité de la civilisation évangélique le monde tout

entier, la France étant grande, glorieuse et catholique, pour
le salut du genre humain.

En refusant à l'Eglise cette liberté vitale, vous voulez la
réduire à la condition de ces communautés religieuses que
l'on supprime dans la Suisse. On ne démolit pas les cou-
vents, on n'égorge pas les religieux, on ne les chasse pas,
on ne leur défend même pas de dire la messe et de prêcher ;
mais on leur impose la stérilité, en leur interdisant de
recevoir des novices. Par là, sans attenter réellement à la
liberté ni à la vie de personne, en tuant seulement les enfants
dans le sein de la mère, on arrive à jour fixe au but d'exter-
mination que l'on s'est proposé.

Je ne vous fait ni l'honneur ni l'affront de supposer que
vous comprenez l'étendue du crime social auquel vous prêtez
les mains. Les libéraux de la Suisse, avant tout, sont des
spoliateurs : ils hériteront des communautés éteintes ; c'est
leur grand mobile. Vos universitaires n'ont rien à prendre,
mais ils ont beaucoup à vendre, et, comme les Anglais, ils
guerroient principalement pour s'ouvrir le marché. Toute
entreprise contre Dieu, de quelques principes qu'on la colore,
n'est au fond que le prétexte d'une passion et d'un méfait
vulgaires. On ne veut pas supprimer Dieu, on veut seulement remplacer le Pape, percevoir la dîme, vendre à bon
prix la lumière, être libre contre la conscience humaine. On
emploie, afin d'y parvenir, des moyens dont on ne mesure
pas l'entière portée.

Ceux qui défendent la vérité la connaissent ; ils savent
tout ce que l'on peut détruire en l'attaquant : de là cette
ardeur indomptable qui les pousse sur la brèche au
moindre danger.

Ceux qui attaquent la vérité ne la connaissent pas, soit
qu'ils ne l'aient jamais possédée, soit que, l'ayant possédée,
ils aient mérité de la perdre. S'ils la connaissaient, ils la
respecteraient et l'aimeraient ; car de la connaître pleinement,

de savoir qu'elle est vraiment la consolation des malheureux, le pain des affamés, la vertu et le bonheur de tous, et
de vouloir pourtant qu'elle ne soit plus, je ne me figure pas
que l'homme puisse aller jusque-là. Il y tend, mais il l'ignore ;
il fait le mal, il le sait, mais il ne sait pas tout le mal qu'il
fait. Détruire la foi uniquement pour qu'elle soit détruite,
pour que Dieu ne reçoive plus de ses créatures un tribut
de gloire et d'amour, pour que le pauvre, l'ignorant et
l'affligé ne goûtent plus désormais le rafraîchissement de la
prière et le baume divin de l'espoir, c'est le péché du
démon : celui de l'homme est moins grandiose ! Dieu ne lui
permet pas de s'élever ainsi à des hauteurs où la prière des
opprimés ne puisse faire monter son pardon. Parce que l'on
travaille dans la boue aux fondements du trône de l'An-
techrist, il ne faut pas croire que l'on s'assoiera dessus.

Néanmoins, que vous vouliez détruire la religion par pur
sentiment d'orgueil, ou seulement pour vendre sans concurrence de la soupe et des idées, c'est une affaire à régler
ailleurs qu'en ce monde, entre vous et CELUI qui nous jugera
tous. Ici-bas, le résultat est le même : il faut, quelle que soit
notre faiblesse, quel que soit votre pouvoir, que vous nous
trouviez sur votre chemin.

Nous y sommes, et nous y resterons. Je vous parle ici
pour plusieurs.

Qu'en résultera-t-il ? Vous l'ignorez, et nous ne pouvons
former que des conjectures. Tout ce que nous savons de
plus que vous, c'est que Dieu sera glorifié, c'est que les anges et les hommes chanteront une fois de plus, dans un
concert de la terre et du ciel : Victoire à la croix ! Mais
quand sera déclarée cette victoire, comment sera-t-elle obtenue, combien de temps durera ce combat ou plutôt cet
épisode du combat commencé sur le Calvaire pour ne finir
qu'avec les jours ? Ni vous ni moi, Monsieur le Ministre, ni
aucun homme sur la terre ne le peut dire. Seulement Dieu

sera glorifié, et les anges et les hommes chanteront : Victoire à la croix! et ce cri retentira depuis les splendeurs infinies du ciel jusqu'aux abîmes de l'enfer.

XIII. Mon langage vous fait pitié. L'affaiblissement où les cœurs sont tombés proteste, à ce qu'il semble, contre tout accent d'enthousiasme et de foi. Quiconque aujourd'hui, dans la discussion des affaires, prononce le nom de Dieu, n'est qu'un littérateur ou qu'un fou ; l'on tient qu'il faut passer outre, et que celui-là, puisqu'il parle d'obligations de conscience, puisqu'il met son espoir en Dieu, puisqu'il veut souffrir, puisque la crainte de l'enfer est une des raisons qui le poussent, n'est pas sincère ou ne parle que pour lui, et ne vaut pas qu'on l'écoute un moment.

Je n'ai que la parole et la raison de ma foi ; mais vous vous trompez si vous croyez que nulle oreille n'écoute, que nul cœur ne répond, qu'il n'y a rien ici à quoi vous deviez prendre garde.

Vous vous trompez si vous croyez que la voie où vous êtes ne vous mène pas tout droit aux persécutions religieuses, et n'est pas dès à présent une persécution. Vous vous trompez si vous pensez n'être pas un jour, et bientôt, contraint de vous démasquer plus encore que vous ne l'avez fait depuis deux mois. Vous vous trompez si vous espérez que les catholiques se laisseront endormir par des promesses ou séduire par des emplois. Quant aux sévices, lorsqu'il vous plaira de les employer, et vous en arriverez là, je ne pense pas que vous en attendiez vous-mêmes de grands avantages, ou il faudrait que les catholiques d'aujourd'hui fussent bien différents des catholiques d'autrefois.

Que ferons-nous ? je ne sais ; mais nous ferons quelque chose.

La patience, la prudence et la modération nous sont recommandées : elles l'étaient aussi à nos pères ; ils n'y ont point failli, mais ils n'ont jamais laissé aux ennemis, ni aux timides, le soin de décider jusqu'où ils devaient pousser la pratique de ces vertus. Parce que nous savons que l'Eglise a vu d'autres orages, cela ne nous empêche point de sentir l'aiguillon du combat. Quand les Hébreux durent quitter l'Egypte, si quelque ami de Pharaon, redoutant pour eux la longueur de la marche et l'incertitude des chemins, leur avait conseillé de rester, ils n'auraient point écouté cet avis prudent. Comment arriveraient-ils ? ils ne le savaient guère ; mais il s'agissait d'abord de partir. Ils partirent donc, emmenant les enfants, emportant les malades, entraînant ceux qui n'auraient point voulu marcher. Et plus tard, quand Moïse sur la montagne élevait à Dieu ses mains désarmées, Israël, dans la plaine, combattait. Nous sommes patients, mais nous ne le sommes et il ne nous est permis de l'être que d'une certaine façon et jusqu'à certain point.

Déjà, sans craindre aucunement pour l'Eglise, plus d'un parmi nous, qui dormait naguère, commence à s'inquiéter de son sommeil et craint pour lui-même. On se demande si des baladins et des docteurs de mensonge, qui font perdre la foi, ne sont pas aussi redoutables que des tyrans qui ne font perdre que la vie. On se demande si l'on sera plus dispensé de témoigner son aversion pour les idoles de l'Université, au risque d'un peu de trouble et de clameurs, que l'on n'aurait été dispensé de refuser l'honneur et l'encens aux idoles de Dioclétien, au risque du cirque et du bûcher. Dans les premiers temps, lorsqu'un païen, fût-ce l'empereur, outrageait le Sauveur des hommes, tout chrétien était tenu de lui crier : Tu blasphèmes et tu mens ! Ce qu'il ne fallait pas alors souffrir du prince, à qui pourtant l'obéissance était due, on se demande s'il faut le souffrir aujourd'hui du premier mécréant qui prétend parler au nom de l'Etat. Certes, du haut de leur gloire, les témoins du Christ auraient peine

à reconnaître l'immuable Église de Dieu, si l'on y courbait,
sous nous ne savons quels conseils de craintive prudence,
ces fronts baptisés qui, de leur temps, ne s'abaissaient que
pour laisser l'âme et le sang jaillir ensemble vers le ciel.
O Dieu du Calvaire, Dieu de l'Eucharistie, vous nous avez
fait une loi d'abaissement, mais pour votre gloire et non
pour celle de l'enfer ; on peut nous mépriser, mais il faut
que l'on vous honore ; nous nous estimons les derniers de
la terre, mais vous êtes et vous serez dans nos cœurs et
dans nos voix le seul maître de la terre et des cieux ! Vous
nous voulez soumis, à cause de vous, non pas contre vous ;
désarmés quand on nous frappe, non pas muets et lâches
quand on vous injurie : résignés quand il s'agit de souffrir
pour notre compte ou pour le vôtre, non pas serviles quand
il s'agit de vous trahir. Que furent donc vos martyrs, s'ils
ne furent pas des révoltés, les premiers et les seuls révoltés
que rencontra jamais le culte de l'homme ? Nous payons le
tribut de la sueur et du sang à toutes les charges de cette
société qui cependant, parce que nous sommes chrétiens,
nous exclut de ses honneurs : vous l'ordonnez, *amen* !
Mais que nous lui donnions aussi l'âme, Seigneur ; que
nous étouffions le retentissement fécond de la prière ; que,
cachant la croix dans le secret de nos maisons, notre lâcheté
seule paraisse au jour ; que notre attitude entraîne la chute
des faibles, que notre silence encourage le blasphème et
le laisse enfin régner sur nos enfants, en quel endroit ces
choses étranges sont-elles exigées, en quel endroit nous
sont-elles conseillées, en quel endroit permises ?

Voilà, Monsieur le Ministre, les questions que votre politique encore plus que nos accents soulève, et que l'on
s'adresse aujourd'hui dans le trouble des consciences.
Faites ce que vous voudrez, vous ne les empêcherez pas
de remplir l'air que respirent les chrétiens. Elles veillent
dans la cellule du séminariste aussi bien que dans le palais

de l'Évêque, dans le presbytère du curé comme au foyer du laïque ; elles parlent dans les accents de la cloche, elles sont écrites sur les marches de l'autel, elles coulent des cinq plaies du Crucifix.

Maintenant, calculez, si bon vous semble, que ces chrétiens, que ces fanatiques qui prennent au sérieux vos outrages sont en petit nombre ; faites le dénombrement des lois de police dont vous pouvez les garrotter ; énumérez ce que vous fournissent de combattants et l'Université et la presse, et les factions libérales, qui vous offrent, selon la chaleur de leur libéralisme, ou des soldats, ou des bourreaux ; complaisez-vous à regarder ensuite ces millions d'indifférents, cette masse informe et quasi-abrutie dans la vase des lois et des mœurs, qui n'est encore pour personne, mais qui n'est digne que d'être pour vous : calculez, supputez, dites que c'est assez pour nous écraser.

Il est vrai, pour nous écraser, c'est assez, et même plus qu'il ne faut, surtout si Dieu le veut. Pour nous décourager, c'est trop peu.

Plus vous êtes nombreux, et plus nous sommes faibles, plus il nous est urgent de vous combattre ; quand vous nous montrez combien nous sommes réduits, vous nous enseignez nos devoirs.

Autrefois, après chaque persécution, le nombre des chrétiens se trouvait augmenté. Y a-t-il aujourd'hui moins de chrétiens en France qu'il n'y en avait avant 1793 ? C'est la preuve convaincante que le monopole de l'Université, dont nous subissons l'action depuis cette époque, est le plus dangereux des persécuteurs, et que c'est une apostasie de le laisser subsister.

Quelques-uns pensent que si l'on voit des catholiques dans les églises, on ne rencontre plus hors de là que des gens de négoce, des calculateurs, des machines à prière (c'est le terme de M. Michelet), de *bonnes gens* qui volontiers se livrent sans bruit à quelque bonne œuvre paisible, toujours assez libres dès qu'on leur permet d'aller à la messe ; mais pourtant disposés à ne pas contrarier en cela M. le préfet de police, ni aucun autre de MM. les fonctionnaires, et résolus, s'il le faut, d'attendre bouche close, pour honorer Dieu, des jours meilleurs ; étant par-dessus tout jaloux d'obéir, d'orner de diplômes leur chère famille et de la placer honnêtement dans quelque bon poste, où la raison d'État permette à peu près de se sauver en amassant un peu de bien.

Ceux qui parlent de la sorte ont-ils raison? Au lieu d'avoir à protéger encore un champ, ne nous reste-t-il plus qu'un dernier germe ?... Ah! s'il en est ainsi, combien doivent bénir Dieu ceux qui se sentent fidèles ! Leur tâche, plus rude, en est plus glorieuse et plus pressée. Quand ils mesureront à leur faiblesse cet abâtardissement général, quelle joie de sentir le double obstacle moins grand que leur courage et que leur foi ! Quand ils se verront reniés, abandonnés, impuissants, quelle joie de voir arriver les miracles et se lever un de ces hommes qui ressuscitent les morts, et s'accomplir un de ces mouvements qui changent la face des choses humaines !

Dieu ne permit pas aux flots du déluge de submerger l'arche, et depuis dix-huit siècles cette figure de la barque de Pierre n'a point trompé la foi des chrétiens. Ils n'étaient que douze qui entreprirent de soumettre le monde au Crucifié ; le monde se soumit, le Crucifié régna pour l'éternité. Souvent il a permis à son éternel vaincu de lui disputer l'empire ; l'enfer a maintes fois vomi ses déluges, comme la colère du ciel avait laissé tomber le sien ; l'enfer n'a pu prévaloir : il a renversé les murailles et déraciné les chênes, roulé et broyé pêle-mêle la houlette du pasteur et le sceptre du roi ; mais, dominateur immense de l'immensité, toujours il a vu ses flots, esclaves de la promesse éternelle, porter l'humble esquif où triomphaient la parole de Dieu et la vie.

Voilà nos souvenirs de dix-huit siècles, notre histoire d'hier, notre histoire de demain. Quand vous menaceriez de rompre toutes les écluses, nous savons que l'Océan n'a point assez d'eau pour submerger la nacelle du Pêcheur, et que c'est son destin d'être ballottée. Elle reviendra au port après la tempête. Bienheureux sur la terre ceux qui l'y verront revenir, glorieuse des trésors qu'elle aura répandus partout ; bienheureux dans le ciel ceux qui, d'une main hardie, auront, aux approches de la tourmente, coupé les câbles qui la retenaient aux périls du rivage, sacrifiés obscurs que la vague emporte et que le monde oublie, mais que Dieu n'oubliera point.

Quel combat voulez-vous qui nous effraie ? Vous prenez toujours, et vous avez tort, tous les chrétiens pour des hommes comme les autres, qui calculent, qui ont besoin de réussir, qui n'entreprennent rien si le succès n'est probable et s'ils n'en peuvent toucher et manger les fruits. Sachez que nous n'avons besoin ni de calculer, ni de réussir, mais seulement de connaître notre devoir et de le remplir avec simplicité de cœur. Nous sommes ici l'Église militante : vous attaquez la religion et vous l'attaquerez davantage si vous pouvez ; notre devoir est de combattre et de former des combattants pour l'avenir. Où se forment les soldats ? sous les coups de l'ennemi. Le bon régiment n'est pas celui qui sort au grand complet, frais et dispos, des exercices de la caserne, c'est celui qu'ont décimé le fer et le feu. Aidez-nous. Faites-nous perdre un peu de cette graisse de la paix qui nous rend pesants et lâches : vous retrouverez les hommes à qui Tertullien pouvait dire : *Il n'est pas nécessaire que vous viviez : il est nécessaire que vous serviez Dieu*, et qui faisaient comme il leur était dit.

Mais enfin, que ferons-nous? car il ne s'agit pas de mourir.

Nous ne mentirons pas, nous ne conspirerons pas, nous ne résisterons pas par la force.

Ou je me trompe fort, ou vous pouvez compter sur le reste.

XIV. Jusqu'à présent, et sauf la levée de boucliers de ces derniers mois, la politique du Gouvernement envers l'Eglise a été un chef-d'œuvre.

L'Eglise, en France, est dans vos liens. Vous n'avez plus besoin de rien entreprendre contre elle; il suffit de laisser aller les choses. Avec toute la commodité possible, vous êtes en voie de l'étouffer sans violence et sans manquer de respect. L'administration, les lois, les mœurs, l'instruction publique, y concourent d'un zèle égal et d'un égal succès: l'Université lui prend les enfants, l'administration lui prend les malades et les pauvres, la police lui interdit les manifestations extérieures du culte, la politique lui défend les assemblées, le conseil d'Etat lui supprime la parole; et la langueur qui résulte de tant d'entraves semble avoir fait de ses enfants laïques je ne sais quel troupeau que l'on épouvante et que l'on disperse avec un peu de bruit. Vous êtes assurément, en fait de timidité, quelque chose de merveilleux vous-mêmes, puisque ce reste énervé vous a fait peur; nous aurions eu peine à concevoir, sans l'imprudence de vos alarmes, que l'on nous crût encore redoutables après tout ce que nous permettons. Vous avez votre part d'autorité sur le culte et sur les sacrements; vous mariez aussi bien que l'Eglise, et mieux qu'elle; vous donnez à sa place, aux morts, un équivalent de l'extrême-onction qu'ils n'ont pas voulu recevoir de ses mains; la chaire est libre, mais avant que l'illustre et pieux Lacordaire y puisse monter, on lui fait déposer le manteau de saint Dominique. Il doit

sauver ainsi l'honneur d'une loi que vous craindriez d'a-
broger et qui rend passible de prison *et de mort* quiconi-
que, portant publiquement un habit monastique, témoigne
par là s'être dévoué à la pauvreté, à la chasteté, au travail,
pour mieux secourir les hommes et mieux servir Dieu. Il
faut que le citoyen catholique prie et serve Dieu, non
comme sa conscience le demande, mais comme votre volonté le permet ou le tolère. Votre surveillance, votre autorité sont partout, gâtant et empêchant tout. Que de dévouements votre pied brutal n'a-t-il pas écrasés dans leur
germe! que de germes précieux vos mains n'ont-elles pas
arrachés!

Si l'Eglise sent qu'elle manque d'air et se plaint, vous lui
faites entendre qu'elle est trop heureuse de vivre; vous lui
montrez les factions libérales qui ne vous arrêtent point
lorsqu'il s'agit d'obtenir les lois de septembre, le droit de
visite, les dotations, les fonds secrets, le budget de quinze
cents millions, etc. Vous détachez même quelques janissaires
qui vont, pour votre compte, montrer les dents sur les terres
indépendantes du *National*, et qui reviennent ensuite recevoir un grade au divan ministériel. Et l'Eglise se tait, et
les *bonnes gens* effarées, croyant qu'il y va de leur existence,
s'écrient que l'Eglise est très-bien, qu'on a tort de se plaindre, de réclamer, que les chrétiens, sauf quelques fous menacés d'un destin terrible, veulent demeurer à tout prix
des hommes de paix. Alors vous faites les magnanimes,
vous répandez les cadeaux; c'est une pluie d'ornements, de
tableaux, de billets de loterie; on ne ménage pas les croix
d'honneur, et l'on prodigue surtout les assurances cafardes.
A l'ouverture de chaque session, la *Providence* a son petit
mot dans le discours de la Couronne, comme la reine d'Angleterre a le sien. Dans le cours de chaque session, la liberté
d'enseignement est promise une fois. M. le Ministre des
cultes protége les communautés de femmes contre les atta-

ques de M. Isambert, et l'on fait entendre que le Clergé est sage, d'un ton tout propre à lui faire songer de ne s'écarter pas de cette sagesse-là. Et en effet, on *réprouve* au même instant les mandements qui ne sont pas suffisamment *sages*; M. Dessauret[1], au nom de M. le ministre Martin, libelle des oukases aux évêques, où ils sont menacés du Conseil d'Etat, comme un enfant serait menacé des verges; on suppose à l'Episcopat des sentiments qui désespéreraient et scandaliseraient les fidèles; on fait bassement injurier ces vénérables pontifes dans les journaux que l'on inspire et que l'on soudoie.

Cela réussit tellement, qu'il ne faut plus qu'un peu de patience pour arriver au but. Déjà l'esprit chrétien est complétement exclu des affaires publiques. A l'époque des élections générales, il se publie environ quinze cents professions de foi : il n'en est pas dix, peut-être pas une où la foi catholique soit nettement professée. Nous ne savons pas s'il existe dix conseils municipaux où les catholiques puissent former même une minorité. Quand, par hasard, une voix catholique s'élève dans les Chambres, n'est-ce pas pitié de voir quels détours il faut prendre, quels ménagements il faut garder, si l'on veut faire entendre à ces représentants de la France chrétienne qu'un de leurs collègues croit en Dieu? Pour qu'un homme de talent et de cœur se fasse pardonner ce travers et la cause qu'il défend, il est obligé d'invoquer en sa faveur je ne sais quelles raisons misérables de politique ou de méchante philosophie. On obtient que la France protège les catholiques d'Orient, non parce qu'ils sont catholiques, mais parce que c'est un moyen de faire pièce aux Anglais, sans pourtant rompre avec eux. On parvient à faire tolérer les communautés de femmes par égard pour le principe qui fait tolérer les maisons de prostitution.

---

[1] Principal commis des cultes.

S'il s'agit des Trappistes, on fait remarquer que leurs monastères sont des fermes modèles; et un député crie, en
pleine séance : *Vienne une révolution, nous mettrons la
main dessus!* S'il s'agit des Dominicains, des Bénédictins,
des Chartreux, ce sont des propriétaires : qu'ils soient libres
de porter dans leurs maisons un capuchon sur la tête, comme
il leur serait permis d'y porter un chapeau de paille; d'y
prier Dieu la nuit, comme il est permis à leurs voisins de
donner à danser. Encore sont-ce là des hardiesses qu'on ne
débite pas sans quelque serrement de cœur; le jour où l'on
en voudra dire davantage, où l'on voudra poser en principe
que c'est un droit de la conscience, un sacrifice exigé de
Dieu, un besoin de l'âme et de la société, une conséquence
légale et morale de la loi civile, il faudra descendre de la
tribune au milieu des huées.

Tel est, et bien en abrégé, l'état de l'Eglise : cependant
vous alliez presque lui persuader qu'elle était florissante;
vous lui montriez, comme autant de concessions de votre
part, tout le bien que vous lui permettez encore de vous
faire, ou que vous n'avez pu empêcher : ce qu'elle tient
d'écoles dans le peuple, ce qu'elle soigne de malades dans
les hôpitaux, ce qu'elle vous procure d'honneur chez les
nations étrangères, ce qu'elle assiste d'indigents dans vos
centres de population, ce qu'elle répand de paix et de moralité partout. Vous lui disiez d'attendre pour le surplus, de
s'en fier à vos bons désirs, surtout d'avoir soin de prier bien
haut pour le Roi. Et, confiante parce qu'elle est charitable,
elle priait, elle attendait, elle se taisait; et le troupeau, ne
sachant rien de l'angoisse silencieuse des pasteurs, s'endormait tranquillement de ce sommeil dont on ne sort plus.

Heureusement vous avez eu peur : on a fait mine de résister, vous avez parlé en maîtres irrités et effrayés; vous
avez laissé voir le fond de vos cœurs et le secret de vos desseins. Votre Université lance des décrets pour nous ap-

prendre ce qu'il faut croire; vos journaux nous montrent
des lacets pour nous apprendre ce qu'il faut redouter. Vous
ne voulez rien concéder : soit! Voyez maintenant à nous
arracher ce qui reste encore, et disposez bien vos mesures :
car, avec ce reste, nous pouvons à notre tour, Dieu aidant,
vous reprendre tout.

N'espérez plus ce silence de mort dont vous avez si cruel-
lement profité : nul chrétien, sachant qui vous êtes, ne fer-
mera la bouche sur vos entreprises; et l'on verra si le son
des trompettes d'Israël n'a plus cette vertu qui fit tomber
tant de fois les remparts de l'ennemi.

XV. Ceci ne serait qu'une vaine espérance et qu'un vain
discours; tout manquerait à nos vœux; la parole de vie
tomberait inutile sur des cœurs desséchés; il ne vous faudrait, pour abattre nos tièdes courages, que les moyens dont
vous vous êtes servi pour tout abattre depuis treize ans :
quelques petites places après un peu de prison, et vous auriez triomphé, c'en était fait du catholicisme en France; il
n'y serait, comme vous le désirez, qu'une opinion religieuse
au milieu de toutes les autres; en d'autres termes, il ne serait plus : qu'y gagneriez-vous?

Une mort plus prompte... Vous ne vivez que par lui !

XVI. Quand nous disons que la France a besoin de religion, nous disons absolument la même chose que vous
et tous ceux qui disent qu'elle a besoin de concorde, d'u-
nion, de patriotisme, de confiance, de moralité, etc. Car
chacun sent que quelque chose lui manque, et que ce quelque chose est la grandeur, la force et la vie. Le mal qui
ronge la France n'est pas inconnu; tout le monde s'accorde
à lui donner le même nom : *l'individualisme*.

Il n'est pas difficile de comprendre qu'un pays où règne
*l'individualisme* n'est plus dans les conditions normales de

la société, puisque la société est l'union des esprits et des intérêts, et que l'individualisme est la division poussée à l'infini !

Tous pour chacun, chacun pour tous, voilà la société ;
chacun pour soi, et par conséquent chacun contre tous,
voilà l'individualisme.

Cette hideuse maxime est pratiquée avec un tel excès,
qu'il en est résulté une sorte de bénéfice passager et trompeur, sur lequel le Gouvernement s'est étrangement mépris :
les cœurs épuisés n'ont pu donner même le peu de vigueur
et de sève qu'il faut pour former ou soutenir des factions.
Depuis dix ans, plusieurs sectaires ont apparu, de ceux
qui jadis, en un clin d'œil, formaient autour d'eux des armées et dont la voix troublait longtemps les peuples : ils ont
prêché, ils ont conspiré, ils ont été riches, éloquents, hardis ; ils ont eu des soldats, ils ont combattu… ; quelques
réquisitoires balbutiés par un procureur du roi, quelques
coups de fusil tirés par un gouvernement effrayé, quelques
amendes les ont détruits. Personne des leurs n'a voulu s'exposer davantage ; il n'en est resté que des fonctionnaires,
des journalistes, des amnistiés. Le Gouvernement s'est cru
fort pour avoir vaincu de pareils ennemis, et, quels que
soient les dangers de l'individualisme, comme c'est un mal
qui le laisse vivre, il ne voit rien de mieux à faire que de
l'accepter et de le développer.

Sans doute, il voudrait bien que la France eût un symbole : mais ne pouvant le fournir, l'art de sa politique se
borne à prévenir l'union des volontés qui lui serait funeste,
par l'antagonisme des appétits.

Ainsi l'on étouffe en germe les partis ; mais l'on étouffe
du même coup la nation, et d'un peuple on fait un cadavre… Ce cadavre en décomposition finira par éclater dans le
cercueil d'ignominie, jetant de lui-même aux vautours ses
débris épars.

J'en adjure toutes les consciences : qui ne s'attend à quel-

que chose d'affreux, qui ne prévoit de grandes infortunes
et peut-être de grandes hontes, si l'on ne trouve une idée,
un sentiment qui recompose cette société divisée, subdivisée,
réduite en miettes, en poussière?

On dit concorde, union, patriotisme, moralité, dévouement : ce ne sont que des conséquences ; il faut un
dogme.

Les dogmes humains ne manquent pas, et ils sont con-
tradictoires. Lequel a le droit de s'imposer aux autres?
lequel peut rattacher toutes les volontés? En est-il un qui
n'ait traîné dans le sang et dans la boue? En est-il un qui
n'ait besoin, pour s'établir, de la force et de la violence, et
à qui ne manque, avant toutes choses, le dévouement de ses
propres sectateurs?

La religion était là. Elle s'offrait véritablement à vous
venir en aide. Laissant de côté toute idée de parti, elle vous
prenait comme forme existante, et vous proposait le seul
moyen possible pour que vous deveniez forme durable. Elle
vous disait : Je suis neutre entre les opinions, mais laissez-
moi faire ce que chacune d'elles propose de meilleur et
de vraiment sage. Laissez-moi évangéliser le peuple, j'éloi-
gnerai de lui la misère, l'esprit de révolte succombera ;
laissez-moi élever les enfants, j'étoufferai dans le cœur l'ambition et l'envie, je leur enseignerai le dévouement, l'amour
du bien public, le zèle des grandes choses, tout ce que Dieu
m'a appris pour le salut de l'homme et la force des sociétés.
Que seulement je sois libre : j'ai la semence de tout ce qui
est cher et glorieux à l'intelligence et à l'âme ; et quand ces
fruits du ciel pourront croître et fleurir autour de vous, vous
serez sauvés.

Dans l'état où vous l'avez réduite, l'Église vous montrait
assez de merveilles encore pour qu'il vous fût aisé d'ajouter
foi à ses paroles. Vous l'avez refusée. Par l'injure insensée
dont vous avez accompagné vos refus, par les secours bru-

taux que vous avez invoqués contre elle, vous la forcez à s'éloigner de vous, à se défendre de vous.

Triomphez de cet adversaire comme vous avez triomphé des autres ; séchez la main qui nourrit vos pauvres, étouffez ou déshonorez la dernière voix qui recommande avec quelque autorité aux hommes de respecter l'ordre, d'obéir aux lois, de s'aimer entre eux : vous verrez ce que durera l'édifice que vous entreprenez de bâtir !

Quoi que vous en pensiez, l'autel et le trône sont dans le même plateau de la balance, et c'est l'autel qui fait tout le poids. Renversez l'autel, je vous jure que le trône sera léger.

Pour nous, jusqu'au dernier jour et jusqu'à la dernière heure, nous défendrons ce que nous devons défendre, sans nous arrêter à considérer que vos œuvres chétives seront aussi protégées de nos efforts. Vainqueurs, votre hostilité ne nous embarrassera guère : cet enfant mal venu, qui n'a qu'un jour et qui s'en prend aux choses éternelles, si Dieu veut qu'il garde vie, nous le redresserons, nous lui remettrons son péché d'origine, et nous saurons lui former un tempérament meilleur. L'Eglise est habituée à faire de ces éducations. Vaincus, nous ne sommes que trop sûrs d'être promptement vengés. Songez-y : car cette occurrence, après tout, vous regarde plus que nous-mêmes. Notre mission n'est pas de nous construire une demeure sur le lieu du combat ; notre espérance n'est pas tout entière ici, la plus grande part en réside au delà de toute atteinte. Mais vous, qui comptez rester, retenez bien cette dernière parole : Ce que nous poursuivons dans les affaires humaines vous est nécessaire ; nous voulons planter un arbre dont l'ombre et les fruits sont indispensables au pouvoir et à la société ; nous défendons des principes de vie ; nous tenons des vérités sans lesquelles il n'y a point d'hommes gouvernables sur la terre. Au nombre des pierres choisies en 1830 pour *garantir la sécurité de l'avenir*, il en est une qui ne peut être posée que par nos mains : cette pierre est la clef de voûte...

Si vous savez l'heure de notre défaite ou de notre avilissement, mettez en sûreté vos trésors. Tout croule quand nous ne sommes plus là. Vingt empires dorment dans les tombeaux qu'ils nous ont creusés.

# DE L'ACTION DES LAIQUES

## DANS LA QUESTION RELIGIEUSE.

17 novembre 1843.

Bonne volonté et ignorance de M. de Girardin. — La revendication de
la liberté d'enseignement est une *querelle de religion.* — Elle a créé le
*parti catholique.* — Ce que c'est et ce qu'il veut. — Le clergé fait
de la *religion,* les laïques doivent faire et font de la *politique.* — Si
les évêques peuvent écrire dans les journaux.

I. Jugeant avec un louable désir d'impartialité, mais avec
des lumières insuffisantes, le débat qui s'agite entre les
catholiques et le monopole universitaire, la *Presse* donne tort
à tout le monde. A nous d'abord : Nous sommes *violents
et exagérés,* nous *compromettons le clergé plus qu'il ne
le croit,* nous *employons la mauvaise foi et l'injure,* nous
sommes peut-être des *spéculateurs.* Au Gouvernement ensuite, et aux journaux universitaires : Le projet de loi sur
l'instruction secondaire, proposé par le Gouvernement, *n'a
pas été loyal ; il renfermait moins de garanties que de réti-
cences ; il imposait aux ecclésiastiques des conditions que le
respect de la religion, que le respect d'eux-mêmes ne leur
permettait pas d'accepter.* Quant aux journaux de l'Université, ils n'ont d'autre but que de *former une opinion
factice, afin d'éluder une promesse de la Charte et de sauver
le monopole, en armant au sein des Chambres, contre la*

*liberté d'enseignement, toutes les défiances injustes ou légitimes, en suscitant contre elle l'esprit de réaction.* Enfin, la *Presse* reproche à l'Episcopat la part qu'il a cru devoir prendre aux luttes du journalisme : *Le journalisme est une arme nouvelle en ses mains, dont il ne connaît ni la portée ni les périls; il peut se blesser en l'employant ;* il risque, par cette lutte, *de refroidir le sentiment religieux qui, de toutes parts, à la ville comme à la campagne, dans le cœur de l'homme du peuple comme dans celui de l'homme du monde, commence à se ranimer.*

La conclusion de la *Presse,* c'est qu'il faut que les évêques n'écrivent plus et laissent aller les choses, s'en rapportant pour le progrès de la religion au *sentiment général* qui lui ramène les cœurs, et pour l'enseignement, aux *défenseurs que la liberté de l'enseignement trouvera dans la presse et dans la tribune, comme toutes les autres libertés.*

Nous voyons d'ici sourire nos lecteurs, qui savent ce que l'on peut attendre et du journalisme monopolisé par l'Université, comme l'enseignement lui-même, et de l'opinion dominante, pervertie de longue main par des mensonges hideux, et du Gouvernement, représenté par les vives passions de M. Villemain. Cependant nous n'inculpons point la bonne foi de la *Presse.* Le rédacteur en chef de cette feuille a su préserver sa polémique des lieux communs d'impiété colportés depuis un an dans tous les journaux, et il exprime sur la nécessité sociale de la religion des pensées dont nous devons lui tenir compte : « Ce n'est point ici, dit-il en terminant son exhortation aux évêques, la remontrance d'un journaliste présomptueux, mais l'avis d'un écrivain respectueux et désintéressé, uniquement inspiré par le désir de voir fleurir la foi de nouveau et porter des fruits, venir en aide au travail, ennoblir la misère, consoler la douleur, soutenir la faiblesse et panser les plaies que la science politique n'a pas encore trouvé le moyen de guérir. »

Il y a loin de ce langage à la faconde de mal-appris dont les dignitaires de l'Université nous ont fourni tant d'exemples.

Maintenant la *Presse* nous permettra de lui dire notre avis. Elle croit avoir épuisé la question, elle ne l'a qu'à peine effleurée. Elle croit la discussion finie si les évêques veulent garder le silence ; la discussion est à son début, nous croyons que ceux qui l'ont entamée ne la verront pas finir.

Les commencements, il est vrai, ont pu paraître peu de chose. Aujourd'hui encore, des yeux habitués à l'inconsistance des affaires du temps risqueraient de s'y tromper. De quoi s'agit-il ? Une liberté est promise dans la Charte, certains citoyens la réclament ; le Gouvernement, ému par l'intérêt d'un corps dont il attend de grands services, la refuse, ou ne l'accorde pas loyalement. A ceux qui demandent comme à ceux qui refusent, il faut le concours de l'opinion. L'opinion est indifférente ; on agit sur elle en sens opposés. Bientôt l'opinion se manifestera, une loi sera rendue, et tout sera dit. Il n'y a donc qu'à gagner l'opinion. Voilà le coup d'œil du sage vulgaire. Ce coup d'œil serait juste, s'il n'était question que d'une liberté politique.

Les chrétiens savent mieux voir. Cette liberté promise intéresse la foi : par cette seule raison, dès qu'ils ont pensé à la réclamer, ils ont dû s'attendre à toutes les résistances. S'ils avaient pu croire que le Pouvoir, accaparé par la philosophie régnante, tiendrait ses serments, qu'on les admettrait à l'exercice du droit commun, que la vérité serait accueillie à titre d'égale parmi toutes les idées à qui l'on donne le champ et la lumière, la première réponse faite à leurs réclamations les aurait détrompés. Ils auraient su dès lors qu'ils devaient se taire, ou soulever contre eux une hostilité presque générale ; accepter le joug, ou se résigner à la réprimande et à l'abandon des sages, aux calomnies des méchants, aux injures d'une populace de philosophes, de lettrés, de politiques inférieurs ; foule misérable, vieille ennemie, que l'Eglise a toujours vue ameutée contre elle et qui, recourant toujours au même piége pour tromper les mêmes instincts, écrit grossièrement, aujourd'hui comme autrefois, le mot de liberté sur le drapeau de la plus vile tyrannie !

La lutte néanmoins a été engagée. Croire qu'elle va finir et qu'elle peut finir, c'est ne rien entendre à ce qui se passe. Ceux qui, au nom de leurs croyances catholiques, ont revendiqué la liberté d'enseignement, ont introduit dans la France une QUERELLE DE RELIGION !... Ils ont su ce qu'ils faisaient ; on l'a très-bien compris ailleurs. Ils ont prévu ce qui arrive, et ils n'ont pas hésité ; leurs prévisions vont plus loin encore, et ils ne reculeront pas. Ce n'est pas à eux de reculer : ils obéissent à leur conscience. Ils n'ignorent nullement qu'ils ne sont pas les plus forts, et c'est pour eux un motif de peu d'inquiétudes, car ils ignorent encore moins qu'en ces entreprises difficiles, l'essentiel n'est pas d'avoir les hommes, mais d'avoir Dieu pour soi. La *Presse*, méditant sur ces données, appréciera la juste portée de ses vues et de ses conseils. La plus simple réflexion sur l'histoire de l'Eglise lui fera connaître en même temps jusqu'où peut être poussé le différend qu'elle offre d'arranger.

Il ne faut pas trop dire que les temps sont changés, que ce qui s'est fait ne se reverra plus. Les siècles, en s'écoulant, modifient les usages et les mœurs ; ils laissent immuable le fond de l'âme, façonné des mains de Dieu pour la religion qui seule y portera la lumière et la paix. Notre foi catholique n'est point susceptible d'une certaine *civilisation ;* nous luttons précisément contre cette civilisation que l'Université voudrait nous imposer. Ceux donc qui sont vraiment catholiques aujourd'hui, le sont comme l'ont été leurs pères, fils militants de l'Eglise, à toutes les époques et dans toutes les conditions. Tels ils resteront, quoi qu'il arrive ; tels on trouvera ceux qui s'élèveront à leur suite contre des adversaires qui, quant au fond, ne se transforment pas plus qu'eux-mêmes. Judas et l'hérésie sont contemporains de l'Evangile et de la croix.

Aujourd'hui comme toujours on refuse à l'Eglise ce qu'elle demande, parce que, aujourd'hui comme toujours, ce que l'Eglise demande n'est qu'un moyen indiqué par l'état des choses et des esprits pour faire triompher des principes de salut dont on ne veut pas.

Il fallait attendre, dit-on. Question oiseuse ! Il est toujours opportun de revendiquer des droits qui sont les droits de l'âme et de Dieu. Puisqu'un jour ou l'autre il fallait recommencer, pourquoi ne pas commencer tout de suite ? Qui nous aurait marqué le moment précis où nous aurions pu, sans exciter mille colères, dire à l'Université : Nos enfants perdent la foi dans vos écoles, rendez-les-nous ? Vous faites des générations monstrueuses, sans croyance, sans dévouement, sans vertu ; vos mains sont avares et vos doctrines sont empoisonnées ; vous n'avez pas notre confiance ; nous voulons sauver les âmes de nos enfants ? — Attendre ! il fallait attendre ! — Mais enfin, sait-on que nous sommes chrétiens, et sait-on ce que c'est qu'un chrétien ? Nous avons attendu, et tandis que nous laissions passer les jours et les années, nos enfants se perdaient ; nous pouvions contempler sur ces corps débiles et dans ces âmes prématurément flétries les traces d'un mal déjà irréparable. Patience ! Mais la mère qui se disait : L'on m'a gâté un fils, me gâtera-t-on encore les autres ? Mais le père qui se sentait coupable devant Dieu, de mettre en balance l'avenir temporel et l'avenir éternel de son enfant, et dont la tendresse lâche ne pouvait choisir ; mais le citoyen à qui les lois existantes font une part de responsabilité dans les fautes et les crimes d'Etat et qui pensait que la justice divine lui demanderait compte du silence gardé sur cette iniquité formidable : leur était-il,

à tous ceux-là, si facile et si permis d'attendre ? Sait-on que
pères, mères, frères, tuteurs, citoyens, partout dans nos
livres saints, dans nos méditations, dans nos prières, dans le
souvenir sacré de nos confesseurs et de nos martyrs, partout des voix terribles s'élevaient contre la patience trop
humaine avec laquelle nous laissions ce grand forfait s'accomplir ? *Et ait Dominus ad Caïn : Ubi est Abel frater tuus ?*

Il fallait employer plus d'habileté, parler un autre langage. — Oh ! sans doute. Si, au lieu de réclamer la liberté
d'enseignement au nom de la religion catholique et pour le
salut de la foi, nous avions eu l'esprit de la faire exiger par
les mauvaises passions politiques et philosophiques ; s'il
s'était agi d'une liberté d'anarchistes, au lieu d'une liberté
d'honnêtes gens, l'affaire serait terminée, ou du moins en
bonne voie. Seulement, cette liberté ainsi obtenue pourrait
bien contenir une exclusion toute spéciale contre nous.
Mais pourquoi les mauvaises passions réclameraient-elles ?
Qu'ont-elles à désirer ? l'Université les accommode parfaitement : elle leur donne des hommes sans croyance pour aujourd'hui, un instrument de despotisme pour demain. Entre
le monopole et ces mille sectes de l'erreur sociale ou religieuse, l'accord est complet contre la liberté des chrétiens,
leur commune ennemie. Aveugle encore, et plus qu'aveugle
celui qui ne le voit pas !

Dans cette position, que faire ? La *Presse* saurait-elle nous
le dire ? Nous devions abandonner le champ de bataille, ou
bien agir comme nous avons agi. Mais ici l'on nous reproche l'injure, la mauvaise foi, des appétits de spéculateurs.
Nous ne dédaignons point, par égard pour notre adversaire, de répondre à ces lieux communs qu'il emprunte aux
journaux de l'Université, afin de nous montrer bien à
propos ce que nous pouvons attendre de l'opinion la plus
modérée et la plus sage. Quant à l'injure, nous sommes
francs, parce que nous ne tenons point à nous exprimer de

telle sorte que ni nos amis ni nos ennemis n'en gardent le souvenir. Un jour O'Connell parla contre le roi Louis-Philippe; la *Presse* s'écria que ce jour-là le libérateur de l'Irlande avait trop bu. Tous les jours on outrage, on calomnie indignement notre foi, notre culte, qui nous sont aussi chers que le roi des Français peut l'être à la *Presse*, et si nous disons qu'il faut être ivre de haine pour employer un pareil langage, du moins ne disons-nous pas qu'on est ivre de vin. Quant à la mauvaise foi, comme nous tenons que le mensonge est un péché mortel, nous faisons en sorte de ne point mentir; nous n'en avons ni le goût ni le besoin. Quant à la spéculation, la *Presse* nous connaît, elle peut produire l'état de nos profits. Nous spéculons, il est vrai, mais sur des espérances qui ne sont point cotées à la Bourse et vers lesquelles la commandite ne se tournera pas de long-temps! On nous accuse d'exagération. S'il s'agit de nos principes, nous ne les avons point formés nous-mêmes : nous les avons reçus tels que la religion nous les a donnés, tels qu'il faudra que le monde les accepte. Sur ce point, nulle modification possible. Ce que Dieu donne à croire est bon à publier.

Laissons un débat puéril. Voyons ce que nous avons voulu et prétendons faire. La *Presse* a peu de sympathie pour nous; après nous avoir entendu, elle en aura probablement moins encore. Nous lui ferons par là connaître la valeur positive de ce *sentiment religieux*, qui renaît, dit-elle, et sur lequel elle compte ingénument pour remédier aux maux de la société. Quant à nous, comme nous croyons qu'il n'y a point de neutres dans les questions de cette gravité, il nous importe peu qu'un spectateur douteux nous combatte aujourd'hui ou nous combatte demain. Au milieu de ces tièdes esprits qui ne savent ni ce qu'ils osent penser, ni à quoi ils se pourront résoudre, nous aurons du moins le plaisir de parler français et chrétien.

II. Ce serait s'abuser étrangement de penser que nous écrivons pour amener à nos idées des gens qui n'admettent ni le pouvoir de l'Église, ni peut-être même l'existence de Dieu, ces deux bases de toutes nos convictions, sans lesquelles ni nos raisons ni nos demandes n'auraient le moindre sens. Quiconque n'est pas catholique peut nous juger fous ou de mauvaise foi, nous prendre pour des fanatiques ou pour des spéculateurs : nous n'avons que des paroles qu'il ne pourra comprendre ou qu'il ne voudra pas écouter. Quiconque ajoute au malheur de n'être point catholique, celui d'avoir dans la vie des intérêts actuels directement contraires à ceux de la religion, ne nous offre qu'une oreille encore plus hostile et qu'un cœur plus fermé. La *Presse* est dans la première catégorie ; les gens du *Journal des Débats*, ceux de l'Université sont dans la seconde. Nous ne parlons point des intelligences qu'ameutent le *Constitutionnel*, le *Siècle*, etc., c'est la dernière plèbe, le bas-fond où il semble que nulle idée vraie ne puisse jamais descendre. Là sont les aveugles-nés. Ils ne verront que par la grâce de Dieu.

Nous n'attribuons point à notre plume, dont nous connaissons la faiblesse, une mission que nulle plume laïque ni ecclésiastique ne saurait remplir. Ce n'est jamais par l'écriture, c'est par la prière, par la prédication, par toute la vie de la parole humaine, par tout ce feu qui sort des yeux et du cœur d'un apôtre, par cette grâce divine que les œuvres de foi font surabonder dans l'âme des saints missionnaires et qu'ils répandent sur leurs auditeurs ; c'est par là que les indifférents sont émus, les incrédules convertis. La voix d'un bon prêtre produira en quelques jours des miracles que tous les livres pieux et tous les journaux du monde n'opéreront jamais. Ceux-là seuls peuvent vraiment convertir, qui peuvent absoudre, ayant reçu tout ensemble, comme prix de leur existence vouée à Dieu, le devoir d'instruire et le pouvoir de pardonner.

Mais, en dehors des trois sortes d'hommes à l'esprit desquels nous ne pouvons que bien difficilement et bien rarement atteindre, il en est d'autres pour qui les vérités de notre point de départ sont choses connues, certaines et démontrées. Ils sont nos frères, c'est pour eux que nous écrivons : nous sommes un lien et un message entre ceux qui croient et qui aiment comme nous. Ils ne se connaissaient pas les uns les autres ; notre but a été de les réunir, de former de toutes leurs pensées une seule pensée, de tous leurs désirs un même désir, de toutes leurs œuvres une œuvre commune.

Du nord au midi, et de l'est à l'ouest, nous portons une parole d'union, un mot d'ordre fraternel pour le grand combat qu'il faudra livrer tôt ou tard. Ici nous stimulons l'indolence, et là nous affermissons des résolutions déjà méditées ; partout nous signalons les ruses et les entreprises de l'ennemi, recevant et portant des lumières qui, autrement, auraient peine à dépasser un certain horizon. Cet humble rôle convient à nos humbles forces. Nous ne regrettons point de ne pouvoir davantage. Révéler les funestes plans du mal, c'est lui créer, dans cette loyale France, assez d'adversaires pour qu'il soit noblement combattu.

Grâce à Dieu, déjà nous ne pouvons plus nous plaindre d'avoir inutilement travaillé. Nos fatigues, nos sacrifices, nous pourrions dire nos souffrances, ont reçu leur prix. La sournoise tyrannie philosophique et le monopole universitaire, instrument principal de cette tyrannie, sont exécrés de tout ce qui porte à bon titre le nom de chrétien. Hier, il y avait des catholiques isolés ; aujourd'hui, une opinion catholique s'assied sur les débris de vieilles et pénibles dissidences. Ce qui sortira de là, Dieu le sait ; mais nous y voyons entrer la vie, nous y voyons régner le patriotisme, l'honneur et la foi. Nous croyons écrire les premiers mots d'une page qui sera glorieuse dans notre histoire. Au milieu de ce grand et déplorable naufrage des vertus antiques, parmi les cupides empressements d'une société qui se met elle-même au pillage, on verra ce que des cœurs chrétiens savent immoler à Dieu et à la patrie. En somme, voici le point à noter, si l'on veut aller au delà d'un vain choc de paroles : en dehors de tous les partis, il se forme, il existe un PARTI CATHOLIQUE, c'est-à-dire un parti d'honnêtes gens et de gens dévoués, qui parle dans cette feuille et qui ne fuira pas l'occasion d'agir. Que si l'on est curieux d'apprendre ce qu'il saura faire, il ne faut qu'attendre un peu. On ne le verra jamais sans doute dans la rue, mais on pourra le rencontrer ailleurs. Il est neutre encore ; mais si le Gouvernement veut l'avoir contre lui, le Gouvernement n'a pas grand'chose à faire pour cela.

On peut nous dire que l'*Univers* compromet le Clergé plus qu'il ne le sert. Si l'on veut nous convaincre que nous avons eu tort de contribuer à mettre autour de l'Église *toute seule* ce rempart de nobles cœurs, on échouera. Nous ne tenons point à servir le Clergé de la façon qu'on nous indique. On lui souhaite des hommages, des faveurs et l'oisiveté. Nous lui souhaitons le labeur, les croix, et de faire avancer le règne de Dieu.

Nous consentons qu'ici le *Constitutionnel*, le *Journal des Débats*, les autres se mettent à crier au parti prêtre, que voilà le parti prêtre qui se montre et s'avoue ! *Laissons-leur cet os* ; nous ne pouvons pas les empêcher d'être absurdes. Parti prêtre tant que l'on voudra ! Le prêtre garde le dépôt des seules vérités immuables qui soient sur la terre : il a le soin de toutes les douleurs, la mission de pardonner toutes les injures, la force de faire du bien à tous ses ennemis. Le parti prêtre aurait tort de se déguiser. Il n'a point à rougir de son symbole, il n'en rougira pas. Ces folles clameurs ne détacheront pas de lui une seule âme, il n'en sera pas moins ferme dans le dessein d'user loyalement, au profit de la religion, des libertés dont on use déloyalement contre elle, opposant partout aux illégalités, aux outrages, aux vexations dont on poursuit la robe du prêtre et le froc du moine, le cœur, le vote, le bras du citoyen. On le verra partout, n'exigeant point la domination, mais l'égalité; n'usant ni de fraude ni de violence, mais usant de la presse, de la parole, de la raison, de la loi. Et comme il reste quelque force dans cette Eglise de France, comme on a besoin d'elle par mille raisons qu'il serait trop long d'énumérer, il faudra bien prendre le parti prêtre pour ce qu'il est, et compter avec lui.

Nous prions la *Presse* de considérer que l'*Univers* n'est point du tout l'organe officiel des évêques, ainsi qu'il plaît au *Constitutionnel* de le publier; qu'il n'est point du tout rédigé par des ecclésiastiques (au *National*, on dit des *échappés de sacristie*), ni pour des ecclésiastiques exclusivement. Ce sont des laïques, des *néo-catholiques*, suivant l'heureuse expression du *Journal des Débats*, qui le soutiennent, le rédigent et en majorité le lisent. On peut donc (si on en trouve le moyen) réduire les évêques et le clergé au silence; on ne se débarrassera pas pour cela du parti prêtre, ni de cette importune voix qui crie justice dans l'*Univers*. L'*Univers* et le parti prêtre en seront au contraire plus redoutables, parce qu'il y a là des idées que l'iniquité ne saurait frapper sans leur faire prendre racine, et des hommes qui se fortifient dans l'adversité.

Nos prêtres, nos évêques font de la *religion*. C'est leur œuvre sublime et bien remplie. Ils prêchent, ils consolent, ils donnent. Donner, pardonner, faire connaître et faire aimer Dieu, voilà tout le rôle de nos prêtres; ils n'en cherchent, ils n'en acceptent point d'autre. Notre rôle, à nous, laïques, est différent : nous sommes dans la vie, nous faisons de la politique, et nous voudrions savoir qui nous en empêchera ?

Si nous avions des opinions, au lieu d'avoir des croyances;

si nous n'étions attachés à l'Église romaine que par l'esprit,
au lieu d'adhérer à sa foi du fond de l'âme ; si nous ne la
trouvions que bonne, utile et belle, au lieu de la reconnaître
sainte ; si ses dogmes, sa morale, son culte, son organisation matérielle nous paraissaient seulement constituer la plus
parfaite des institutions humaines et la plus favorable aux
besoins de la société, il nous serait permis de le proclamer
sans cesse ; nous ferions acte de bons citoyens en procurant
le développement et la force d'une institution nécessaire,
selon nous, au salut de notre patrie. Si nous disions,
comme citoyens libres et comme philosophes, que, hors
des idées catholiques, il n'y a ni ordre, ni liberté, ni
bonheur, ni gloire, nous n'en dirions pas plus que les
républicains ne disent de la république, les phalanstériens
du phalanstère, le *Journal des Débats* de tout ministère
qui le soudoie, et le premier songe-creux venu des chimères qu'enfante à l'instant même son cerveau fatigué.
On nous laisserait dire ; il faudrait nous laisser dire : ce
serait violer toutes les garanties publiques de vouloir imposer silence à nos opinions, ou nous persécuter à cause
d'elles. Si nous formions, comme citoyens, une ligue pour
défendre les choses et les personnes ecclésiastiques mena-
cées, de même qu'on se ligue dans les Chambres pour défendre tantôt M. Thiers et tantôt M. Guizot ; si nous éta-
blissions un fonds pour rendre à tel évêque, dont le traitement serait supprimé, le moyen d'assister ses pauvres,
pour donner à la presse catholique le développement qu'on
a donné jadis à la presse de l'opposition, pour soutenir entre
deux candidats celui qui pourrait le mieux servir nos vues,
pour refuser nos enfants à l'Université de la même façon
qu'on refuse l'impôt..., qu'aurait-on à dire légalement ? que
ferions-nous que tout le monde n'ait fait et n'ait le droit de
faire ? Or, maintenant, pourquoi le chrétien s'interdirait-il
des actions que la loi autorise, que la raison juge utiles et

que la conscience impose ? Nous sommes à genoux devant Dieu, mais nous nous tenons debout parmi les hommes ; Celui qui fait un devoir d'obéir donne aussi la force de résister. On nous renvoie à la prière : nous en sortons, et c'est parce que nous aurons prié que nous saurons parler et agir.

Nous faisons de la politique, nous en voulons faire, nous ne sommes point mécontents d'en avoir fait. En d'autres temps, il fallait à l'Eglise un bras séculier ; il lui faut aujourd'hui une voix séculière : nous serons cette voix. Nous ne l'emploierons pas à demander des emplois, ni des honneurs, ni d'abusifs priviléges ; mais elle criera sans cesse justice et liberté. Le Gouvernement a ses raisons, qui nous sont connues, pour aimer l'ombre et le silence ; nous avons les nôtres, qu'il connaît, pour aimer le grand jour et le retentissement du combat. Sa politique d'assoupissement offrait des dangers graves, écartés désormais ; la nôtre, nous n'en disconvenons pas, a ses labeurs ; mais, depuis dix-huit siècles passés, la barque de Pierre gouverne dans la tempête, et nous préférons pour elle les écueils connus, les continuelles alertes de l'orage, au calme trompeur, à la nuit, aux abîmes cachés.

Et que la *Presse* se rassure sur l'avenir du sentiment religieux *à la ville comme à la campagne.* Ni à la ville ni à la campagne, le sentiment religieux ne se refroidira par suite d'une lutte qui enflamme de zèle tous les cœurs déjà chrétiens. Si notre voix ne peut pas faire d'un incrédule un croyant, du croyant elle peut faire un apôtre, comme les récits et les beaux exemples de la guerre, comme le son de la trompette font du soldat un guerrier. Nous savons ce qui se passe en nous lorsqu'une nouvelle infamie vient frapper les objets de notre vénération et de notre amour. L'équipage d'un navire en péril jette à chaque coup de vent quelque chose de sa charge à la mer, et nous pareillement, voyant ce dont nous pouvons nous passer, nous nous allégeons de toute vue, de tout sentiment, de tout désir qui ne seraient pas uniquement pour notre sainte cause. Nous lui vouons des jours et des forces réservés longtemps à d'autres destinées; nous sentons avec bonheur que plus le monde s'éloigne de Dieu, plus Dieu nous veut à lui, et remplis d'espoir contre l'espérance même, nous augurons bien de cette tourmente qui nous laisse, nous et nos frères, libres des attaches terrestres, armés de toute notre foi et de tout notre cœur.

Nous en avons assez dit pour permettre à la *Presse* de juger si les choses en sont encore au point où elle les considère. Quelle que soit la ligne de conduite adoptée par l'Episcopat, la querelle est laïque et ne peut finir autrement que par la ruine du monopole. Cette ruine, l'Université, confessant ainsi sa faiblesse, la regarderait comme le signal de sa perte, et le Gouvernement, placé pour une si large part dans les mains universitaires, fera tout pour l'éviter. Mais si notre succès dépend un peu de nos adversaires, il dépend davantage encore de nous, et surtout il dépend de Dieu, dont nous servons ici les intérêts. L'œuvre pour laquelle nous combattons est le salut des âmes. C'est pour cette œuvre que Jésus-Christ a voulu mourir.

Naturellement plus respectueux encore que la *Presse* envers nos évêques, nous ne nous permettrons pas de leur donner un conseil. Dieu, qui fait peser sur eux un si lourd fardeau, nous les a choisis pieux et sages, vraiment désintéressés entre les opinions, vraiment animés du zèle et de la bonté des pasteurs. Nous avons confiance en eux; nous recueillerons respectueusement et nous ferons retentir leurs paroles, dussent-elles nous blâmer; nous aurons soin que la responsabilité des nôtres ne les atteigne jamais. S'ils se taisent, nous ne jugerons point leur silence. Nous croirons que nul devoir ne les oblige encore à parler. Mais en même temps nous serons devant eux les rapporteurs in-

fatigables de la cause ; nous leur dirons ce qu'on entreprend
contre l'Eglise, quelles doctrines on prêche dans les colléges, ce qu'y deviennent nos enfants. Rassurés tant que nos
pasteurs se montreront sans alarmes, leurs craintes ne trou-
veront jamais nos courages en défaut. Notre mission finira
lorsqu'ils auront la liberté de se réunir et de se concerter
pour aviser aux besoins temporels de la religion.

Cependant, nous devons en avertir la *Presse*, elle ne peut
guère espérer qu'en attendant ce moment, bien éloigné
sans doute, les évêques se tairont. Le *sentiment religieux*
dont elle s'accommode et qui va de pair dans ses colonnes
avec les feuilletons qu'on lui a tant et si justement reprochés,
n'est pas tout à fait celui que l'Episcopat doit s'efforcer de
faire refleurir. Comment des évêques pourraient-ils s'y fier,
l'Université s'en contenterait! Pour que la religion règne
chez un peuple et produise les biens qu'elle promet, il ne
suffit pas que çà et là un homme d'esprit dégoûté des entreprises et des misères humaines, ouvre l'Evangile et se
dise : « Je vais donner à mon âme des lois meilleures, je vais
tracer à l'opinion une voie plus sage ; il nous faut de la religion. » Premièrement, l'Evangile fait peu de chrétiens sans
l'Eglise catholique, et l'Eglise catholique ne fait point de
catholiques sans les sacrements. Secondement, pour un
homme d'esprit à qui la folie et l'abjection du monde font
prendre l'Evangile, qui le lit, qui l'admire, et rarement en
devient plus sage, des milliers et des milliers d'autres demeurent dans la grossière irréligion théorique et pratique
dont la société subit aujourd'hui les hideux résultats. Il
n'y a qu'un remède à ce mal, qu'un moyen de procurer à
la société ces fruits de l'Evangile dont la *Presse* nous a fait
une énumération si vraie et si bien sentie : c'est une grande,
une loyale liberté d'action donnée à l'Eglise en tout ce
qui est de son ressort, et particulièrement en ce qui
concerne l'éducation de la jeunesse, principal et presque

unique moyen de former en grand nombre des chrétiens véritables.—Or, c'est là, de l'aveu même de la *Presse*, ce que
le Gouvernement refuse d'accorder, se faisant aider dans ce
refus inique par autant d'impures passions qu'il en peut
soulever, y mettant toute la colère et l'impudeur qu'on a pu
déployer contre l'Eglise dans les plus tristes jours, faisant
condamner les évêques, comme fonctionnaires, par le Conseil d'Etat, et en même temps autorisant l'attaque et l'outrage
avoués des fonctionnaires de l'Université contre l'enseignement des évêques.

Mais cette liberté si solennellement promise, si indignement déniée, si redoutée et si nécessaire, contre laquelle la
philosophie antireligieuse aura tant de peine à lutter, et
sans laquelle la religion ne pourra ni ressaisir les enfants
égarés, ni retenir ceux qui lui sont encore fidèles; c'est là
aussi ce que l'Eglise entière doit sans cesse et par-dessus
tout réclamer. Eh bien! en dépit de toute l'habileté du Gouvernement, en dépit de leur modération même et de leur
amour pour la paix, les évêques élèveront la voix. Ce ne sera
pas nous qui les contraindrons, ce sera l'Université. Les
conseils et les menaces n'y feront rien. Le loup ne se con-
tentera pas de rugir autour du troupeau; il pénétrera dans
le bercail, il rencontrera le pasteur, et il sera frappé.

Et le pasteur, quoi qu'en dise la *Presse*, ne manquera pas
à sa dignité lorsqu'il frappera, soit qu'il se serve d'un livre,
d'un mandement ou d'un journal. C'est une étrange idée de
la *Presse*, de croire qu'il n'est pas digne d'un évêque de
descendre de sa chaire *pour entrer en correspondance publique avec un rédacteur de gazette*. Un rédacteur de gazette
peut être un très-bon chrétien, ou un impie fort dangereux.
Dans le premier cas, l'évêque ne se déshonore pas plus
qu'un autre en l'avouant pour ami; dans le second cas, il
ne fait pas plus de tort à la puissance et à la majesté ponti-
ficale que ne lui en ont fait les plus illustres de ses devan-

ciers et de ses modèles, qui ont publiquement écrit aux Arius, aux Pélage, aux Donat, à tant d'autres, dont le temps a rehaussé les noms et qui ne seraient que des *rédacteurs de gazettes* aujourd'hui. Un évêque est assez digne lorsqu'il secourt les malheureux, combat l'erreur, protége la vérité.

Pour conclure, cette guerre est juste et chrétienne, les combattants ne manqueront point. Les besoins de l'Eglise sont pressants, les enfants de l'Eglise ne seront ni muets ni timides. Il ne s'agit point de savoir quand nous obtiendrons ce qu'il nous faut. Il faut l'obtenir très-vite, et dans ce but le demander très-haut et sans relâche. Réussirons-nous? Dieu le sait, Dieu seul ! Nous réussirons si Dieu veut pardonner ; nous échouerons s'il veut punir. Quoi qu'il arrive, notre âme est en paix. Il ne nous est pas ordonné de triompher, il nous est ordonné de combattre jusqu'à la mort.

## DE LA PROFANATION DU DIMANCHE.

5 et 6 novembre 1843.

I. L'Evêque de Châlons a adressé, le 18 octobre dernier, au clergé de son diocèse, une circulaire sur la sanctification du dimanche. Le saint jour est malheureusement profané dans son diocèse comme ailleurs, malgré les prières et les larmes des pasteurs, malgré les remontrances des catholiques, malgré les observations mêmes des hérétiques étrangers qui visitent notre patrie et qui s'étonnent de cette fureur sauvage avec laquelle, de toutes parts, la société française refuse aux pauvres le repos dont ils ont besoin, à Dieu l'honneur et le respect qui lui sont dus.

Nous reproduisons un passage de cette lettre admirable, où parle et gémit l'âme d'un saint. Nous ne le faisons pas pour venger le pieux prélat des railleries qu'une presse sans cœur prodigue à son courage et à ses cheveux blancs : il est trop au-dessus de ces basses clameurs ; nous le faisons uniquement afin de porter dans les âmes chrétiennes de nobles et salutaires pensées, afin que partout où cette feuille arrivera, les fidèles s'associant à la douleur du vénérable Evêque, s'unissent également à ses prières. Puisse Dieu, prolongeant les jours utiles de son serviteur, le laisser assez longtemps sur le bord du tombeau qu'il s'est creusé lui-même, pour qu'il puisse voir, avant d'y descendre, l'aurore des jours meilleurs que ses efforts auront tant avancés!

Un mot encore, avant de laisser parler cette voix éloquente. Monseigneur l'Evêque de Châlons est définitivement
traduit devant le Conseil d'Etat : on va décider qu'il a *abusé*
de ses droits d'évêque et de citoyen, en déclarant que la religion n'est pas suffisamment respectée dans un collége soumis à sa surveillance. Ne faut-il pas aussi, maintenant, déférer au Conseil d'Etat la lettre pastorale que nous allons
citer? Le même *abus* s'y trouve plus caractérisé encore. Si
l'on blâme la lettre sur les colléges, on doit à plus forte raison blâmer celle-ci. Et où s'arrêtera cette manie de blâmer
les actes du pouvoir épiscopal, surtout lorsqu'il faudra enfin
reconnaître qu'elle ne sert et ne peut servir à rien? Triste et
éternelle folie du pouvoir temporel, qui s'imagine annuler,
en les traduisant devant les tribunaux humains, les avis légitimes qui le traduiront lui-même, s'il ne s'amende, au tribunal de Dieu!

La pastorale qu'on va lire est pour le Gouvernement une
cédule à comparaître devant le Juge souverain qui prononcera
sur les hommes et sur les nations. La profanation du dimanche est un péché mortel, un crime véritable, et il ne faut
pas réfléchir beaucoup pour en trouver la raison profonde.
Considérez en effet cette profanation : vous y trouverez
d'abord le mépris des ordonnances divines, et l'homme ne
peut rien faire de plus odieux, à moins qu'il n'ait la folie de
dire que Dieu n'existe pas, ou que sa loi n'est point connue, ce qui est une autre façon de nier l'existence de la Divinité. Vous y voyez ensuite, comme racines, l'inhumanité
envers le pauvre, l'âpre soif du gain, l'avarice ; et, comme
conséquence, la foule innombrable des désordres que le vice
produit. Sur tout cela plane et frappe à bon droit la justice
de Dieu. Ainsi les peuples vont aux abîmes dans la splendeur de leur folle activité, de leur indigne opulence, de leur
orgueil et de leurs plaisirs. Pompeux cortége qui renferme
la mort ; bruits de fête et de joie où l'oreille de Dieu distin-

gue les soupirs des porte-fardeaux qu'exténuent ces triomphateurs cupides. L'insensé n'y voit que le développement de l'industrie et la production des richesses, et répète en son cœur : *Il n'y a point de Dieu*. Dieu veille cependant ; et de tous ces jours qu'il s'était réservés et qu'on lui refuse, il fait le jour de colère, où, comme un rocher lentement miné par la base, s'écroulera l'insolente prospérité des nations.

Mais ce crime contre lequel s'élève inutilement la voix de l'Eglise, qui en a plus donné le scandaleux exemple, qui l'a plus souvent commis et l'a fait commettre avec une plus injustifiable obstination que notre Gouvernement ? Se passe-t-il un dimanche que tout Paris ne voie profaner par des travaux manifestement inutiles ? et ces médiocres esprits, à qui on livre la direction des provinces, ces préfets, ces sous-préfets, ces administrateurs de tout ordre, ne nous ont-ils pas cent fois forcé de signaler et de stigmatiser l'idiot empressement avec lequel ils copient à cet égard les brutales façons de leurs supérieurs ? Mgr l'Evêque de Châlons ne s'en prend qu'à son peuple ; mais que ses plaintes soient entendues plus haut et plus loin, car elles accusent toute la hiérarchie administrative de qui le peuple reçoit un exemple funeste et trop imité.

Ces plaintes seront inutiles, nous le savons ; nous parlons à des sourds. A la fin, éclatera une voix qui saura courber toutes les têtes. On se souviendra alors d'avoir méprisé les avis de miséricorde, et l'on confessera du moins la justice sous le poids du châtiment.

---

II. Deux journaux libéraux et philosophes veulent bien approuver la circulaire de Mgr l'Evêque de Châlons sur la sanctification du dimanche, bien que le morceau soit gâté aux yeux des personnes raisonnables par les commentaires qu'y ajoute le *Journal des Jésuites*. C'est nous que l'on désigne et que l'on fait rentrer ainsi dans les conditions d'expulsion définies par le *National*.

Il n'y a dans cette circulaire ni *empiétements* ni *abus*, dit le *Constitutionnel* en personne. « C'est aux chefs de « l'Eglise qu'il appartient de rappeler à l'exécution des « commandements de l'Eglise. Ils n'ont que la voie de « la persuasion, car le pouvoir temporel n'est plus à leurs « ordres, mais nul ne trouvera mauvais qu'ils en usent » (de la persuasion).

Nous voudrions que le *Constitutionnel*, d'après ces derniers principes, nous expliquât pourquoi la lettre de Mgr l'Evêque de Châlons sur l'enseignement religieux du collège de Vitry est déférée au Conseil d'Etat? Est-ce qu'il n'y rappelle pas aux commandements de l'Eglise? Est-ce qu'il y emploie une autre voie que celle de la persuasion et s'y sert du pouvoir temporel? Pourquoi donc trouve-t-on mauvais qu'il en use (de la persuasion)?

Nous conseillons au *Constitutionnel* de suivre uniment sa nature et de ne pas feindre l'impartialité. Le jeu est trop fort pour lui.

# DÉCLARATION D'ABUS

### CONTRE MONSEIGNEUR L'ÉVÊQUE DE CHALONS.

6 novembre 1843.

Le 24 octobre 1843, Mgr l'Évêque de Châlons adressa au rédacteur de l'*Univers* la lettre suivante, qui fut déférée au Conseil d'État sous l'accusation d'abus ; les passages soulignés l'ont été par la *Gazette des Tribunaux* ; ce sont sans doute ceux que l'on a incriminés :

MONSIEUR,

Un cas est proposé : c'est celui d'un principal de collège qui ne croit pas en Dieu, qui est rationaliste, panthéiste, etc., tout ce qu'il vous plaira, mais qui veut avoir des élèves, le plus qu'il se peut : car c'est toujours là l'important. Comme, dans le pays qu'il habite, il n'a affaire qu'à des familles qui tiennent à faire élever leurs enfants dans les principes de la religion catholique, pour les contenter et pour que personne n'ait le moindre petit mot à dire, il se pourvoit d'un aumônier, et c'est, selon lui, un prêtre tolérant, pour qu'on n'en soit pas effrayé et que l'on sache que tout, chez lui, se fait rondement. Puis, sous le manteau de celui-ci, il débite ses belles doctrines dans un cours de philosophie qu'il fait lui-même très-savamment.

Qui pourrait se plaindre ? Les élèves vont à la messe deux fois la semaine ; ils assistent au catéchisme de l'aumônier ; ils se confessent comme bien d'autres ; ils font leur première communion ; jusque-là que le principal, qui a assisté à la cérémonie, en a été enchanté et en a éprouvé, à ce qu'il dit, les plus délicieuses émotions.

Que fera cependant l'autorité ? Se fiera-t-elle à toutes ces démonstrations ? elle s'en gardera bien, sachant que tout ceci n'est qu'un jeu, joué même assez maladroitement; que ce n'est qu'une suite de la comédie de quinze ans, laquelle en aura bientôt trente, et qui n'est plus si jeune maintenant. On fera ce que dit Mgr le Cardinal Archevêque de Lyon, on supprimera l'aumônier qui n'est qu'un prête-nom; on lui ôtera ses pouvoirs ou ils seront tellement réduits, que personne n'en pourra abuser pour faire aucun mal. La direction spirituelle et religieuse des élèves sera remise entièrement au curé de la paroisse, à qui il appartient d'en répondre et d'en avoir soin, en qualité de propre pasteur. Par ce moyen, tout sera dans la légalité : le principal continuera, puisqu'il le veut et que personne ne peut l'en empêcher (ce qui est un grand malheur) à professer son panthéisme ; le curé, de son côté, fera son devoir, et les parents seront informés, car il le faut bien, qu'instruits et élevés de cette façon, il n'y a guère d'apparence que leurs enfants soient admis à la paroisse à faire leur première communion.

Pour celles du Collège dont on a eu un échantillon l'an passé, il n'en sera plus question.

Ce n'est point chimérique, Monsieur le Rédacteur, c'est ce qu'on a vu en certains pays que je connais et que je ne nomme point : rien de plus sage par conséquent que l'avis de Mgr l'Archevêque de Lyon, dont nous partageons, on s'en doute bien, les affections et les sentiments. Nous disons comme lui à l'Université, car il l'a dit pour le fond : il ne vous plaît pas d'être catholique, et à nous il ne nous plaît pas de mettre le pied dans vos établissements. Pourquoi deux enseignements dans une maison ? Si c'est le vôt e qui doit prévaloir, que ne le dites-vous ? A quoi bon nous faire jouer dans vos collèges un rôle qui ne nous convient nullement ? C'est nous rendre ridicules. C'est dire assez clairement : *Nous ne sommes pas des hypocrites, des hommes à qui il faut de l'argent.* Les beaux titres que vous avez là !!! *Je sais qu'il y a des exceptions.*

Recevez, etc.,

**M. J.,** *Evêque de Chalons.*

La poursuite est motivée sur un seul grief, celui « d'injures envers les membres de l'Université et du corps enseignant. »

Le *Journal des Débats*, qui n'est pas moins dans la confidence du Conseil d'Etat que dans celle du Gouvernement et de l'Université, étant partie prenante aux budgets spéciaux de chacun des trois, fait l'historique de la procédure :

Le rapport de M. le Ministre de la justice et des cultes, qui soumettait la lettre de Mgr l'Evêque de Châlons à l'examen du Conseil d'Etat, était, dit-on, plein de fermeté, et blâmait en termes énergiques ce système d'injures diffamatoires pratiqué depuis quelque temps contre l'Université. Il représentait qu'il était temps de donner à tant d'honorables fonctionnaires du Corps enseignant la protection que les lois leur assurent, et le Conseil d'Etat s'est associé unanimement à cette réparation légitime.

Nous mentionnons avec plaisir ce qui nous a été cité du rapport de M. le Garde des sceaux, et nous espérons que cet acte de désapprobation solennelle, infligée par le Roi en Conseil d'Etat aux irritantes publications de quelques membres de l'Episcopat, convaincra tout le monde que, loin de favoriser les excès du pouvoir spirituel, le Gouvernement est décidé à les réprimer et à les contenir.

Les considérants qui précèdent la décision du Conseil d'Etat témoignent surtout de cette salutaire intention... Les principes en ont été expliqués avec beaucoup de précision et de fermeté par M. Dumon, président du Comité de législation. Evidemment, ses paroles ont fait une vive impression sur le Conseil. M. Charles Dupin a exprimé aussi son avis avec une grande énergie, et il a cru même devoir faire sur la tolérance de l'ordre des Dominicains en France quelques observations qui ont amené d'excellentes explications de la part de M. le Garde des sceaux.

Voici maintenant l'ordonnance avec les *considérants*, telle qu'elle a été publiée ce matin par le *Moniteur*.

Nous soulignons quelques passages, bien étranges pour qui connaît également les devoirs de la religion catholique et les doctrines de l'Université, deux choses que les juges de Mgr l'Evêque de Châlons n'ont pas eu le temps d'étudier à fond, dans le court intervalle du 30 octobre au 8 novembre :

Considérant que l'Évêque de Châlons, agissant en cette qualité, *se livre à des allégations injurieuses pour l'Université de France et les membres du Corps enseignant* ;

Que *ledit* Évêque *menace de refus éventuel des sacrements* les enfants élevés dans les établissements universitaires ;

Que ces faits constituent envers l'Université et les membres du Corps enseignant *une injure et une atteinte à leur honneur* ;

Qu'ils sont de nature à *troubler arbitrairement* la conscience des enfants élevés dans les établissements universitaires et celle de leurs familles ;

Et que, sous ce double rapport, ils rentrent dans les cas d'abus déterminés par l'article 6 de la loi du 18 germinal an X ;

Notre Conseil d'Etat entendu,

Nous avons ordonné et ordonnons ce qui suit :

Article 1er. Il y a abus dans la déclaration ci-dessus visée par M. de Prilly, évêque de Châlons.

Art. 2. Notre Garde des sceaux, ministre secrétaire d'Etat au département de la justice et des cultes, est chargé de l'exécution de la présente ordonnance.

Au palais de Saint-Cloud, le 8 novembre 1843.

LOUIS-PHILIPPE.

Et puis ?...

Le *Journal des Débats* déclare, il est vrai, que la patrie universitaire est sauvée.

Au moyen du premier considérant, l'Université recouvre l'honneur. Ce premier considérant établit envers et contre tous, malgré M. Cousin et malgré tous ses élèves, malgré M. Matter, malgré M. Ferrari, malgré tous les juifs, tous les protestants, tous les incrédules qui prêchent, déclament, déraisonnent dans le sein et au nom de l'Université, que l'Université est catholique. Le croira qui voudra ; mais nous avons arrêt et plus qu'arrêt ; nous avons ordonnance ! De par le roi, croyez que ces gens-là professent la même foi que le Pape. Le catéchisme dit le contraire, mais le catéchisme se trompe ; les évêques disent le contraire, mais les évêques ne s'y connaissent pas. Ils injurient, ils *abusent*. —

Pourtant... — Point d'objections ! Le roi, son Conseil d'Etat entendu, ordonne que vous soyez persuadés.

Au moyen du second considérant, l'Université triomphe bien plus complétement encore. Les évêques pensaient à refuser les sacrements à des enfants qu'ils ne peuvent pas considérer comme étant élevés dans la religion chrétienne. Quelle chimère ! Ils n'ont pas même le droit d'avertir et de menacer, comment pourraient-ils agir ? Que les consciences donc, *arbitrairement troublées,* se rassurent. L'Université peut encore leur ordonner une sécurité complète, de par le roi.

Et si l'Université continue à se dire catholique, c'est qu'elle le veut bien et que le titre, apparemment, lui plaît. Elle n'en avait besoin que pour pouvoir faire administrer les sacrements à ses élèves ; aujourd'hui, les sacrements ne peuvent plus leur être publiquement refusés dans aucun cas. Il y aurait abus, trouble arbitrairement jeté dans les consciences, convocation du Conseil d'Etat, nouveaux considérants, nouvelle ordonnance. Le moyen qu'un évêque affronte pareil danger ?

Et, s'il s'en présentait un assez hardi pour le braver, ne pourrait-on pas faire une ordonnance, une loi, quelque chose qui autorisât l'Université à donner les sacrements elle-même ?

Le *Siècle* proposait l'autre jour des professeurs de morale chrétienne, pour remplacer les aumôniers ; serait-il si difficile de trouver des administrateurs de sacrements ? Ne pourrait-on pas confier cette charge à l'économe, à l'infirmier du collège, aux maîtres d'études ?

On pourrait encore requérir des pasteurs protestants, faire venir des popes grecs, aller chercher où ils sont les restes de l'abbé Châtel. De quoi sera-t-on embarrassé avec l'appui du Conseil d'Etat ?

Nous nous expliquons parfaitement la joie et les fanfares

du *Journal des Débats*. Mais nous devons lui dire pourtant
qu'il n'y a pas encore cause gagnée. Cette merveilleuse
ordonnance du Conseil d'État laisse bien des choses dans le
vague et dans le doute. Mgr l'Évêque de Châlons a *abusé*,
cela est clair. Cependant, s'il retire un aumônier de quelque
collège placé sous sa juridiction spirituelle (et il le fera selon
toute apparence, dès qu'il y verra comme évêque, sinon
comme justiciable du Conseil d'État, son devoir engagé),
que fera-t-on? Admettons qu'il n'en dise rien. Empêchera-
t-on les journaux de publier la nouvelle? Les consciences
seront troublées par cette nouvelle : le seront-elles *arbitrairement*? Nous autres chrétiens, qui respectons le Conseil
d'État, mais qui croyons que les sacrements sont les plus
puissants et presque les uniques moyens de salut, nous
souviendrons-nous alors de ces beaux considérants, et serons-
nous tranquilles sur la foi de M. Dumon (du Lot)?

Autre difficulté. Mgr de Bonald a parlé exactement
comme Mgr de Prilly, qui n'a été que l'imposant écho de
cette voix imposante. Mgr de Bonald n'a pas *abusé* cependant; du moins, rien n'est déclaré à cet égard. Comment
Mgr de Bonald est-il innocent, si Mgr de Prilly est coupable? Le Conseil ne s'est-il assemblé que pour prononcer
sur une question de forme épistolaire? Alors que signifient
tous vos triomphes? où est votre succès?

Que déciderez-vous si, sans vous rien dire, on retire simplement les aumôniers, comme fera dans quelques jours
Mgr l'évêque de Nancy, à moins que le ministère ne lui donne
satisfaction? Pensez-vous que les chrétiens ne sauront pas
ce que cet acte signifie?

Vous chercherez des voies plus rigoureuses; vous saisirez
le temporel; on vous y pousse, vous en menacez l'Église.....
Êtes-vous bien sûr que vous le ferez?

Mais surtout, mais après tout, que ferez-vous contre les
écrivains, contre les citoyens, contre les pères de famille

qui, la Charte et les serments royaux dans une main, les livres et les doctrines de l'Université dans l'autre, usant d'un droit que vous ne pouvez leur ravir, élevant une voix que vous ne pouvez étouffer, vous rappelleront sans cesse les maux qu'ils souffrent, dénonceront sans cesse à la raison publique les excès de votre enseignement, sans cesse troubleront de leurs plaintes la conscience et l'âme de leurs évêques, sans cesse invoqueront ces gardiens envoyés de Dieu pour maintenir, au péril de leur repos, de leurs biens, de leur vie, l'intégrité d'une foi qu'on sent mourir dans vos étreintes ?

18 novembre.

II. Le *Journal des Débats* et le *Constitutionnel* sont tout surpris, et le laissent voir, que Mgr l'Evêque de Châlons ose encore parler, après la censure de MM. les membres du Conseil d'Etat et le grand parti qu'ils en ont su tirer (1). Ils se demanderaient presque si, par quelque connivence avec les Jésuites, M. le Ministre des cultes n'aurait pas laissé dormir cette fameuse ordonnance qui devait mettre un terme aux prétentions épiscopales : Art. 1er. Il y a *abus*. Art. 2. *Notre Garde des sceaux exécutera*, etc. Il faut, en effet, que M. le Garde des sceaux n'ait pas exécuté, ou que Mgr de Châlons n'ait pas aperçu qu'on exécutait. Dans l'un comme dans l'autre cas, le *Journal des Débats* est inconsolable. Il reproduit la lettre qu'on a vue dans notre numéro

1 Mgr l'Evêque de Châlons avait adressé une nouvelle lettre à l'*Univers*, dans laquelle il avait cité fort à propos l'exemple de Gallion, proconsul d'Achaïe, refusant de juger saint Paul sur les accusations des Juifs. Le vénérable prélat répétait ensuite cette parole adressée au prophète : *Clama, ne cesses*.

d'hier. Cette lettre, dit-il, l'afflige. Nous le croyons! Il ajoute
à cela beaucoup de choses, mais rien d'aussi sensé. A son
gré, nos évêques se comparent trop à saint Paul, et il part
de là pour se livrer à ces fines et décentes railleries dont il
a successivement terrassé tous les évêques qui se sont permis d'élever la voix dans la grande question de conscience
et de liberté qui émeut tous les catholiques de France.
L'exemple cité par Mgr de Châlons lui paraît mal choisi,
parce que le proconsul Gallion ignorait l'Eglise et ne la pro-
tégeait pas. *En sommes-nous là?* se demande le journal universitaire, *l'Etat ignore-t-il l'Eglise?* la *laisse-t-il en dehors
des lois?* Que Mgr l'Evêque de Châlons voie lui-même à se
tirer de cet argument, qui est au-dessus de nos forces. Il est
sûr que le vénérable Prélat aura de la peine à établir que
l'Etat l'*ignore* et le *laisse en dehors des lois.*

Cependant, si Mgr l'Evêque de Châlons avait voulu parler
de la doctrine de l'Eglise et des devoirs que cette doctrine impose aux pontifes, que dirait à son tour le *Journal des Débats?* Cette doctrine est-elle beaucoup plus
connue et beaucoup plus chère à M. Villemain qu'elle ne
l'était au proconsul Gallion?

Le *Journal des Débats* établit encore que les évêques
n'ont pas le droit, comme pasteurs chrétiens, de retirer les
aumôniers, et que, par cette mesure, ils manquent grave-
ment à leurs devoirs envers les âmes. Pour lui, *Journal des
Débats,* il ne voudrait jamais charger sa conscience d'un pareil méfait. Il n'y comprend rien, il ne reconnaît plus la religion catholique. Si le collége est mauvais, il ne faut pas
retirer l'aumônier, dit-il; il y faut envoyer un prêtre plus
habile, afin de prêcher la parole sacrée et de ramener les
âmes à Dieu. Voilà ce qu'il ferait, lui. Qu'on le laisse faire!
il aura un tendre soin des âmes; les aumôniers recevront
une haute paie, il excitera le P. Lacordaire et le P. de Ra-
vignan a donner des missions dans toutes les maisons uni-

versitaires. Que ne fera-t-il pas, pourvu seulement que les catholiques n'aient point la liberté d'enseignement!

Le *Constitutionnel* y met plus de simplicité : « Il serait superflu, dit-il, de réfuter les étranges raisonnements de M. de Prilly. » Bravo! digne homme; voilà enfin une parole de sens!

# M. GÉNIN.

14 novembre 1843.

I. M. Génin, l'universitaire détaché au *National* [1] pour la défense du monopole, nous adresse une lettre qui montre sous un jour nouveau ce caractère déjà si original. Nous l'avions cru bon homme ; assez indifférent, dans le fond, aux querelles où il est mêlé ; soucieux seulement de mériter un congé qui lui permît d'amuser Paris au lieu d'ennuyer Strasbourg. Il n'entend pas qu'on le juge ainsi. Il veut qu'on le prenne au sérieux et qu'un suffrage unanime l'environne. Peu satisfait d'être bien avec le ministère, quoique rédacteur du *National* ; bien avec le *National*, quoique fonctionnaire du Gouvernement ; bien avec l'opéra-comique, quoique professeur de littérature ; bien avec les tribunaux, qui lui ont attribué des droits d'auteur, quoique auteur non représenté ; peu satisfait d'être cher au *Constitutionnel*, comme un des universitaires qui *rabotent le mieux les côtes* du christianisme (c'est M. Génin lui-même qui parle avec cette grâce), il faut encore que le christianisme l'accepte à titre d'ennemi très-dangereux, mais très-convaincu, très-sincère et très-respectable ; et si le christianisme s'y refuse, il faut

[1] M. Génin, philologue assez habile, mais ennemi passionné de l'Église catholique, était professeur à la faculté de Strasbourg. Le ministre lui avait donné un congé, et il écrivait dans le *National*, où il attaquait grossièrement le Clergé en faisant étalage de science voltairienne.

que le caissier de l'*Univers* lui paie des dommages-intérêts.
M. Génin nous menace des huissiers si nous n'insérons sa
lettre au plus tôt. Les huissiers de M. Génin coûtent cher.
Voici son style :

MONSIEUR,

L'*Univers* du 9 novembre entretient ses lecteurs d'un article que j'ai
publié dans le *National* du 7 de ce mois sur les *Institutiones philoso-
phicæ* de Mgr l'Évêque du Mans

L'*Univers* dit : Mgr l'Évêque du Mans est un pieux et savant prélat... comment a-t-il mérité les injures qu'on lui adresse, les travestissements qu'on fait subir à sa pensée ?

Je n'ai pas injurié Mgr l'Évêque du Mans, j'ai cité ses propres paroles. Quand vous dites que son crime à mes yeux est d'être évêque,
vous me calomniez.

Vous parlez de travestissements de pensée; vous devriez pourtant
vous y connaître mieux ; j'ai dit autrefois et je maintiens que, en
vertu des lois existantes, l'État ne doit AUX JÉSUITES que l'expulsion.
L'*Univers* a imprimé dix fois, la *Quotidienne* et les autres journaux
religieux, sans compter les brochures, répètent chaque jour que je demande « l'expulsion de *tous les catholiques* de France. »

Vous dites que je calomnie l'Église en plein jour, que je la frappe
à visage découvert ! Vous vous écriez : « Quelle bonne fortune pour
M. Génin !... Il outrage la personne et les intentions d'un évêque ! »
Selon votre 1er paragraphe, j'attribue gratuitement à l'enseignement
ecclésiastique les *doctrines les plus coupables* et *des principes hideux*.
Je vous adjure sur l'honneur, Monsieur, de dire en quoi j'ai calomnié
l'Église, comment je l'ai frappée et j'ai outragé la personne de Mgr
Bouvier. Il ne suffit pas de se dire chrétien pour avoir le droit de dif-
famer et d'en être cru sur parole. J'ai fait des citations textuelles, osez
les répéter; prouvez qu'elles sont inexactes ou que j'ai mal compris les
paroles de Mgr Bouvier ; rétablissez son intention que vous prétendez
que j'ai faussée. Si je me suis trompé, je suis prêt à le reconnaître hautement.

Ce serait bien, dites-vous, peine inutile de défendre ici la philosophie chrétienne de Mgr l'Évêque du Mans. Non, Monsieur, si vous
croyez cette défense possible, elle ne serait point inutile ; ne servit-elle

qu'à éclairer une seule âme, à la préserver de l'erreur criminelle que je sème, si l'on vous croit. L'alternative est celle-ci : Ou je calomnie Mgr Bouvier, ou je suis calomnié par vous. La question ne peut rester indécise devant le public.— « Nos adversaires se garderaient d'une discussion qu'ils sont dans l'usage de fuir lâchement. » Cet usage, Monsieur, n'est pas le mien. Rappelez-vous, au contraire, que lors de mon article sur la pastorale de Mgr de Chartres, vous m'avez longtemps menacé d'une réfutation terrible ; depuis 1841 j'attends, et n'ai encore reçu que vos injures.

Si vous reproduisez mes extraits et les discutez, je prends ici l'engagement de vous répondre.

M. Villemain, je crois, apprendra de vous avec étonnement que je vais chercher des inspirations et un mot d'ordre au ministère de l'Instruction publique. Vous m'apprenez à moi que je sais traire la chèvre républicaine et brouter le chou gouvernemental. Le public appréciera le bon goût de cette métaphore ; il ne m'importe que de repousser la calomnie qu'elle exprime. Quant aux autres injures dont vous me gratifiez, le style dans lequel elles sont énoncées me dispense de les relever.

J'ai l'honneur de vous saluer,

F. GÉNIN.

Paris, 10 novembre 1843.


A MONSIEUR GÉNIN.


L'*Univers* n'a jamais prétendu, Monsieur, que vous ne fussiez un habile homme ; vous aimez trop les procès pour qu'on vous fasse un pareil outrage, et il est aisé de voir, à la façon dont vous vous avancez, que vous n'avez pas écrit sans précaution et sans art l'article que nous avons blâmé. Sans vérifier sur le livre de Mgr Bouvier les citations que vous en avez faites, nous les croyons volontiers fidèles, quant aux termes. Nous pourrions débattre avec vous les intentions que vous prêtez au vénérable Prélat ; mais nous ne doutons nullement que vous ne sachiez défendre vos conclusions de façon à ranger de votre avis tous les niais, tous les

sots et tous les ignorants du monde, quoique ni la niaiserie,
ni la sottise, ni l'ignorance ne soient vos véritables points
de contact avec cette misérable foule. On vous croira, et vous
pourrez encore, la main sur la conscience, vous défendre
d'avoir attribué gratuitement à l'enseignement ecclésiastique
les doctrines les plus coupables et des principes hideux. En
effet, vous avez fait innocemment des citations textuelles,
vous avez paisiblement raisonné : vous serez inattaquable,
à moins qu'on n'y consacre un volume qui ne sera ni lu ni
compris des lecteurs que vous cherchez. Cependant, des
débris de votre article, cinquante ou cent malheureux qui
n'ont ni science ni conscience, incapables même de corriger
une faute d'impression, nourriront des mois entiers leur
immonde polémique dans cinquante ou cent journaux ; et
il restera, grâce à vous, prouvé, comme nous l'avons écrit,
« que l'enseignement ecclésiastique est plein de niaiseries,
d'extravagances, de saletés, sans compter les doctrines les
plus coupables, les principes hideux qui s'y trouvent répandus à foison. » Osez dire que ce n'est pas là ce que vous
avez voulu ! Eh ! Monsieur, voyez courir vos phrases *tex-*
*tuelles* dans la presse de Paris et dans celle des départements ;
voyez le parti qu'on en tire dans le *Siècle*, dont les grossiers
commentaires ont inspiré nos réflexions ; voyez comme le
*Constitutionnel* dépasse tout ce qu'avait osé d'abject le *Jour-*
*nal des Débats* lui-même, lequel a lâchement reculé devant
la discussion si nette et si convaincante que lui offrait chez
nous un professeur du séminaire de Strasbourg. Vous vous
faites fort, vous, de soutenir la discussion, parce que vous
avez de l'esprit. Permettez-nous de vous le dire : Cela n'est
pas vrai ; vous ne le pouvez pas. Eussiez-vous assez de
bonne foi, vous n'auriez pas assez de lumières. Pour discuter
sur ces matières, une première condition est indispensable :
il faut être chrétien, chrétien ferme et soumis, comme ceux
que vous appelez des Jésuites. Alors, fort et assuré dans

l'intérieur de la conscience, on peut, sous la conduite d'un guide expérimenté, aborder les problèmes du bien et du mal, les discuter, les résoudre aux clartés de la loi de Dieu. Mais ce n'est pas dans les journaux, avec des lecteurs du *Constitutionnel* ou du *National* pour juges, que de pareilles discussions se poursuivent. C'est au sein de l'étude, loin des passions, entre gens qui s'entendent sur les points essentiels. Les livres qui doivent y servir ne sont pas plus faits pour le public, que les traités de médecine et les amphithéâtres de dissection ne sont faits pour les malades. Avons-nous besoin de vous apprendre cela, et voulez-vous nous condamner à vous le persuader?

On attaque l'enseignement de l'Université, qui se donne à des enfants et que ces enfants sont forcés de recevoir ; par représailles, vous, universitaires, vous attaquez l'enseignement ecclésiastique, qui ne se donne qu'à des hommes déjà voués aux fonctions redoutables du sacerdoce. Vous y mettez une bonne foi et une sincérité parfaites ; mais quand vous avez parlé, les gens du *Constitutionnel* et du *Siècle*, et bien d'autres, croient ou feignent résolûment de croire que l'enseignement ecclésiastique est plein de crimes et de folies. Vous nous demandez de prouver comment vous avez calomnié l'Église ? C'est le secret de votre talent.

Il vous semble souverainement ridicule qu'un évêque, dans un cours de philosophie, s'occupe des anges bons et mauvais ; non moins ridicule qu'il donne des règles pour reconnaître les vrais et les faux miracles : et vous nous conviez à défendre les idées de Mgr Bouvier sur ces matières, ne dussions-nous préserver qu'une seule âme de l'erreur criminelle que vous semez. Mais d'abord, Monsieur, croyez-vous à l'existence des anges ? croyez-vous aux miracles ? Si vous n'y croyez point, comment pouvons-nous discuter? Si vous y croyez, à quoi bon discuter ?

*Ce n'est pas un crime, à vos yeux, d'être évêque.* Dieu

le veuille ! Mais nous pourrions vous dire, avec l'habileté de procureur que vous y mettez vous-même : Prouvez-le-nous !

Vous avez libéralement demandé dans le *National* l'exil pour les *Jésuites*, et non pour *tous les catholiques de France*. Cela est convenu, et nous avions devancé vos réclamations, en disant l'autre jour que la république devait se réserver les catholiques, au moins comme objets de consommation. Quoique l'Université travaille grandement à en diminuer le nombre, les catholiques sont d'ailleurs encore trop nombreux pour qu'il soit facile de les expulser tous. Maintenant, êtes-vous sûr de ne point étendre la qualification de Jésuites à plus d'individus qu'il ne faut ? Les évêques, l'abbé Des Garets, l'*Univers* et les gens qui siffleront votre prochain opéra, ne sont-ils pas Jésuites selon vous, de ces Jésuites qu'il faut expulser ?

Il n'est pas vrai que vous sachiez tout à la fois traire la chèvre républicaine et brouter le chou gouvernemental ; il vous importe de repousser la calomnie que cette métaphore de mauvais goût exprime, vous n'allez pas chercher des inspirations et un mot d'ordre au ministère de l'Instruction publique ? Pardon ! Monsieur, tout ceci n'est qu'imparfaitement établi. Vous écrivez dans le *National*, et à moins que votre plume ne soit plus désintéressée que votre archet, le *National* paie votre utile collaboration : donc vous savez traire la chèvre républicaine. Vous êtes professeur en congé, et vos nombreux travaux dans la presse, vos essais à l'opéra-comique, vos correspondances font assez voir que vous n'êtes ni malade, ni empêché : par conséquent, le Gouvernement vous favorise. Vous ne recevez point le mot d'ordre au ministère de l'instruction publique, mais vous y recevez la moitié de votre traitement : j'en conclus que vous broutez le chou gouvernemental.

Voilà, Monsieur, tout ce que nous voulons répondre, et

toute la discussion que nous paraissent mériter, jusqu'à présent, vos articles et vos lettres. Avec vous, avec vos compagnons de guerre, avec le public que vous nous avez fait, la discussion n'est plus nécessaire ni possible. Quand l'Université partagera nos croyances, quand elle respectera ce que nous respectons, nous pourrons changer d'allures. Maintenant il nous suffit d'enregistrer ses blasphèmes, de montrer quels sont ses défenseurs et ses amis, de faire enfin connaître aux évêques, au clergé, aux fidèles, à quelles mains l'éducation de la jeunesse catholique est livrée. Il nous reste à vous remercier, Monsieur, de nous aider si bien à atteindre notre but.

II. Nous voulons faire quelque chose pour M. Génin, qui nous paraît malade. Cet excellent artiste prétend que nous le falsifions toujours, que cela ne peut durer, et qu'il est incapable d'accepter plus longtemps les calomnies des Jésuites sur son compte. Ce mot nous va droit au cœur : M. Génin nous prie évidemment d'avoir égard à sa santé :

> Non, non, ne plaise aux dieux que jamais ma main coupe
> La gorge à qui chante si bien !

M. Génin affirme qu'il ne s'est point vanté de savoir « raboter les côtes du christianisme. » C'est une phrase absurde, selon lui, qu'il n'a jamais écrite, « bien que l'*Univers* et ses amis, les Des Garets, les Carle, les Védrine, etc., la lui aient cent fois attribuée. » Pour absurde, la phrase l'est assurément. Mais, pour dire où M. Génin l'a écrite, c'est ce que nous ne saurions faire ; la pièce originale nous manque. Mettons que cette phrase ne lui appartient pas et qu'elle nous a trompés par un air de famille.

M. Génin jure ensuite que son *archet n'est pas peut-être*

*aussi intéressé que notre goupillon* ( c'est M. Génin lui-même qui parle avec cette grâce). Il nous apprend que les dommages-intérêts qu'il a tirés d'un éditeur de musique ont été sanctifiés par l'usage qu'il en a fait. Ce trait est beau; M. Génin le dit, et nous sommes d'accord. Il nous prie de vérifier sa grandeur d'âme près du maire de Nouville, département des Vosges. Fi donc! M. Génin pense-t-il que nous ne pouvons pas, en certaines occasions, le croire sur parole? M. Génin ne *ramasse pas de l'argent dans la boue! Si jamais il fait condamner l'*UNIVERS *et ses abbés comme calomniateurs,* on peut *compter d'avance que leur argent ne salira point ses mains*. Nous sommes toujours d'accord : notre argent, quand par hasard nous en avons, n'est point salé; il n'est n'est point entaché des sueurs du peuple, comme le dirait le *National* de celui que l'on puise au budget.

M. Génin nous appelle *Jésuites*. Nous l'avertissons de prendre garde à cette fleur de rhétorique qu'il emploie trop souvent. Jésuite veut ici dire catholique, et M. Génin ne se montre pas généreux adversaire, lorsqu'il nous fait entrer ainsi de vive force dans un cas d'expulsion.

Voilà tout ce que M. Génin a cru possible de démentir. Il demeure donc établi que M. Génin sait parfaitement traire la chèvre républicaine et brouter le chou gouvernemental... — quel que soit le goût de la métaphore.

13 février 1844.

III. M. F. Génin, professeur à la faculté des lettres de Strasbourg, rédacteur du *National*, rapiéceur de vieux opéras, bel esprit chez les universitaires, publie aujourd'hui en l'honneur de l'Université un gros in-8° contre les Jésui-

tes. Le spirituel auteur n'a pas voulu qu'on pût reprocher à
cet ouvrage la légèreté si remarquable de ses feuilletons : le
livre compte cinq cents pages; c'est un moyen de se donner
du poids. Néanmoins, nous avons à peine ouvert ce chef-
d'œuvre et nous dirions déjà ce qu'on y trouve, si nous ne
redoutions que M. Génin, l'homme du monde qui sait le
mieux se servir des huissiers, ne nous fît quelque procédure
pour le juger avant de l'avoir lu. De même qu'il fait des
opéras nouveaux avec des partitions défuntes, cet ouvrier
en vieux de la littérature et des beaux-arts a composé son
livre neuf d'un bon nombre d'articles très-fripés. Homme
d'ordre par-dessus tout, et de ménage ! Il a pensé que ces
débris, *restes affreux*, dirait Racine, dont le *Constitutionnel*
et ses égaux de la province se disputent les lambeaux, pourraient plaire encore aux lecteurs de Paris, moyennant un
peu de sauce nouvelle. Outre l'amour que les gens d'esprit sont exposés à sentir pour les produits de leur cerveau,
il ne faut pas oublier que M. Génin est ici en demi-solde, et
que la querelle entre l'Université et l'Eglise est assez animée
pour qu'il ait raisonnablement conçu l'espoir de tirer double
profit de ses petits talents.

C'est assez d'annoncer le livre de M. Génin. Sa voltige
voltairienne vient un peu tard pour nous apprendre quels
sont les sentiments de l'Université et des universitaires
sur la Religion, sur l'Eglise, sur le Clergé. De ce côté, les
documents sont complets ; les hiérophantes du parti ne laissent rien à faire aux farceurs.

Le livre de M. Génin se trouve à la même boutique où
se vendent les *Constitutions des Jésuites*, le *Livre des Jésuites*, dû aux deux Siamois du Collège de France, et une mal-
propreté intitulée *Monachologia*, dont nous parlerions si
nous n'avions que la dose de pudeur qu'il a fallu pour l'é-
diter.

# LE JOURNAL DES DÉBATS

## ET M. DE MONTALEMBERT.

I. Le *Journal des Débats* se félicite sur la brochure de
M. le comte de Montalembert [1]. C'est prendre bravement
son parti. Il trouve que M. le comte de Montalembert, *en sa
qualité de laïque, apparemment* et *d'ancien élève de l'Université, n'écrit pas trop mal, et qu'on peut le lire sans dégoût.* Nous pouvons certifier que le public se montre pleinement de cet avis. C'est à notre bureau qu'on vient prendre et reprendre la brochure de M. de Montalembert ; nous
voyons par chiffres qu'on la lit tout à fait sans *dégoût.* On
se plaît même à la faire lire après l'avoir lue. Selon toute
apparence, nous en publierons prochainement une seconde
édition : le *Journal des Débats*, à qui nous aurons soin de
l'annoncer, sera content et nous aussi.

La bonne grâce et la politesse du journal de l'Université
et de la Cour sont ici d'autant plus louables, qu'il déclare
l'écrit du noble Pair aussi *injurieux pour le fond* que les
écrits des *Védrine* et des *Des Garets*, et *animé d'un fanatisme
plus ardent peut-être*, jusqu'à ce point, *qu'on y trouve des
réminiscences de la St-Barthélemy.* Mais enfin, on *peut le*

[1] *Du devoir des Catholiques dans la question de la liberté d'enseignement.*
M. de Montalembert venait de publier cet éloquent écrit.

*lire sans dégoût*. Ce n'est plus un de ces pamphlets épisco-
paux qui soulèvent le cœur délicat des collaborateurs de
M. Janin et de M. Sue ; encore moins un de ces articles de
*crocheteur ivre*, qu'on voit tous les jours dans l'*Univers*. Le
*Journal des Débats*, rédigé comme on sait, par qui l'on sait,
pardonne tout à l'entrapélie. Faiblesse bien naturelle à une
feuille qu'inspire le ministre de la jeunesse et de la littérature, qu'alimente la fine fleur des aides de camp, des pré-
cepteurs, des bibliothécaires.

Cependant, ce n'est pas tout de lire M. de Montalembert :
il faut le réfuter. Le *Journal des Débats* ne décline pas
cette tâche ; il l'accepte avec déplaisir, mais avec patience.
Voyons comme il s'en acquitte.

D'abord, il trouve que M. de Montalembert aime beaucoup les Jésuites. Un homme est réfuté là-dessus, sans
autre discussion. Aimer les Jésuites, les vanter, penser
seulement quelque bien d'eux : cas pendable ! Qu'est-ce
qu'un Jésuite ? C'est un confrère du Père Garasse : *Tolle !
Crucifige !* M. de Montalembert est pris en flagrant délit
d'aimer les Jésuites, les confrères du Père Garasse, les
assassins des rois, les bourreaux des peuples : le voilà jugé ;
il ne reste plus qu'à l'expulser.

Tout en se frottant les mains, le *Journal des Débats* ne
dissimule point que la hardiesse de M. de Montalembert
l'étonne. Aimer les Jésuites ! Oser dire qu'on les aime ! Il
croyait nous en avoir fait passer le goût ; il est confondu,
il demanderait volontiers si nous n'avons donc pas lu
M. Michelet, ni M. Libri, ni M. Quinet, ni entendu dernièrement M. Lacretelle jeune [1] !

Ayant suffisamment mis en poudre les Jésuites, et par
le moyen des Jésuites, la liberté d'enseignement, le *Journal des Débats* entame une autre question, celle des petits

[1] Ce vieil écrivain, professeur au Collège de France, avait trouvé bon
de dire aussi son mot contre les Jésuites.

séminaires. M. de Montalembert s'adressant aux évêques avec tout le respect, mais avec toute la liberté d'un fidèle, dit et prouve invinciblement que l'intérêt des petits séminaires ne doit ni ne peut faire abandonner leur droit épiscopal sur l'éducation de la jeunesse laïque. Et cela est tout simple, puisque pour un prêtre formé dans les petits séminaires, le monopole, au train dont il va, formerait dans ses Collèges dix mille incrédules, qui feraient à l'occasion dix mille bourreaux.

*Voyez-vous !* s'écrie le JOURNAL DES DÉBATS : *c'est-à-dire que l'Eglise a, sur l'instruction publique, le même droit que les papes ont prétendu avoir et ont exercé sur les rois et sur les peuples, pour le salut, comme on sait, et pour le bonheur de l'humanité ! C'est-à-dire que les vœux de M. de Montalembert remontent jusqu'à cette époque de bonheur, où les papes déposaient les rois, excommuniaient les peuples et donnaient la catholique Irlande en cadeau à un roi d'Angleterre. En vérité, M. de Montalembert est encore plus hardi que nous ne le croyions !*

Et voilà une seconde réfutation, qui vaut bien la première. Que les *néo-catholiques* essaient maintenant de répondre ; qu'ils réfutent à leur tour tant d'érudition, tant de bonne foi ; qu'ils poursuivent une discussion que l'on sait ainsi conduire ; qu'ils recourent à l'histoire, telle que les gens du *Journal des Débats* l'ont faite et l'enseignent aux enfants catholiques ! En ce moment, la moitié des lecteurs de la feuille universitaire sont convaincus que le roi d'Angleterre à qui un pape a donné l'Irlande était protestant, et qu'ainsi pourrait être donnée la France au roi de Prusse, si la liberté d'enseignement était obtenue. Ils le savent, ils en jureraient par leur croix d'honneur, comme les lecteurs du *Constitutionnel* et de la *Patrie* sont prêts à jurer que le dominicain Lacordaire est *affilié à l'inquisition de Rome*, où il va brûler des hérétiques dans ses moments de loisir. Voilà ce que nous gagnons à faire des brochures pour éclairer l'opinion.

Nous nous reconnaissons battus devant ce côté du public, et nous n'en appelons pas ; mais nous nous retournons vers nos évêques, vers nos frères, vers quiconque, étant chrétien et fils de l'Eglise, se sent plus chrétien et plus tendrement attaché à la commune mère, à mesure qu'elle est davantage injuriée. Nous leur disons que les hommes qui parlent de la sorte sont les maîtres de la jeunesse, les professeurs qu'on impose à nos enfants. Nous leur demandons, avec M. de Montalembert, s'ils jugent possible et permis de laisser dans ces mains impures l'espoir de la famille et de la religion ; sous ce souffle et dans cette pestilence, des âmes auxquelles nous devons, sur la vie même de nos âmes, donner la vie de Dieu.

Voilà la question ! Le *Journal des Débats* peut plaisanter, peut mentir, peut travestir nos intentions, nos paroles. A son aise ! Quand nous attendons peu de chose de la Chambre des députés, moins encore de la Chambre des pairs, et des félonies seulement du pouvoir, ce n'est pas au *Journal des Débats* sans doute que nous irons demander ni bienveillance, ni droiture, ni politesse, ni raison. Mais moins nous attendons des autres, plus nous attendons de nousmêmes. Il ne s'agit plus de ce que penseront et diront les partisans du monopole, mais de ce que les catholiques feront. M. de Montalembert s'adresse aux catholiques, non à d'autres : il leur demande des œuvres de chrétiens et des œuvres d'hommes. En produiront-ils ? Sauveront-ils la religion en France, ou la laisseront-ils périr ? Voudrontils que leurs enfants soient catholiques comme eux, et plus qu'eux ; ou voudront-ils seulement qu'ils grossissent ce lamentable troupeau de bétail humain, sans lumières, sans croyance et sans amour, que l'éducation antireligieuse prépare pour toutes les hontes et pour toutes les tyrannies ? En

un mot, useront-ils des libertés publiques, comme la conscience du chrétien et la dignité du citoyen le leur comman-
dent, ou les abandonneront-ils lâchement, comme l'Université les en sollicite ? Nous l'avons dit cent fois, c'est toute
la question. Si nous en jugeons d'après nous, le *Journal des
Débats* ne peut que l'élargir et la faire mûrir à notre profit. Il est content de nous, nous sommes contents de lui.
Mais ne nous applaudissons ni les uns ni les autres : la cause
n'est pas jugée.

19 décembre.

II. Tous les pouvoirs ont des ennemis redoutables ; ce
sont leurs valets. La livrée est insolente de sa nature.
Quand ses maîtres discuteraient, elle injurie ; quand ils se
borneraient à refuser justice, elle menace. Elle a une certaine façon de comprendre les choses et de les exposer qui,
arrachant au bon droit toute espérance d'être écouté un
jour, amasse dans les cœurs ces ferments de haine dont
l'explosion met la livrée en fuite et les maîtres aussi,
quelquefois. Ceci est particulièrement applicable au pouvoir actuel et à sa domesticité politico-littéraire du *Journal
des Débats*. Le Gouvernement possède là un état-major
de scribes bien établis, qui le louent beaucoup, mais qui
le servent fort mal, si nous en jugeons par les sentiments
amers qu'ils font peu à peu et malgré nous entrer dans notre
esprit. Nous ne professons aucune hostilité systématique
contre l'ordre nouveau. Nous voulons bien qu'il dure, et nous
lui donnons autant qu'il dépend de nous le moyen de durer,
en lui conseillant d'être toujours libéral et juste. Parmi nous,
plusieurs l'ont servi dans le péril sans lui demander autre

chose, et si notre attitude a été remarquable en face de lui, ç'a
été plutôt par trop de complaisance que par trop d'inimitié.
On nous a accusés d'être de son parti, parce que, priant pour
lui, comme l'Eglise, nous ne lui demandons pas sa ruine,
mais notre liberté. Nous espérons conserver cette impartialité, cette largeur chrétienne de principes et de conduite.
Néanmoins, nous devons l'avouer, à mesure que le *Journal
des Débats* se charge au nom du Pouvoir d'examiner
nos légitimes prétentions, de répondre à nos raisons, de
juger nos demandes, nous sentons défaillir notre bonne
volonté. Il nous semble que l'on nous veut décidément pour
ennemis et que peu à peu nous en prenons le rôle. L'on
sait qui nous sommes ; nous donnons l'avis à qui de droit.

M. le comte de Montalembert a exposé aux catholiques
de France les moyens constitutionnels à employer pour
obtenir l'exécution des promesses de la Charte en ce qui concerne la liberté d'enseignement. Le *Journal des Débats* a
cru le réfuter suffisamment par ses dédains. Cependant la
pensée du noble Pair a fait son chemin. Ces pages généreuses, où les dangers de l'Eglise sont si nettement appréciés, où l'iniquité de nos adversaires est caractérisée avec
tant de vigueur, n'ont pas médiocrement contribué à grouper
plus fortement autour de l'Eglise tous les cœurs vraiment
catholiques ; ceux qui, selon l'énergique expression de
M. de Montalembert, sont catholiques *avant tout*, au lieu
de l'être après tout. Le *Journal des Débats* a été sans doute
avisé de ce résultat. Que fait-il pour le conjurer ? entre-
prend-il de discuter les idées de M. de Montalembert ? Non !
Il l'injurie. Eh ! mon Dieu ! à quoi bon injurier ? Pourquoi ?
Rien ! par instinct d'heiduques ! M. de Montalembert et les
catholiques réclament des droits qu'on leur a promis ; le
maître répugne à les accorder, le valet crie : Qu'on me
chasse ces impertinents !

Il faut cependant une raison pour nous chasser. La raison

que trouve le *Journal des Débats* vaut son langage : l'écrit
de M. de Montalembert, daté du mois d'octobre, à Madère,
a été publié à Paris vers la fin de novembre. Or, l'époque de
cette publication coïncide avec la présence en Angleterre de
M. le duc de Bordeaux et les hommages que sont allés
présenter à ce prince quelques membres influents de l'opinion légitimiste : donc, la conséquence est nette, la brochure de M. de Montalembert est une avance que le parti
ecclésiastique fait au parti *carliste !*

La coïncidence du divorce que le parti ecclésiastique fait avec la
révolution de juillet, et de la manifestation *carliste* de Londres, est un
fait remarquable. Il est curieux qu'au moment où le parti *carliste* es-
saie de fonder à Londres un petit Coblentz, le parti ecclésiastique
vienne déclarer par la bouche de son chef qu'il rompt toute alliance avec
la révolution de juillet... Il n'y a pas de rupture, parce que, selon nous,
il n'y a jamais eu d'alliance, mais il y a évidemment une transition. Le
parti ecclésiastique n'avait jamais cessé d'être *carliste,* sauf quelques
moments d'impartialité de la part de ses chefs prétendus : impartialité qui était peut-être de l'ambition. Aujourd'hui, ce parti retourne publiquement au parti *carliste.*

Ainsi, la question de la liberté de l'enseignement n'est
plus *néo-catholique,* elle est *carliste.* Cela est public, cela
est avoué, et voilà le Gouvernement sorti d'embarras par ce
tour d'adresse ! Hier, quand nous signalions l'impiété des
doctrines universitaires, on nous répondait : *Jésuites !* demain, quand nous réclamerons l'exécution des promesses
de la Charte, on nous répoudra : *Carlistes !* Après-demain
que nous répondra-t-on ?

Le *Journal des Débats* a peut-être une troisième objection
à nous opposer, dont il n'use pas encore, mais qu'il laisse
entrevoir. Remarquez qu'il dit *carlistes,* et non pas *légitimistes,* comme il dit *jésuite,* et non pas *catholique.* C'est
que, Carliste et Jésuite sont les noms que la canaille entend,
et qui lui font égorger ceux à qui on les donne. Rien n'égale
l'abjection de ces haines d'antichambre !

Nous n'avons aucun sentiment à exprimer à la maison littéraire du Gouvernement de juillet : nous ne la haïssons pas, nous ne la méprisons pas, nous ne lui répondons pas. Ces hommes n'ont pour nous que la valeur d'un fait fort triste et fort alarmant; nous les montrons. Quant à ceux qu'ils servent et qui veulent bien être servis de la sorte, nous ne pouvons nous empêcher de le dire, ils nous font pitié.

Quoi ! vous êtes ce que l'on sait ; vous vivez de ruse et d'attente, sans autres amis que vos fonctionnaires, dont vous n'êtes pas sûrs, et vos gens de plume, qui sont de peu de ressource au moment du danger; et vous avez tant de hâte à grossir le nombre de vos adversaires, que vous ne pouvez nous permettre plus longtemps l'indifférence et la neutralité ! Le parti ecclésiastique est carliste ! Qui vous l'a dit ? Ce n'est pas nous, assurément, qui parlons pourtant avec assez de franchise ; ce n'est pas non plus M. de Montalembert, qui n'a jamais rien caché ; ce n'est pas davantage le parti légitimiste, dont les organes nous suspectent ou nous accusent ouvertement. Personne ne vous l'a dit, vous ne l'avez vu nulle part, vous l'affirmez et vous n'en croyez rien; mais vous voudriez que cela fût. Prenez garde ! Vous pourriez réussir. L'Eglise n'en serait peut-être pas plus faible, le parti légitimiste, assurément, n'en serait pas moins fort, et si nous avons un conseil à vous donner, c'est de ne point jouer ce jeu-là. Nous avons toujours cru, nous, et nous croyons encore que l'Eglise, au lieu de se lier à un parti, ce qui serait repousser les autres, doit se placer au milieu d'eux et les attirer tous, les convier tous au pardon des vieilles injures, au zèle des pauvres, à l'amour de la patrie, au culte de la vraie liberté. Mais il peut se trouver une majorité catholique moins ferme que nous dans sa foi au principe de vie immortelle que l'Eglise a reçu pour tout conquérir à la loi de son divin fondateur. Cette majorité, voyant vos des-

seins et ayant compté vos mensonges, peut croire que l'Église
a besoin d'un parti, peut élire pour patron le parti légitimiste... Elle lui apporterait en dot quelques millions de
consciences plus solides que vous ne sauriez le comprendre,
et plus disposées à prendre cette voie que vous ne semblez le
croire. Eh bien, si l'événement se réalisait, si l'Église, au
lieu de combattre par elle-même, pour elle-même, se jetait
dans cette lutte désastreuse des partis, nous disons, sans
examiner ce qui en résulterait pour l'Église, que vous vous
en trouveriez mal, vous, très-mal; qu'il n'en faudrait pas
beaucoup plus pour vous mettre à l'extrémité.

C'est une chose étrange de la part d'un gouvernement qui
a besoin de tant de paix, et qui l'achète partout si cher,
poussant la défiance de ses forces jusqu'à se laisser ronger et
détruire tout vif par les moindres ennemis; c'est une chose
étrange que cette manie de nier tous les droits, lorsqu'il se
plie à toutes les exigences; de pousser à la colère tous les
honnêtes gens, lorsqu'il traite avec tous les aventuriers! Que
feriez-vous donc contre le parti ecclésiastique, s'il devenait
carliste? La liberté d'enseignement, à laquelle il est temps
de revenir, en serait-elle moins promise par la Charte, et la
Charte n'est-elle pas pour les carlistes comme pour vous?
Sont-ce les fortifications de Paris qui vous rendent si fiers?
Vous flattez-vous d'écraser en un jour l'Église, les légitimistes, la Charte, et d'établir sur leurs ruines la paix de votre
avenir? Non, sans doute; et cependant que voulez-vous? de
quoi nous menacez-vous? que faites-vous? Malheur aux
gouvernement qui déchaînent de pareils orages! La première
ruine qui épouvante les yeux, c'est la leur; et la guerre
civile se livre sur leurs débris.

# DÉNONCIATION CONTRE LES JÉSUITES.

10 janvier 1844.

Le *Constitutionnel* donne au Gouvernement le bon avis
que l'on va lire :

Une des questions qui ont le plus vivement préoccupé les esprits
dans la commission de l'adresse, c'est celle de la présence des Jésuites
en France et de l'influence déplorable qu'ils exercent sur une partie du
clergé séculier. Le Ministère, interpellé avec instance par quelques-uns
des commissaires, a été, dit-on, amené à avouer qu'il y avait actuelle-
ment deux cent cinq Jésuites reconnus comme tels, vivant en communauté dans plusieurs villes du royaume. Ils ne remplissent pas les
fonctions ordinaires du ministère sacerdotal ; ils s'occupent surtout de
la prédication et de la confession, en attendant que l'enseignement
leur soit livré. Presque tous, en effet, se préparent au professorat. On
en compte vingt dans la maison de la rue des Postes, qui vient d'être
réorganisée d'après les instructions du général, le Père Roothan, rési-
dant à Rome. Ils ont pour procureur le Père Bigot, et pour supérieur
le Père Guidée. Ils sont représentés dans les affaires civiles par un
laïque demeurant avec eux, M. Laffenaër. Le ministère connaît ces
diverses associations, et il les tolère ; cependant il avoue que les lois
existantes lui donnent le droit de les dissoudre ; mais il recule devant
l'exécution de la loi, de peur, dit-il, de transformer les Jésuites en martyrs. Il ajoute que si on dispersait leur communauté, ils seraient individuellement recueillis dans des maisons particulières, et de là conti-
nueraient à correspondre, à conspirer d'une manière secrète.

Nous nous rappelons qu'au temps où il s'agissait de disperser les associations politiques, les mêmes objections ont été faites contre la loi
proposée. Certes, ces objections étaient sérieuses et vraisemblables en

matière de conspiration politique ; la loi d'ailleurs était à faire, et cependant le ministère d'alors a passé outre, et la Chambre l'a suivi. Aujourd'hui, à l'égard des Jésuites, la loi existe : ils la violent avec audace ;
leur seule force est dans l'impunité, et le ministère se retranche derrière
des raisons puériles, pour ne rien faire. C'est plus que de la faiblesse,
c'est de la complicité !

De quel droit exigera-t-il, d'ailleurs, le respect des lois, s'il en est
quelques-unes qu'il laisse volontairement outrager ?

Le Gouvernement obéira-t-il jusqu'au bout aux odieuses
et tyranniques haines du vieux libéralisme ? On peut tout
attendre de lui, et quoique nous l'estimions médiocrement
audacieux, il sait et nous savons tout ce que l'infâme assoupissement des uns et les lâches terreurs des autres lui
permettent d'entreprendre contre la religion et contre la
liberté.

S'il veut contenter l'appétit de persécution qui le tourmente peut-être encore plus que le grand nombre de ces
journalistes par lesquels il se fait mordre, pour avoir un
prétexte d'entrer dans notre champ et d'y fouler aux pieds
nos droits ; s'il veut user iniquement contre les plus paisibles des citoyens de ces lois portées, malgré le *Constitutionnel* et ses semblables, contre les révolutionnaires et les
régicides ; s'il veut assimiler ces retraites où règnent la
prière et le travail aux antres où se fabriquaient les cartou-
ches et s'aiguisaient les poignards ; s'il veut, de la même
main et au même titre qu'il a dispersé les sectaires furieux
du communisme, disperser ces prêtres occupés surtout de
la prédication et de la confession, c'est-à-dire occupés surtout de ramener les âmes à la pratique de l'Evangile... rien
ne s'y oppose. Il le peut aujourd'hui, il le pourra demain ;
nul obstacle. Nous lui protestons que c'est la chose la plus
aisée. Il ne lui faut qu'un peu de cœur, dans le moment.

Oui, le *Constitutionnel* est bien informé : il y a des Jésuites en France, des Jésuites reconnus comme tels, qui ont

fait vœu de pauvreté, de chasteté et d'obéissance, selon la
règle de saint Ignace de Loyola : qui prêchent, ou confessent ou étudient, et dont la plupart même font ces trois
choses. Il y en a deux cent cinq, et peut-être plus. La
France est chargée de ce redoutable fardeau, réparti entre
plusieurs villes. Ils exercent de l'influence sur le clergé
séculier, et si le *Constitutionnel* avait dit qu'ils en exercent également sur les fidèles, il n'aurait rien dit de trop.
Nous ajoutons que c'est une influence considérable, tout à
fait analogue à celle que produit la lecture de la Vie des
saints. Quand ils parlent de charité, de pardon, de patience, leur exemple fortifie étrangement leur discours.

Tels sont les Jésuites, et tel est le danger que leur présence fait courir à la majesté des lois. Mais, puisque ce
danger est intolérable, encore une fois le Gouvernement
peut s'en débarrasser en moins de temps qu'il ne se délivre
d'un solliciteur raisonnablement appuyé. Les villes où les
Jésuites séjournent sont connues, et les maisons aussi. Qu'un
commissaire de police pénètre chez eux et les chasse : les
gendarmes n'y seront point nécessaires, personne ne se fera
tuer sur les seuils violés. La loi le veut, on obéira ; et la loi
ne le voudrait pas, que la force suffirait. Les feuilles libérales offriront de tous côtés des couronnes civiques au Ministère, M. Dupin remplacera par des félicitations les fou-
droyantes harangues qu'il prépare, les catholiques continueront de payer l'impôt, et il n'y aura plus de Jésuites...
Qui sait même si quelque dotation [1] ne surgira pas de cette
victoire ? A coup sûr, ce ne seront pas les chrétiens qui re-
fuseront de doter les princes ! Les chrétiens auront de
l'argent de reste : les Jésuites ne les ruineront plus en
aumônes.

Ainsi, que le Gouvernement ne craigne rien : le mécon-

[1] Le Gouvernement demandait, et la Chambre refusait une dotation
pour S. A. R. le Prince de Nemours.

tentement des catholiques ne donnerait pas même naissance
à une question de cabinet... quant à présent.

Cependant, souhaitons-nous que les Jésuites soient dispersés? Si nous étions les ennemis du Gouvernement, nous
pourrions le souhaiter ; mais nous faisons profession, on le
sait, d'une invincible indifférence à son égard. Nous ne le
haïssons point, nous ne désirons pas qu'il lui arrive malheur ; nous le prenons tel qu'il est, comme un compagnon
de route pour lequel nous avons peu de sympathie, mais
qui en vaut probablement un autre, et avec lequel nous désirons nous arranger ; car nous ignorons si nous ne devons
pas le conserver toujours.

Nous lui conseillons les mêmes pensées, la même complaisance à notre égard. Il y trouvera son compte. Sans
vouloir l'offenser, nous pouvons bien lui dire que ce n'est
pas nous qui mourrons les premiers. Nous portons un nom
qui nous assure une longue vie, malgré notre état chétif,
nous nous appelons le *Catholicisme ;* et avec ce nom, jadis,
nous en avons porté un autre, que nous espérons bien reprendre : nous avons été le *Peuple.* Nous sommes faits pour
durer longtemps ; nous possédons des ressources de tempérament dont les dynasties et les institutions humaines
n'ont point encore dérobé le secret.

Comme bons voisins et bons compagnons de voyage,
nous conseillons au Gouvernement de laisser en paix ces
Jésuites que nous aimons tant et qu'on l'engage à chasser.

Nous le lui conseillons dans son intérêt et dans le nôtre :

C'est notre intérêt de continuer à profiter des biens spi-
rituels que nous dispensent ces religieux.

C'est l'intérêt du Gouvernement de ne point excéder notre
patience et de ne point désespérer notre soumission. Il aurait
tort de nous persuader qu'il ne comprend rien à cette religion qui fait les citoyens fidèles, rien à cette liberté qui fait
les grandes nations ; que les lois les plus sages peuvent de-

venir iniques envers nous; que notre conscience et notre foi autorisent les sévices et les injures; que l'obéissance aux préceptes de l'Evangile et l'amour de tous nos devoirs publics et privés nous attireront incessamment des avanies dont la raison d'Etat craint d'humilier les plus hideux perturbateurs.

C'est l'intérêt du Gouvernement de ne point chasser les Jésuites, parce que si cet acte ne lui coûte rien, il est plus sûr encore qu'il n'y gagnera rien. Nous ne savons si le Ministère s'est appuyé, pour les tolérer, de la raison que rapporte le *Constitutionnel;* en tous cas, cette raison est on ne peut mieux fondée. Les Jésuites frappés, deviendront pour nous des martyrs; nous les recueillerons dans nos maisons, et heureux les foyers où daigneront s'asseoir ces proscrits : Bienheureux le père qui pourra leur confier l'avenir et l'âme de ses enfants ! Bienheureux l'homme de labeur et la veuve dont ils partageront l'humble morceau de pain ! Nous répondons que pas un Jésuite, quel que soit leur nombre, n'aura besoin de demander au Pouvoir le moindre dédommagement pour l'asile qu'on lui aura dérobé. Nous répondrions aussi de leur pardon, s'il fallait rassurer la conscience des oppresseurs ; nous répondrions même du nôtre, si nous pouvions tous les entendre, et si c'était toujours assez de l'exemple et des conseils d'un saint pour étouffer dans le cœur de l'homme l'amer ressentiment qu'y laissent les triomphes brutaux de l'injustice.

Que fera-t-on contre eux, contre nous, lorsque, dispersés, ils attendront dans nos maisons ou la fin de leur vie, ou des jours meilleurs ? Empêchera-t-on que chacune de ces maisons ne devienne une sorte de communauté où régnera l'esprit de la Compagnie de Jésus? Empêchera-t-on qu'ils n'y tiennent à tout venant les mêmes discours que nous allons chercher publiquement au pied de leurs chaires éloquentes, et que nos enfants ne forment dans leurs cœurs le vœu de perpétuer

cet ordre saint que l'impiété veut anéantir ? Voyez donc ce
que vous faites ! voyez donc où vous allez ! Vous dispersez
aujourd'hui les Jésuites, parce qu'ils sont *censés* conspirer ;
il faudra que vous les laissiez conspirer demain, ou que vous
les condamniez à l'exil et à la prison. Ils seront alors *censés*
avoir tiré sur la garde nationale et sur le Roi !

Nous vous troublons aujourd'hui par une guerre importune et inquiétante. Croyez-vous que nos prêtres tracassés,
persécutés, emprisonnés peut-être, nous rendront enfin plus
contents, et que tout laïque en France sera glacé de peur, à
la pensée de souffrir pour la loi de Jésus-Christ ?

Vous vous trompez ; mais votre erreur ne durera pas assez pour déshonorer les catholiques de France aux yeux du
monde chrétien.

Mettez la main sur le prêtre aujourd'hui, demain vous la
mettrez sur la Charte... C'est une révolution, un coup de
dés qui peut vous donner le despotisme pour un temps, et
à nous des fers, en mettant les choses au pire.

Mais, comme nous l'avons dit, nous ne mourrons pas. On
nous blesse, on nous enchaîne, on nous tue... nous ne sommes pas morts. Le temps rouille et dissout nos chaînes,
sans porter atteinte à notre invincible vie ; notre sang, lorsqu'on vient à le répandre, noie les bourreaux.

# DES POURSUITES EN MATIÈRE DE PRESSE.

(DÉFENSE DES JOURNAUX LÉGITIMISTES.)

---

14 janvier 1844.

Le parquet exerce depuis quelque temps envers les journaux légitimistes de si excessives rigueurs, que la presse, à peu d'exceptions près, s'en est émue et les blâme avec une juste vivacité, sans distinction de parti. Nous nous unissons très-sincèrement à ce mouvement loyal des opinions.

Le Gouvernement, dont les parquets ne sont en cette circonstance que les agents extrêmement dociles, entre dans une voie désastreuse. Creusant un peu les listes du jury, il a mis en divers lieux, à ce qu'il paraît, la main sur certaines veines de jurés que l'on nomme des *jurés probes et libres*, et qui le sont sans doute, mais qui ne refusent rien en matière de délit de presse. Les condamnations pleuvent, à Paris particulièrement, au gré de MM. les gens du Roi. Tout récemment, deux ans de prison et 6,000 fr. d'amende, un an de prison et 8,000 fr. ont frappé le même jour la *Gazette* et la *Quotidienne*, pour des articles qui paraissaient loin de mériter cette rigueur. Le Gouvernement, cependant, profite de la veine, fait saisies sur saisies, ne se lasse pas de demander des condamnations. Pour ne rien perdre des dispositions que les jurés lui montrent, il va, ce qui ne s'était point vu, jusqu'à leur déférer des articles publiés depuis un

ou deux mois! La législation de septembre, arrachée avec
tant de peine aux Chambres, pour des circonstances extrê-
mes, est appliquée à ces délits que personne dans le pays
n'aperçoit, et que le parquet lui-même semble avoir eu tant
de peine à découvrir. Lorsque de toutes parts se sont apaisées les passions qui pouvaient rendre de pareilles armes nécessaires, on trouve ces passions plus implacables que jamais dans le Gouvernement, c'est-à-dire dans l'âme de
ceux-là mêmes qui ont pour principal devoir de les amortir!
N'est-ce pas une chose qui surpasse la raison et qui doit
inspirer partout les plus vives alarmes, de voir incriminer
des articles de journal deux mois après leur apparition? Si
l'article d'aujourd'hui est coupable, et si l'on fait bien d'en
arrêter la circulation, y a-t-il rien au monde de plus innocent que l'article d'hier et d'avant-hier? Qui s'en occupe?
Qui le lit? Où le trouvera-t-on? Le précieux exemplaire du
parquet est peut-être unique; il est le seul, certainement, sur
lequel s'arrête une pensée humaine.

Il y a plus, et l'on trouve à bon droit, dans une façon de
procéder si violente, quelque chose qui répugne à la loyauté,
essence de la justice. Les poursuites judiciaires en matière
de presse doivent être un avis en même temps qu'une punition. La justice doit supposer que l'écrivain, tout en expri-
mant librement son opinion, n'a pas voulu violer les
lois du pays. Si l'on pense qu'il les a violées, la loyauté
veut que la répression l'en avertisse, afin qu'il évite de
tomber dans la même faute à l'avenir. Attendre un mois,
deux mois, le laisser multiplier des délits qu'il ignore, encourager par là d'autres écrivains à l'imiter, pour tomber
enfin sur tous ces coupables et les faire juger à bref délai,
avant qu'ils aient pu même se douter que les limites de la
liberté d'écrire étaient franchies par eux, ce n'est plus de
la justice, c'est de la ruse, une ruse qui semble se jouer de
la loi même. Car de quoi s'agit-il? De réprimer une provo-

cation à la désobéissance, à la révolte, au renversement du Gouvernement établi. Or, ces provocations étaient si redoutables qu'on a pu en attendre deux mois l'effet, et que rien n'a bougé ! Il y a là, pour tout homme de bonne foi, présomption très-suffisante que l'écrivain est resté dans de justes limites, que l'opinion pouvait porter ce qu'il a dit, et qu'en tout cas le plus court est de lui pardonner, remettant à une autre fois de le reprendre, de l'avertir.

Le Gouvernement agit comme il lui convient, dit-on : il est dans la légalité.

Sans doute, il est dans la légalité ; mais est-il dans l'équité ? Suit-il aussi les règles d'une bonne politique, lorsqu'il se montre animé de cette espèce de fureur rétroactive au milieu des esprits calmés ?

Nous doutons que le Gouvernement tire grand profit des grosses amendes que les parquets lui font percevoir. Par douceur naturelle, par faiblesse ou par tactique, il a souvent usé d'une modération dont la majorité des esprits lui savaient gré, et qui a plus contrarié les efforts de ses ennemis qu'il ne semble le comprendre. En somme, il en était arrivé à un point qui aurait permis à de vrais hommes d'État d'entreprendre beaucoup de choses utiles. Il n'entreprend que de raviver des haines et des défiances qui, depuis longtemps apaisées, commençaient de mourir. Nous savons à quels ressentiments il obéit ; mais ces ressentiments ne sont point sages. Qui ne sait pas attendre, ne sait pas gouverner. On peut payer cher le plaisir d'avancer d'un jour la fin d'un adversaire mourant.

Chacun comprend que ce qui menace une opinion les menace toutes. Aujourd'hui, c'est l'opinion légitimiste ; demain une autre déplaira, et la planche sera faite. Déjà l'on se prépare à tâter le jury au sujet des catholiques[1]. Nous

---

[1] On nous annonçait sans cesse que nous serions poursuivis ; et en effet, le Ministère n'attendait qu'une occasion.

savons ce qui nous attend, si une première condamnation
est portée. Mais s'arrêtera-t-on à nous ? Sommes-nous les
seuls, après les légitimistes, dont on soit incommodé ? Non,
sans doute, et personne ne s'y méprend. Là est le danger
du Pouvoir. Quel que soit l'adversaire qui succombe dans
la lutte, s'il succombe de mort violente, il est à regretter de
ceux même qui l'ont combattu, et qui s'en aperçoivent bientôt. Alors le Pouvoir n'a plus affaire à des gens qui discu-
tent et veulent bien avoir tort : il a en présence de lui des
hommes qui haïssent, qui conspirent et qui, ne se laissant
plus fatiguer, ni gagner, veulent mourir ou vaincre.

Il paraît à beaucoup de bons esprits que la France est
mûre pour le despotisme, et leur opinion n'a que trop de
points lamentables où s'appuyer. Mais quel sera le despote,
et qui ose affirmer que son règne pourra s'établir, à moins
de catastrophes sans nom, sur autre chose qu'un débris
universel !

Il serait pourtant si facile, aujourd'hui, de tout consolider
sous un sceptre paternel !

# LE PARTI LÉGITIMISTE

A LA CHAMBRE DES DÉPUTÉS.

15 janvier 1844.

La discussion de l'adresse s'est ouverte aujourd'hui à la Chambre des députés sur le paragraphe qui a trait au voyage des légitimistes à Londres [1]. Le Ministère, représenté par M. Guizot, et plusieurs membres influents de la majorité parlementaire, ont soutenu la rédaction du projet qui blâme et flétrit cette manifestation. M. Berryer, M. de Larcy, M. le duc de Valmy, M. Henri de La Rochejaquelein l'ont attaquée. On a fait grand bruit de part et d'autre : il y a eu des paroles maladroites, il y en a eu de généreuses, on en a surtout beaucoup prononcé d'inutiles. M. Berryer a été plus embarrassé que de coutume, M. Guizot s'est montré fort habile, M. Dupin injurieux, M. Henri de La Rochejaquelein éloquent. En somme, nous ne voyons point que le débat ait abouti ni pu aboutir à quelque chose. Par là, il ressemble aux démonstrations qui l'ont produit.

M. Berryer et ses honorables amis ont dit qu'ils n'avaient porté à Londres que des vérités utiles, des conseils patriotiques sur ce qu'il conviendrait de faire en France, si les

---

[1] Plusieurs membres du parti légitimiste, parmi lesquels figuraient un certain nombre de députés, avaient été visiter M. le duc de Bordeaux à Londres. C'est ce que l'on appela *le Pèlerinage de Belgrave-Square*.

événements y ramenaient non pas un ordre de choses à jamais détruit, mais des hommes ou plutôt un homme dont l'infortune est de ne pouvoir reparaître sur le sol natal à titre de simple particulier. Nous croyons qu'ils n'ont rien voulu de plus, parce qu'il est impossible et qu'il serait insensé de vouloir davantage. Ils l'ont dit avec un accent plein d'honneur. On ne les a pas crus, ou du moins on a feint de ne les pas croire. Ils devaient s'y attendre.

M. Guizot, s'appuyant sur des préjugés peu dignes de son talent et qu'il faudrait laisser exploiter par M. Dupin, a dit que le voyage de Londres avait été décidé par la vaine espérance de détruire l'œuvre de 1830. Ses paroles ont rencontré une adhésion presque unanime ; et cependant, nous l'osons dire, on n'a pas cru M. Guizot.

Ce débat n'a pas été sincère.

Il y avait, à ce qu'il nous a semblé, du côté des légitimistes, quelque regret d'une démarche irréfléchie, dont ils ne peuvent démontrer la parfaite innocence qu'en donnant des explications qui ressemblent trop à des excuses, et qu'en avouant combien les hommages isolés présentés au duc de Bordeaux ont peu le caractère d'une grande manifestation politique.

Il y avait, du côté du Gouvernement, le désir couvert, mais visible, d'exagérer la culpabilité du voyage, tout en en rabaissant l'effet ; d'irriter les passions de la bourgeoisie monarchique, si largement représentée dans la Chambre ; d'ameuter cette bourgeoisie contre l'*aristocratie*, selon le mot étrange employé par M. Dupin, pour obtenir d'elle, en faveur de la dynastie régnante, quelque preuve excessive de dévouement et d'amour.

Les légitimistes n'ont pas voulu avouer complétement une innocence qui prouve trop leur faiblesse numérique ; le Gouvernement a craint de manifester clairement une ambition qu'il n'a pas encore justifiée.

On a parlé de la sainteté du serment. Les légitimistes n'ont pas été clairs dans leurs réponses. Quoi! ne pouvaient-ils rappeler d'abord à leurs accusateurs tant de serments que ceux-ci n'ont point tenus! Ne pouvaient-ils dire que ce serment, prêté aux choses existantes, ne l'a point été contre les événements, qui sont le secret de Dieu ; et que, s'ils ont promis de ne point conspirer, ils n'ont nullement promis de ne point étudier les questions de l'avenir! Or, le prince à qui ils ont rendu visite, quels que soient ses desseins, quel que soit le titre qu'il se donne ou qu'on lui donne, qu'il prétende ou qu'il ne prétende pas à une autre destinée que l'exil, ce prince est au moins une *question*, une question que Dieu seul peut trancher. Il n'est pas plus interdit de le voir, de l'étudier, que d'étudier, par exemple, le principe de la souveraineté du peuple, dont M. Guizot a fait aujourd'hui la base de la royauté nouvelle, et qui peut devenir la base de tout autre chose que la royauté. Défendra-t-on à un député démocrate de s'enfermer dans son cabinet avec les livres publiés sur la question de la souveraineté du peuple? L'accusera-t-on de manquer à son serment, si ses réflexions et ses études le conduisent à croire que la souveraineté du peuple est un principe sacré, absolu, dont il faut accepter toutes les conséquences, dussent-elles entr'ouvrir un abîme sous l'édifice même que ce principe est censé porter aujourd'hui ?

En définitive, le voyage de Londres n'a pas été autre chose qu'une étude. Il y a un principe qu'on appelle le principe de la légitimité ; il y a un homme qui représente ce principe. Ceux qui, tout en acceptant l'exil du principe, ont voulu connaître l'homme dont ce même principe fait l'importance et fera peut-être le malheur, ont cédé à un sentiment aussi peu condamnable que la curiosité, mais beaucoup plus sérieux. Nul ne sait ce que garde l'avenir, qui vivra, qui mourra, qui restera debout après de si longues tour-

mentes. Ce qui restera certainement, c'est la France. Il est
permis à tout Français, il est de son devoir d'interroger
l'obscur secret de la destinée, et de chercher dans le présent
une lumière pour aborder l'avenir. Lorsque M. Guizot fit ce
fameux voyage de Gand qui lui est tant reproché encore, et
qui n'en demeure pas moins un des actes les plus honorables
de sa vie, il allait porter à Louis XVIII justement les mêmes
conseils que M. Berryer et ses collègues disent avoir portés
au duc de Bordeaux. Seulement, M. Guizot allait conseiller
à Louis XVIII de s'appuyer sur un parti. Les légitimistes
prétendent avoir dit (nous les en croyons) à M. le duc de
Bordeaux que nul pouvoir n'est possible désormais parmi
nous qu'avec le respect de tous les droits et le concours de
tous les partis. Certes, cette parole et cette démarche, op-
portunes ou non, ont été généreuses. Dès qu'elles sont présentées de la sorte, si l'on peut douter encore, du moins ne
peut-on condamner.

M. Guizot, partisan, lui aussi, de la légitimité, mais de
la légitimité qui commence et non de celle qui finit, savait-il,
en 1814, si la légitimité de Bonaparte finissait, et si celle
de Louis XVIII commençait ? Savait-il pourquoi celle-ci
allait commencer, pourquoi l'autre allait finir? Il y a, dans les
temps de révolution, des doutes intérieurs qu'il faut permettre, surtout aux citoyens d'un pays qu'on dit libre et
qui veut l'être encore plus qu'on ne dit ; surtout quand ces
citoyens ne conspirent pas, agissent au grand jour, à visage
découvert, et témoignent assez de confiance à l'opinion qui
leur est contraire pour venir tranquillement reprendre leur
place sous la protection et sous le joug des lois. Les laisser
faire, c'est la liberté. Vous prétendez que cette liberté,
c'est vous qui l'avez conquise et qui la leur avez donnée :
soit ! Si vous la leur avez donnée, c'est sans doute pour
qu'ils en usent. Quelque déplaisir que vous cause l'usage
qu'ils en font, ne vous plaignez pas! Car, au lieu de gou-

verner honorablement un pays libre, vous régneriez par la violence, et votre règne serait court.

Souffrez la liberté pour vivre longtemps! Veillez à ce que l'ordre ne soit point troublé, défendez-vous : c'est votre droit, c'est votre devoir. Mais si vous voulez étouffer tous les souvenirs, calmer tous les ressentiments, empêcher qu'on regrette rien du passé et qu'on cherche pour l'avenir, ailleurs qu'en vous, le port qu'appellent tant de fatigues, ce n'est point à des blâmes passionnés, à d'acerbes menaces qu'il faut avoir recours. Il ne suffit pas de proclamer que vous êtes ce qui est, et que rien ne sera parce que vous êtes ; il faut vous connaître vous-mêmes, et connaître les autres ; savoir ce que l'on vous reproche et ce que l'on attend d'eux ; écouter ce qu'ils promettent et faire mieux qu'ils n'ont promis. Votre part est assez belle, vos avantages sont assez grands : les autres ne peuvent rien encore, vous pouvez presque tout ; et, dans la situation où se trouve la France, vous feriez oublier tout ce qui vous manque avec un peu de bonne volonté.

# LA QUESTION CATHOLIQUE

A LA CHAMBRE DES DÉPUTÉS.

La question de la liberté d'enseignement, si agitée dans la presse, était, en même temps que la question des chemins de fer, l'objet d'un paragraphe dans le discours de la Couronne, auquel le projet d'Adresse répondait en ces termes : « Nous examinerons avec soin les mesures relatives aux chemins de fer. Nous accueillerons avec joie l'assurance que le projet de loi qui nous sera présenté sur l'instruction secondaire, en satisfaisant au vœu de la Charte pour la liberté de l'enseignement, *maintiendra l'autorité et l'action de l'État sur l'instruction publique.* » Cette première discussion, sur une annonce si peu rassurante, a paru mériter un souvenir.

24 janvier 1844.

M. de Carné. — M. Villemain vante l'esprit libéral de Napoléon. — Un mot de M. Dupin.

M. de Carné a rapidement tracé l'histoire du monopole universitaire. Il l'a montré sortant de la pensée de Robespierre, essayant ses premiers pas sous l'égide de la Terreur, grandissant enfin dans les mains de Napoléon. Il a rappelé les constants efforts du principe de la liberté, que les réclamations des familles n'ont jamais laissé prescrire, et les promesses solennelles de la Charte qui l'ont sanctionné de nouveau. Appréciant ensuite avec une vigueur contenue les doctrines philosophiques de l'Université, il a montré combien la religion devait s'en alarmer ; il a fait comprendre, ou pour parler plus exactement, il a mis la Chambre en position de comprendre quelles invincibles inquiétudes ces doctrines jettent dans le cœur des familles catholiques. Nous le félicitons de l'accent généreux avec lequel il a proclamé que ce ne sont point là des choses sur lesquelles des pères de famille puissent légèrement passer, puisqu'il s'agit de l'avenir éternel de leurs enfants. Cette parole nous en a fait oublier d'autres, moins hardies, que nous ne voulons point nous donner le chagrin de réfuter et que nous ne mentionnerions pas si elles ne touchaient que nous [1].

Passant à des considérations véritablement politiques, M. de Carné a convié le Gouvernement, qui est faible, a-t-il dit, puisqu'il est nouveau, à ne pas éloigner de lui tant de citoyens qui ne lui demandent que justice ; à les rapprocher, au contraire, en leur facilitant l'exercice des droits les plus sacrés, et à conjurer ainsi des périls réels et qu'il a su faire pressentir.

Ce discours, mal écouté au commencement, a valu à l'honorable orateur non pas des marques de sympathie, la Chambre n'a pu s'élever jusque-là, mais des témoignages d'estime qu'arrachera toujours d'une assemblée, quelle qu'elle soit, tout homme qui saura lui parler le langage de la foi et du devoir.

Notons une interruption caractéristique de M. Dupin. Cette aigre voix, qui excelle surtout à interrompre l'expression de toute pensée généreuse, s'est élevée pour crier

---

[1] M. de Carné poussait, selon nous, un peu trop loin la prudence et protestait ordinairement contre quelques-unes des actions catholiques auxquelles le libéralisme avait coutume de s'attaquer. Il fallait d'ailleurs du courage pour aborder en catholique les intérêts religieux dans la Chambre des députés. M. de Carné était à peu près seul.

qu'il fallait une *bonne loi*. Tout le monde a compris que l'avocat libéral entendait une bonne paire de menottes ou un bon bâillon.

M. le Ministre de l'Instruction publique a gardé la parole près d'une heure. Les chrétiens qui ont subi cette heure peuvent se croire quelque courage. Il a d'abord fallu entendre un rare morceau de rhétorique sur le génie de Napoléon et sur le sentiment libéral qui lui fit créer l'Université, le croirait-on ? pour élever la classe moyenne, former des savants, des hommes libres, et préparer, peut-être (en se tournant vers la gauche), des défenseurs intelligents et éloquents des libertés publiques ! Car M. Villemain n'est pas éloigné de croire que Napoléon, en fondant l'Université, pensait à tout cela. Voilà ce que l'on peut dire à la Chambre, et ce qu'elle honore de son approbation.

De la théorie de l'Université constituée dans une pensée quasi libérale, M. Villemain a passé à la justification de ses doctrines philosophiques, et c'est là surtout qu'il s'est moqué du bon sens public ; mais ne le blâmons pas. En soutenant que les doctrines de l'Université sont pures, qu'elles sont religieuses, qu'elles sont catholiques, M. Villemain crée à tous les chrétiens, spécialement aux évêques, le devoir impérieux et qui ne sera pas décliné, de redoubler d'efforts pour arracher la jeunesse catholique au christianisme de cet enseignement. Eh ! mon Dieu, vous dites que votre enseignement est catholique, vous le dites à des gens qui l'ont reçu ! Ils sont cinq cents hommes, cinquante chrétiens ; montrez-nous-en vingt-cinq qui soient en état de réciter le *Credo* ? Si vous les trouvez, nous trouvons que la moitié au moins ne sortent pas de vos écoles.

Mais si l'Université est libérale au point d'avoir, comme M. Villemain l'assure, refusé le monopole absolu que son fondateur voulait lui donner (ce qui n'est pas vrai, car quelque énormes que soient les priviléges dont on l'a investie, elle en a pris, elle en veut de plus exorbitants encore) ; si son enseignement est d'une pureté inattaquable, pourquoi donc ces voix si nombreuses et si vénérables qui l'accusent? A cela, M. le Ministre tient une réponse prête. Savez-vous, chrétiens, ce qu'il répond ? Vous êtes des *contre-révolutionnaires !* Savez-vous, évêques, ce qu'il ose répondre ? *Vous êtes des spéculateurs !* Ce n'est pas l'intérêt des âmes qui vous préoccupe ; vous voulez tenir des maisons d'éducation pour réaliser des bénéfices sur la soupe et sur les fournitures de classe ! Voilà jusqu'où peuvent s'élever la raison et le coup d'œil de cet homme d'État ; voilà ce que les représentants de la France catholique peuvent entendre, et, disons-le pour faire connaître à fond l'état des choses, voilà ce qu'ils peuvent applaudir. Soyons justes, cependant, envers M. Villemain : peut-être a-t-il cru n'être qu'habile et ne lui est-il pas donné de savoir à quel point il est imprudent. Pourquoi comprendrait-il ce qu'est un évêque ? il ignore ce qu'est le christianisme et ce qu'est un chrétien !

M. le Ministre a employé un autre argument. Il a dit, à propos des réclamations des évêques, qu'elles étaient peu nombreuses : *Quelques voix à peine se sont élevées !* Nous avons retenu ces paroles. Il a ajouté que les autres évêques gardaient le silence, et, par ce silence, protestent contre le peu de modération, c'est-à-dire, sans doute, contre les vues commerciales de leurs collègues les spéculateurs. Nous savons qu'aucun de nos vénérables évêques n'a mérité cet outrage, que tous partagent les sentiments et les angoisses de ceux qui ont parlé publiquement, que le Gouvernement ne l'ignore pas, que les cartons du ministère sont encombrés de leurs réclamations pressantes ; mais, encore une fois, nous devons remercier M. Villemain de l'injurieuse distinction qu'il a voulu établir. De vénérables pontifes, cédant aux instantes caresses du Ministère, ont consenti à tenir leurs plaintes secrètes ; ils savent désormais quel usage on fait de leur prudence et de leur charité.

Ayant préparé les esprits comme on vient de le voir, M. Villemain a fini par annoncer qu'il présentera la loi telle que la Charte l'a promise, telle que le discours de la Couronne l'annonce, et que ce sera une loi de *sincérité* et de *modération*. Il faut, comme on voit, pour exprimer les bons desseins du monopole, créer un mot français *ad hoc*. Il y a bien apparence que la loi de *sincérité et de modération* est, jusqu'à présent, une *bonne loi* dans le sens de M. Dupin. Attendons qu'elle paraisse et ne nous plaignons pas, puisqu'on veut absolument nous mettre dans l'alternative de triompher ou d'être avilis. Avilir les catholiques de France, si restreint que soit le nombre de ceux qui ont la gloire, en de pareils temps, de porter un tel nom et de comprendre les obligations qu'il impose, ce n'est pas une œuvre à la taille de M. Villemain. Pour des mains moins débiles, elle serait impossible encore.

25 janvier.

M. de Tracy. — M. Nisard. — M. Dupin. — M. Isambert. — M. Martin (du Nord).

Rendons hommage à M. de Tracy. Nous ignorons quelles sont les sympathies religieuses de l'honorable député ; mais il aime la liberté sincèrement et grandement. Si le parti auquel il appartient comptait beaucoup de membres aussi véritablement attachés que lui aux principes qu'il a inscrits sur sa bannière, l'avenir de la France, un avenir prochain, appartiendrait à ce parti : car, après la vraie religion, il n'est rien qui puisse autant passionner les nobles âmes que la vraie liberté. Mais, sur ces bancs où siégent de prétendus zélateurs de toutes les idées larges et généreuses, M. Isambert compte plus de disciples que M. de Tracy. Quoi qu'il en soit, ce dernier a posé les bases les plus solides et les plus loyales que puisse avoir la loi à intervenir. En réponse aux interprétations universitaires sur la portée de l'article 69 de la Charte, il a proclamé que cet article est semblable aux autres. La Charte ne renfermant pas d'articles secondaires, la liberté d'enseignement a été promise au même titre que les autres libertés politiques ; avec la liberté de conscience et la liberté de la presse, elle fait partie intégrante et inaliénable de la liberté de la pensée.

M. Nisard, jeune pousse universitaire qui a vite atteint les hautes régions, sans qu'on puisse bien dire quelle espèce de séve l'y a élevé ; M. Nisard, auteur du *Convoi de la laitière* et de quelques *impressions de voyage* où l'on trouve des idées passablement égrillardes ; M. Nisard, jeune et chevalier de la Légion d'honneur depuis longtemps, a tenu un tout autre langage. Son système, à lui, c'est que l'Université est de tout point parfaite. M. Villemain semblait appeler des modifications dans son régime intérieur, M. Nisard n'en admet aucune. Si l'on fait une loi, il conjure la Chambre de ne rien innover en ce qui concerne l'éducation. Quant à l'instruction, que pourrait-on changer ? On n'a déjà, selon M. Nisard, changé que trop de choses, sous prétexte de progrès ; car le progrès à ses yeux, c'est la mode, et il faut que l'État enseigne par le moyen de l'Université pour s'opposer à l'invasion de la mode. On ne saurait dire tout ce que le jeune député a présenté d'idées particulières pendant ce discours. L'*État* seul, et par ce mot M. Nisard entend toujours l'Université, l'État seul peut former le cœur et le jugement des élèves. Personne mieux que l'État n'enseigne les devoirs religieux, ne donne le senti-

ment religieux : car il le donne, par la raison, tandis que
le Clergé ne le donne que par la foi, qui ne suffit pas toujours.

Voilà quelles sont les idées de l'Université. M. Villemain
et d'autres ont l'adresse de les déguiser ; mais M. Nisard
est sans artifice. Nous signalons sa pauvre harangue à l'attention des pères de famille. Une année de polémique ne
dévoilerait pas la plaie du monopole aussi bien que l'a fait
en moins d'une heure ce jeune présomptueux. M. Nisard a
d'ailleurs étrangement fatigué la Chambre par la pesanteur
de ses phrases mal bâties et par la lourdeur de son débit
monotone. M. Villemain l'écoutait au commencement avec
une complaisance paternelle ; il a fini par tourner la tête
et par causer, comme tout le monde, avec son voisin.

On savait depuis plus de quinze jours que M. Dupin gar-
dait en la gibecière de sa mémoire, d'où sortent toutes ses
inspirations, un discours contre les Jésuites. Il est venu
le prononcer, sous prétexte qu'il fallait donner la liberté
d'enseignement, puisque la Charte l'a promise ; mais il a ex-
pliqué qu'il ne fallait pas que cette liberté fût une liberté,
parce que la *Société Fameuse* pourrait en profiter, s'introduire dans les fissures de la loi, se répandre partout, s'em-
parer de l'éducation et faire, ô malheur ! qu'un père qui
aurait destiné son enfant à devenir colonel, vît cet enfant
infortuné devenir Jésuite !!! La Chambre n'a pas frémi autant que M. Dupin l'espérait. Cet effet manqué irritant sa
verve nivernaise, le célèbre avocat s'est répandu en lieux
communs de haute volée contre les moines ( *il prononce
mouennes*) et tout ce qu'ils ont fait d'odieux avant et depuis
la création du monde. M. Dupin a mérité d'avoir pour second M. Isambert.

Il n'est pas vrai que la haine puisse être éloquente, car
M. Isambert n'est que ridicule. Pendant une heure et plus,
il s'est acharné sur le Clergé, sur les Congrégations, sur les

Jésuites particulièrement. C'était un déluge de faits ramassés de toutes parts, une prodigalité d'articles de lois tyranniques colligés dans toutes les tanières de la chicane, un flux de paroles haineuses devenues tellement abondantes qu'enfin l'orateur ne pouvait plus les articuler ni le public les entendre, et qu'elles se confondaient en nous ne savons quel glapissement accompagné de gestes forcenés. Joignez-y la figure connue de M. Isambert, qui est des plus malheureuses : vous aurez la juste image de ce qu'on appelle populairement « le diable dans un bénitier. »

La Chambre était lasse; M. le Ministre des cultes s'est chargé de conclure. M. Isambert, dont la démence engloutit tout ce qui la flatte, avait pris dans le *Journal des Débats* les immondes calomnies que cette feuille universitaire s'est permises contre l'enseignement théologique des séminaires. M. Martin a profité de l'occasion pour chanter la palinodie auprès des évêques et du Clergé, jusqu'à ce moment si odieusement attaqués, si mal défendus. Il a protesté avec chaleur contre les indignités de M. Isambert. Les rédacteurs du *Journal des Débats* qui siégent dans l'assemblée ont reçu, aux applaudissements de leurs collègues (sauf M. Luneau, que M. Isambert et le *Journal des Débats* ont trouvé fidèle), ce tardif, mais juste et solennel soufflet. M. le Ministre, abordant ensuite la question, a annoncé, pour calmer les esprits, que la loi sur la liberté d'enseignement porterait une exclusion contre les Congrégations religieuses : mais que, du reste, ces Congrégations étant peu nombreuses et n'ayant donné contre elles, de l'aveu unanime des évêques et des préfets, aucun motif de plainte, il ne voulait ni les supprimer, ni disperser les citoyens qui s'y sont engagés. La Chambre a visiblement approuvé ce sentiment, et l'avis du Ministre est certainement l'avis de la majorité. On veut bien de la Religion, on veut bien du Clergé, on veut bien des Congrégations même, mais à condition que la Religion, le Clergé, les Congrégations se borneront à exister sans bruit, sans œuvres, sans influence, s'occupant de prier, puisqu'ils en ont la fantaisie, et de bénir, puisque cela ne fait pas de mal. Moyennant quoi, on les défendra contre M. Isambert; sinon, non

Sur une motion de M. Odilon Barrot, les amendements divers proposés au paragraphe ont été retirés. Avant de renoncer à développer le sien, M. Agenor de Gasparin a protesté contre les doctrines peu libérales émises durant la discussion par des partisans de l'Université.

Telle est la triste physionomie de cette séance pleine d'enseignements.

# PERSÉCUTION MUNICIPALE

## CONTRE LES RELIGIEUSES DU BON-PASTEUR.

12 janvier 1844.

I. Il existe à Sens une communauté de filles du Bon-Pasteur. Ces religieuses s'occupent d'éducation, mais elles sont principalement instituées pour recueillir les femmes qui, après s'être adonnées au désordre, veulent revenir à la vertu. Elles leur offrent un asile, du travail, de pieuses leçons, de tendres conseils, d'angéliques exemples. Si l'inspiration du Dieu de charité fut jamais visible dans une pensée humaine, assurément c'est dans cette pensée; si un spectacle est digne de l'admiration du monde, c'est un spectacle, assurément! Des femmes, des vierges chrétiennes, c'est-à-dire ce qu'il y a de plus noble sur la terre, renoncent à tout, abdiquent famille, liberté, richesses, pour se consacrer au service de ce qu'il y a de plus abject et de plus dégradé. Du sommet de leur pureté sans tache, elles tendent la main à la prostituée, elles l'embrassent, elles la nourrissent de leurs conseils et de leur travail, elles la relèvent et savent ne pas l'humilier par ce contraste immense entre ce qu'elle fut et ce qu'elles sont. Par la force de la charité, de la prière, de la douceur, elles parviennent à purifier ce passé hideux, à le détruire, à refaire l'âme perdue. Ceux qui les voient agir et dont l'intelligence ne peut pas comprendre que le ciel leur doit des saintes, confessent au moins que la société leur doit d'honnêtes femmes. Du rebut des corruptions publiques,

I. 14

elles forment des mères de famille dont la calme vertu semble n'avoir jamais chancelé.

Mais que de travaux avant d'atteindre ce résultat suprême ! Dieu le sait, à qui seul il est possible de les récompenser. Quoique toutes les repenties viennent volontairement au monastère, beaucoup d'entre elles, le plus grand nombre, sont loin, dans les premiers temps, de se prêter à la charité sublime qui leur a ouvert ce port de salut. Ce sont des retours effrénés vers le mal, des paroles grossières, des révoltes, des calomnies, parfois d'infâmes ingratitudes qui attirent sur les religieuses l'animadversion d'un monde toujours prêt à prendre parti pour le vice. Le public en a vu récemment de décourageantes preuves. En moins d'une année, deux ou trois maisons du Bon-Pasteur ont été de la sorte signalées à la haine universelle. Les fausses repenties, lorsqu'elles veulent retomber, trouvent des auxiliaires empressés dans les journaux, et plus haut encore. Il est visible que le but du Bon-Pasteur déplaît tout spécialement à un certain ordre de gens ; les chrétiens savent pourquoi. Rien cependant ne rebute ces admirables religieuses ; la raison en est simple : elles ont conscience du bien qu'elles font, elles persévèrent, elles s'obstinent. Nous pourrions citer telle de leurs fondations qui s'est véritablement édifiée sur des cadavres, tant, aux épreuves ordinaires de l'Institut, la misère ajouta de souffrances et de privations. Plusieurs moururent martyres de la charité qui leur avait ordonné de conquérir le poste, même au prix de la vie ; consolées de mourir par l'inébranlable foi qu'un jour le Bon Pasteur bénirait ce bercail et l'ouvrirait aux brebis égarées.

M. le Maire de Sens a sans doute jugé que tant de difficultés ne suffisaient pas, et il a trouvé bon de faire subir aux religieuses du Bon-Pasteur établies dans sa ville des épreuves d'un genre nouveau.

Le 27 décembre dernier, ces Dames, qui ne sont point encore autorisées comme religieuses, mais seulement comme institutrices, virent arriver à leur grille un personnage sans insignes et surtout sans politesse, qui leur signifia qu'il était le Maire et qu'elles le laissassent entrer. Peu familiarisées avec les lois, intimidées par le ton dont on leur parlait, elles ne songèrent point à demander à M. le Maire en vertu de quel titre il agissait, ni ce qu'il venait faire ; elles ouvrirent. M. le Maire se fit présenter une pauvre folle dont les cris troublaient la maison et le voisinage, et dont les religieuses avaient elles-mêmes demandé qu'on les délivrât. Il envoya cette folle à l'Hôtel-Dieu. A part la grossièreté de ses manières, les religieuses crurent d'abord qu'elles n'auraient qu'à le remercier, mais le magistrat ne s'était pas dérangé pour si peu. Il déclara que la mortalité régnait dans la maison et qu'il venait en rechercher les causes. Il est bon d'observer ici que M. le Maire est architecte de son métier, et non médecin. On le pria de remarquer que la maison renfermant quatre-vingt-dix personnes, dont un certain nombre, les pénitentes, avaient mené une mauvaise vie, il n'était point extraordinaire que les cas de mort y fussent plus nombreux qu'ailleurs [1].

Cette raison ne satisfit point M. le Maire. Quelques représentations qu'on lui pût faire, il voulut pénétrer dans la classe des pénitentes. Arrivé au milieu de ces femmes, fort étonnées d'une pareille visite, il leur demanda si elles étaient venues de gré ou de force ; et comme toutes les voix réclamaient contre l'injure que cette question faisait aux religieuses, il déclara très-haut à ces dernières que son intention était de voir les pénitentes en particulier. — « De cette façon, ajouta-t-il, *si vous voulez me mentir*, je

[1] M. le Maire a depuis fait visiter la maison par le médecin des épidémies, qui en a trouvé l'état sanitaire parfait et qui n'a eu que des éloges à donner sur la tenue de l'établissement.

saurai la vérité. » Nous n'inventons point ce propos, bien
que nous pensions rêver en l'écrivant. M. le Maire parcourut
la maison du haut en bas, ordonna de lui envoyer les noms,
âges, pays des pénitentes, et partit enfin comme il était venu,
c'est-à-dire en homme fort mal élevé.

De tels faits étonnent sans doute le lecteur. Ce n'est rien
encore; M. le Maire de Sens n'a encore donné qu'une faible
idée de ses formes administratives et privées.

Le surlendemain de cette première visite, qu'on aurait
pu *légalement* abréger en le jetant par la fenêtre, s'il y
avait eu un homme dans la maison, M. le Maire se pré-
senta de nouveau à la grille du Bon-Pasteur. Il ne montra
encore ni écharpe ni mandat, mais il n'était plus seul. Il
menait un commissaire de police, deux sergents de ville
en uniforme et plusieurs gendarmes. Ces forces imposantes
avaient scandaleusement traversé la ville en plein midi, li-
vrant ainsi tout d'abord la renommée du monastère à la
malignité des commentaires publics. Ayant déployé sa
troupe, M. le Maire somma les religieuses d'ouvrir, me-
naçant vaillamment d'enfoncer la porte si on le faisait attendre. Les sœurs invoquèrent la protection de M. le Président du tribunal, celle du Juge d'instruction, celle de leurs
supérieurs ecclésiastiques. M. le Maire haussa les épaules,
s'impatienta, enfin s'exprima de telle sorte que les portes furent ouvertes en toute hâte par les religieuses tremblantes. Le
magistrat municipal, son commissaire, ses estaffiers, ses gendarmes, entrèrent triomphalement dans le cloître : la scène
n'est point en Turquie, mais en France. Voilà ce qui s'est
passé en France, il y a dix jours, à quelques heures de Paris,
et ce qui est encore impuni au moment où nous écrivons!

Le Maire avait étudié les lieux dans sa visite du 27.
Laissant de côté les bâtiments habités par les religieuses et
par les enfants pensionnaires, il se dirigea vers celui des
pénitentes, qu'il occupa militairement... Mais rien ici n'est

assez ridicule pour cesser d'être criminel et infâme. Il fit
chasser les religieuses qui se trouvaient employées dans ce
bâtiment. Un sergent de ville osa porter sur l'une d'elles sa
main immonde ; il la prit par le bras et la poussa dehors.
Un gendarme fut mis de planton dans la cour des pénitentes, un autre gendarme monta la garde à la porte d'entrée de leur logis, les deux sergents de ville occupèrent la
salle où ces femmes étaient rassemblées. Sûr alors de n'être
point troublé, M. le Maire, assisté du commissaire de police,
s'installa dans une pièce voisine, fit comparaître successivement devant lui toutes les pénitentes et les interrogea
comme il lui plut. Il faut dire à sa louange qu'il se montra,
dans le cours de ces interrogatoires, infiniment plus gracieux qu'il ne l'avait été jusque-là. Rude et grossier envers
les religieuses, il fut poli, il fut galant auprès des pénitentes. Entre autres propos paternels qu'il leur tint, nous
nous contenterons de citer celui-ci : « Vos fautes ne sont
« point un déshonneur... Rentrez dans le monde ; vous y
« serez bien accueillies, et surtout plus heureuses. » En
parlant des religieuses, son langage perdait cette fleur française. Il les nommait, devant les pénitentes, la *fille* une
telle ; lorsqu'il était question de la sœur supérieure, qui a
pris le nom de saint François Borgia, M. le Maire disait la
*fille Borgia !*...

Cette scène dura six heures consécutives. M. le Maire avait
forcé les portes du monastère à midi et demi ; ce ne fut
qu'à six heures et demie qu'il se retira, suivi de sa troupe.
Durant six heures les religieuses, chassées violemment d'une
partie de leur domicile, ne purent y pénétrer ni reprendre
leurs fonctions. Plusieurs personnes se présentèrent pour
entrer : on leur barra le passage, sans autre raison que le
bon plaisir de M. le Maire. Deux vicaires généraux ayant
demandé à lui parler, il ne les reçut pas ; mais il daigna sus-
pendre son interrogatoire pour venir lui-même leur déclarer

que tout se faisait d'accord avec M. le Procureur du Roi. On le pria d'exhiber son mandat : il n'en avait point !

Nous nous arrêterons là pour aujourd'hui. Nous voulons voir par quels subterfuges, par quels mensonges on entreprendra de justifier ces indignités ; par quel déni de justice on essaiera d'étouffer la loi ; par quelles lois on voudra établir qu'un magistrat municipal peut, sans mandat, sans concours de l'autorité judiciaire, violer à main armée une maison privée, en insulter les propriétaires, faire chez eux une perquisition à laquelle ils n'assistent pas, des interrogatoires d'où ils sont exclus. Nous attendons qu'on nous dise pourquoi toutes les autorités qu'il est possible d'invoquer, saisies depuis dix jours de cette affaire, n'ont point répondu. Nous sommes particulièrement pressés d'apprendre ce que M. le maire de Sens alléguera pour atténuer une conduite qui serait encore injustifiable, lors même qu'au lieu de parler à des femmes et à des religieuses pures du moindre soupçon de délit, il aurait eu à constater chez elles des contraventions et des crimes.

Nous sentons pourtant que le public suppose au moins un motif à l'étrange conduite que nous venons de révéler, et nous demande quel est ce motif. Il en existe un, en effet, un motif unique, et le seul peut-être qui ne sera pas avoué : c'est la bestiale haine qui trouble l'esprit de tant de gens, d'ailleurs raisonnables, dès qu'il s'agit de la religion et de tout ce qu'elle fait.

Quel autre sujet de tourmenter ces religieuses ? Quel autre sujet surtout de les outrager si bassement, dans un langage que tout honnête homme ignore, oubliant, pour descendre là, et le caractère sacré dont elles sont investies et la dignité dont on est soi-même revêtu, dernière chose qu'oublient ostensiblement les hommes ? Quoi ! nous voyons tous les jours des religieuses aventurées dans les savanes de l'Amérique, y devenir aussitôt l'objet de la vénération des

sauvages ; et un Français, un magistrat, l'élu d'une ville
connue par l'aménité de ses mœurs, pénétrant violemment
chez des religieuses vouées aux œuvres de la plus héroïque
vertu, ne sait pas même leur rendre chez elles cet hommage qu'un roi de France s'honorait de rendre à la dernière paysanne de son empire ! Bien plus, il les injurie, il
parle d'elles sur un ton que n'emploierait pas le goujat ivre
qu'il fait traîner en prison par sa police ! Si ce n'est point
la haine insensée de la religion qui l'a poussé dans ce vil
excès, qu'est-ce donc ? Que reproche-t-il à ces femmes, sinon
de pouvoir lui dire, comme leur divin modèle aux Juifs
qui le lapidaient : *Nous avons fait parmi vous plusieurs
sortes de biens ; pour lequel nous persécutez-vous ?*

Comme Jésus pardonnait, les humbles et saintes filles
pardonnent ; mais, puisque nous avons connu ces infamies,
il nous appartient d'en obtenir justice, et nous l'obtiendrons.

23 février 1844.

II. Pendant que M. le Maire, tenant une partie du monastère en état de siége, interrogeait et verbalisait dans
l'autre, les pénitentes qui ne comparaissaient point devant
lui étaient rassemblées dans une salle voisine, loin de la
surveillance des religieuses, pêle-mêle avec les gendarmes et
les hommes de police. Ces pénitentes sont jeunes, la plupart mineures ; toutes ont mené une mauvaise vie : il est
trop facile de deviner quels propos s'échangeaient entre
elles et la garde de M. le Maire. M. le Maire était poli, mais
ses gens étaient tendres. La fange du passé a été si bien
remuée par cette valetaille de police, et les gracieusetés du
magistrat ont tellement encouragé les regrets et les souve-

nirs, que l'ordre, depuis lors, n'a pu être rétabli complétement au Bon-Pasteur. Toutes les pénitentes, en effet, n'y demeurent pas de plein gré. Plusieurs, notamment les plus jeunes, sont en punition par la volonté de leur famille ; d'autres achèvent de subir une peine judiciaire ; il y en a qui sortent de Saint-Lazare. Elles avaient néanmoins accepté leur sort ; beaucoup voulaient se corriger ; la paix et le travail régnaient dans la maison. Les interrogatoires du magistrat et les madrigaux de sa police ont tout changé. Les religieuses ne dominent plus ces volontés perverses. Les pénitentes disent elles-mêmes que M. le Maire les a *électrisées*.

Nous avons raconté ces faits ; nous les avons dénoncés au Gouvernement, à la presse, aux Chambres, à la justice, à tous les honnêtes gens. Nous n'avons voulu surprendre personne, et, pour que nos allégations fussent vérifiées, démenties si elles le méritent, nous avons adressé un exemplaire de notre numéro du 12 janvier à plusieurs personnes notables et à divers établissements publics de la ville de Sens.

Tout le monde s'est tu ; nous l'avions prévu. Il y a une lâcheté publique, une lâcheté d'honnêtes gens surtout, qui aide à laisser tomber de telles affaires et qui rassure les coupables. Les faits, sans doute, sont hideux ; mais, après tout, M. le Maire de Sens n'a outragé que des femmes, et ces femmes ne sont que des religieuses ; il a violé un domicile, mais ce domicile n'est qu'un couvent : il n'y a point de justice contre lui, point de tribunaux, pas même d'opinion !... Ah ! s'il s'agissait de quelque prostituée rudoyée par une religieuse du Bon-Pasteur, si M. le Maire prouvait qu'une pénitente à qui l'on a coupé les cheveux n'avait point la teigne, et qu'une autre pénitente n'a point coupé ses cheveux elle-même, comme elle le dit, alors il y aurait des journaux pour s'indigner, des juges pour informer, des procureurs du Roi pour requérir ; le bruit en irait jusqu'à la tribune ; justice

serait faite, et amplement! Mais, encore une fois, ce ne
sont que des religieuses, des femmes vouées à Dieu : que
leur Dieu les défende, et que ce Maire, accusé pour si peu,
méprise en paix de vaines clameurs!

Ce ne serait rien encore. Voici qui vaut mieux.

Ces religieuses qui ne font de mal à personne et qui
font du bien à tant de malheureux, encore c'est trop peu
de les abandonner aux caprices d'un tyran municipal qui
se trouve n'aimer point l'habit qu'elles portent et l'œuvre
qu'elles font. La presse, l'opinion, les autorités, la justice
enfin, qui pourra le croire? se tournent contre elles. Elles
étaient sans reproche, peut-être, quand on a trouvé bon de
les insulter ; mais, depuis, elles se sont donné un tort
inexcusable : elles ont permis qu'on se plaignît pour elles.

Elles avaient déposé une plainte en violation de domicile, et, quand nous avons écrit, on ignorait encore ce que
cette plainte était devenue. Le lendemain du jour où parut
notre article, ordre fut donné d'informer... contre le Maire,
sans doute? Non ! contre les religieuses, sur les faits ridicules allégués dans le procès-verbal ! Si les faits sont
prouvés, on essaiera de punir les religieuses ; s'ils ne le
sont pas, ou s'il n'y a pas possibilité de les punir, tout sera
dit ; M. le Maire se sera trompé. Quant à la plainte en violation de domicile, trouvera-t-on beaucoup de difficulté
à persuader aux plaignantes qu'il faut la retirer, et qu'elles
sont trop heureuses d'en être quittes à ce prix?

Pourtant, une certaine opinion s'était émue dans la ville :
car, enfin, les honnêtes gens et les pauvres du moins a-
vent que ces religieuses font du bien; qu'elles recueillent,
nourrissent, habillent, élèvent du fruit de leur travail
et de leurs privations quinze à vingt jeunes filles sans parents, qui, n'ayant pas encore atteint l'âge d'arracher au
passant un morceau de pain infâme, n'auraient qu'à mourir
de faim. Mais qu'est-ce que l'opinion timide des honnêtes

gens, qu'est-ce que l'opinion des pauvres, et qu'importe aux autres la considération de ces jeunes filles préservées par une charité héroïque ? Un fonctionnaire a bien pensé à faire dissoudre cette bonne œuvre qui n'est point autorisée. Il voulait qu'on jetât les enfants sur le pavé : elles auraient pu mourir, ou peupler les mauvais lieux ; mais elles auraient débarrassé les ennemis des religieuses d'un argument importun ! Conçoit-on cette frénésie ? Les religieuses ne sont pas *autorisées* à nourrir une vingtaine de jeunes filles abandonnées : donc il faut chasser ces jeunes filles ! Les pauvres enfants ne sont pas *autorisées* à conserver leur vertu ; elles ne sont pas *autorisées* à vivre ! !

Les religieuses avaient donc quelques amis qui parlaient pour elles. Qu'a-t-on fait ? Pendant qu'elles s'épuisent dans leur couvent à calmer les pénitentes *électrisées* par M. le Maire, la calomnie les travaille. Quelqu'un fait imprimer dans un misérable journal d'affiches, qui paraît à Sens, que le tribunal de Poitiers a condamné une religieuse du Bon-Pasteur. Le tribunal n'a condamné qu'une *pénitente* ! Les rares amis des Dames du Bon-Pasteur veulent rectifier le fait ; le journal refuse. Il faut le contraindre par huissier; mais au nom de qui envoyer cet huissier ? Les Dames du Bon-Pasteur ne sont pas *autorisées* : elles craignent de se montrer, elles craignent d'agir, d'irriter des gens qui ont tous un moyen de faire fermer leur maison, de disperser leurs enfants, d'empêcher l'œuvre de Dieu. Le fait calomnieux subsiste donc contre elles ; mille propos stupides le grossissent chaque jour. Toute la ville est convaincue que les pénitentes sont maltraitées ; le peuple arrive à croire qu'on les tue, et que si l'on cherchait bien, on trouverait des cadavres. Eh mon Dieu ! lorsqu'on s'y met, qu'en coûte-t-il d'aller au plus loin ! Pour que M. le Maire ait moins monstrueusement excédé tous ses droits, il faut bien que les religieuses soient des monstres.

Est-ce tout ? Non ! Ces religieuses ne sont pas encore
assez outragées, assez tourmentées, assez abandonnées !
Voici, au bout d'un mois, le Conseil municipal de Sens
qui vient au secours de ce pauvre Maire de Sens. Il proteste que nous avons *bassement calomnié* ledit Maire, en
lui reprochant des faits dont la justice est saisie et sur lesquels le Conseil municipal se permet de porter son jugement.
Qu'on lise la pièce ; nous la donnons en entier et avec
toute la pompe de sa rédaction élégiaque. Nous ferons observer que nous l'insérons volontairement : elle ne nous a
été adressée ni par le Maire, ni par l'Adjoint, ni par le
Conseil municipal ; aucune feuille de Paris ne l'a reçue ;
nous avons été obligés de la déterrer au milieu des an-
nonces, faits divers et charades du *Journal de Sens* (17 février). C'est une chose bien extraordinaire, de voir étouffer
de la sorte dans ses langes une manifestation destinée à
couvrir de honte les calomniateurs d'une si chère et si délicate renommée.

## AU RÉDACTEUR DU *JOURNAL DE SENS*.

Sens, le 14 février 1844.

Monsieur le Rédacteur,

En vertu de l'autorisation de M. le préfet de l'Yonne, en date du 12
courant, accordée en exécution de l'article 29 de la loi du 18 juillet
1837, j'ai l'honneur de vous inviter à insérer dans le plus prochain
numéro du *Journal de Sens* l'extrait ci-joint de la délibération prise
par le Conseil municipal, dans sa séance du 5 février, présent mois.
Agréez, etc.

*Le premier Adjoint* ***

Le Conseil municipal a adopté à l'unanimité et sans discussion la
délibération suivante :
« Le Conseil municipal attendait avec empressement l'ouverture de

sa session trimestrielle pour exprimer la profonde et vive indignation que lui fait éprouver un article inséré dans l'*Univers* du 12 janvier dernier, à l'occasion de la visite faite par M. le Maire dans l'établissement des Dames du Bon-Pasteur, à Sens.

Si M. le Maire, retranché dans sa conscience, a cru devoir jusqu'ici ne répondre que par le mépris à des injures dont la honte retombe tout entière sur ceux qui ont eu le triste courage de les écrire, c'est un motif de plus pour le Conseil municipal de témoigner à l'administration son entière sympathie dans cette circonstance.

Appelé par une plainte de plusieurs habitants troublés dans leur repos, à rechercher la cause d'un tapage nocturne partant *d'un établissement non autorisé* [1]. M. le Maire, en s'y transportant, a rempli le devoir que ses fonctions lui imposaient.

Le Conseil municipal n'a pas à apprécier les faits reprochés aux Dames du Bon-Pasteur : la justice en est saisie ; il s'arrête respectueusement devant l'examen qu'elle en fait, il s'en fie à l'administration supérieure du soin de prendre les mesures qui pourraient être nécessaires [2].

Mais profondément convaincu qu'en constatant ces faits, dans les journées des 27 et 29 décembre, M. le Maire a su allier la fermeté, qui est un devoir, avec toutes les convenances, qui sont aussi un signe de force, il s'empresse de lui apporter son loyal concours.

Il souhaite que l'expression libre et spontanée de son adhésion efface jusqu'à la dernière trace du dégoût que de basses calomnies auraient pu lui causer.

Il arrête qu'expédition de la présente délibération sera adressée à M. le Préfet.

Ainsi délibéré en séance, les jours, mois et an que dessus.

Signé au registre, etc.

*(Vingt signatures.)*

A part la rédaction de la pièce, rien ici ne prête à rire.

---

[1] Il s'agissait d'une pauvre idiote qui, étant devenue folle, troublait de ses cris la maison et tout le voisinage. — Les Dames du Bon-Pasteur avaient demandé elles-mêmes qu'on les en délivrât. On appréciera la finesse avec laquelle cette circonstance est voilée sous la désignation de « tapage nocturne partant d'un établissement non autorisé. » C'est ainsi qu'on qualifie, en style de police, le bruit qui se fait dans les mauvais lieux.

[2] C'est-à-dire du soin de chasser les religieuses.

Laissons de côté le français de ces honorables Messieurs ; ne leur reprochons point d'ignorer la valeur des mots, lorsqu'ils ont visiblement le malheur de ne point connaître la valeur des choses : celle de leur blâme, par exemple, dont ils veulent nous frapper, et celle de leur estime, de leur *entière sympathie*, qu'ils garantissent au Maire, dans une circonstance où celui-ci est accusé devant la justice d'avoir violé à main armée le domicile des citoyens !

Le Conseil municipal de Sens est donc convaincu que M. le Maire a su allier la *fermeté, qui est un devoir*, avec toutes les convenances, qui sont *aussi* un signe de *force* ; il s'arrête respectueusement devant la justice, et, tout en s'arrêtant, il s'empresse d'apporter à M. le Maire son *loyal concours*. Que signifie ce pathos ? Quel besoin a le Maire du loyal concours de son Conseil municipal ? Ce *loyal concours* est de la famille de l'*entière sympathie* ; il ne sait guère d'où il vient ni où il va. Il prouve uniquement que M. le Maire n'est pas si bien *retranché dans sa conscience*, que la lumière où nous avons mis ses actes ne le gène beaucoup. Il méprise sans doute nos attaques ; mais, à travers ce beau manteau de vertu dont il s'enveloppe, des yeux amis devinent qu'un certificat de bonne conduite et de respect des convenances ne lui déplairait pas. On lui donne le certificat. Eh bien ! malgré l'autorisation de M. le Préfet de l'Yonne, malgré l'estime que peuvent mériter individuellement les signataires de la pièce, le certificat a peu de valeur ; on l'a rendu plus mince encore en en bornant le retentissement à la ville de Sens. Quoi ! la ville de Sens ne connaît-elle pas son Maire ? Avait-elle besoin de ce papier ? C'était à nous qu'il fallait l'adresser d'abord. Pourquoi ne l'a-t-on pas fait ? On a craint nos remarques ; le certificat n'a été rédigé ni pour la ville de Sens ni pour nous, mais pour cette justice devant laquelle on *s'arrête respectueusement*.

Si nos reproches, que le Conseil municipal, faute d'avoir

consulté le Dictionnaire, qualifie d'*injures*, n'établissent rien
contre le Maire, l'intervention emphatique du Conseil municipal ne le lave aussi de rien. Si les signataires de la protestation sont *convaincus* que M. le Maire n'a pas commis
un acte illégal, aggravé des plus grossières inconvenances,
nous sommes, nous, très-profondément *convaincus* du contraire ; et s'ils prétendent que nous n'en savons rien, ils n'en
savent pas davantage. Nous n'étions pas là ; ces Messieurs
y étaient-ils ? M. Vuitry le député, qui a signé comme les
autres, n'était pas même à Sens ; il était à Paris, à la Chambre, prêt à voter un autre droit de visite. Il est venu à Sens
donner l'appui qu'il aurait donné au ministère : car, partout où l'on vote pour le droit de visite, M. Vuitry est là !
Bref, il n'y avait point de témoins au Bon-Pasteur. Le Conseil municipal, qui donne à entendre que nous avons menti,
a-t-il donc fait une enquête ? A-t-il entendu les sœurs, les
pénitentes ? Lui est-il démontré que des propos obscènes
n'ont point été tenus par les gendarmes et les sergents de
ville ? qu'un de ces agents n'a point porté la main sur une
religieuse ? que M. le Maire n'a point appelé la supérieure
*la fille Borgia* ? qu'il n'a point dit aux religieuses, en présence des pénitentes, qu'il saurait bien *si elles lui voulaient
mentir* ? Si tous ces faits sont exacts, nous n'avons pas calomnié, et le Conseil municipal nous injurie. Admettons
que ces faits sont de pure invention : nous demandons au
Conseil municipal si nous avons encore inventé la violation
de domicile, et si les signataires de la protestation ont vu
la pièce quelconque, émanée d'une autorité compétente, en
vertu de laquelle M. le Maire s'est fait ouvrir deux fois les
grilles du Bon-Pasteur ? Et s'il ne l'a pas vue, cette pièce
que personne n'a pu voir, le Conseil approuve-t-il encore la
façon dont M. le Maire sait entrer chez les gens, l'honore-t-il
encore de son *entière sympathie* ?

Nous prévenons le Conseil municipal de Sens que, voulant nous servir loyalement de la presse, nous sommes résolus d'en faire respecter les droits. Qu'il veuille donc, s'il s'occupe encore de nous, peser désormais les termes qu'il emploiera. Les privilèges des corps municipaux ne leur permettent pas de distribuer avec tant de libéralité le mépris et l'injure à d'honnêtes gens qui n'ont dit que la vérité, dût cette vérité protéger quelques pauvres femmes que l'on veut empêcher de servir Dieu, les pauvres et l'honneur !

Dans son patois, la protestation parle de *triste courage*. Que celui qui l'a rédigée apprenne que le triste courage n'est pas du côté du journaliste qui révèle, sous la responsabilité dont le menacent sa conscience et les lois, des faits aussi graves que ceux dont M. le Maire de Sens est accusé. Le triste courage est à l'homme qui abuse de son pouvoir au profit de ses haines et de ses passions, qui compte sur les connivences lâches de l'opinion pour injurier des femmes, et qui les laisse calomnier après les avoir persécutées. Le triste courage, quand de tels faits sont soumis aux investigations de la justice et qu'il en peut arriver mal à celui qui les a commis, c'est de s'interposer, n'importe par quelle voie, entre la justice et le délinquant, au profit du fort, au détriment de l'opprimé.

Nous reviendrons sur cette affaire. L'instruction va lentement contre les sœurs ; elle ne tourne pas entièrement au gré de M. le Maire. Toujours assisté du fidèle commissaire de police, il entend de son côté des témoins et fait des interrogatoires. Cette contre-enquête n'est pas conforme aux règles judiciaires ni aux convenances ; mais M. le Maire n'est point obligé d'y mettre tant de scrupules. N'a-t-il pas l'*entière sympathie*, le *loyal concours* du Conseil municipal ? Et puisque enfin ces religieuses l'importunent, n'est-il pas bien juste qu'il les écrase ?...

Pourquoi ne s'est-il pas empressé de faire au moins insérer dans l'*Univers* la délibération qui le venge? Si les propos ont été tenus, ils sont indignes, nous ne dirons pas d'un magistrat dans l'exercice de ses fonctions, mais du plus mal élevé des hommes; et nous n'avons pu les qualifier trop sévèrement. M. le premier Adjoint, lorsqu'il nous reproche à ce sujet la *mauvaise foi la plus insigne*, les *injures les plus grossières*, abuse du privilége de ne pas mieux connaître sa langue que M. le Maire ne connaît les rudiments de la civilité, et ne mérite pas même la réponse que nous lui faisons.

Ce que nous appelons inconvenance, impolitesse, grossiéreté, M. l'Adjoint le qualifie du nom plus doux de *fermeté*. Dire à des religieuses, devant des femmes de mauvaise vie, qu'on saura bien si *elles mentent*; les faire séquestrer et molester dans leur domicile par la main des agents de police; parler d'elles en termes insultants, ce n'est, selon M. le premier Adjoint, que de la *fermeté*. On voit bien que M. le premier Adjoint ne sait pas le français!

Nous posons une seconde question à M. le premier Adjoint qui ne sait pas le français :

Est-il vrai, oui ou non, que le Maire de Sens, à deux reprises, et, la seconde fois, suivi de gendarmes, a pénétré chez les Dames du Bon-Pasteur, sans mandat, sans autorisation quelconque, en vertu simplement de son bon plaisir et des forces de police qu'il avait rassemblées?

M. le premier Adjoint sent où la question le blesse; il voudrait bien répondre par une dénégation positive; il voudrait bien nous montrer un bout de mandat. Il ne le peut, et ses finesses pour y suppléer sont divertissantes. — Les Dames du Bon-Pasteur détenaient chez elles une fille folle, écrit-il à son compère le *Journal des Débats*, et par là « elles contrevenaient à la loi sur les aliénés. » En conséquence, M. le Maire a pu entrer dans leur établissement. — Vous

vous trompez, Monsieur l'Adjoint. L'aliénée *recueillie*, et non *détenue* au Bon-Pasteur, avait été reçue idiote, et non point folle. Depuis qu'elle était devenue folle et qu'elle *vociférait des cris*, comme vous dites, les religieuses avaient essayé, sans succès, de la faire admettre à l'hôpital général. L'hôpital général refusant cette infortunée, pouvait-on la jeter à la porte ? Vous auriez alors *vociféré des cris* contre l'humanité des religieuses. Elles préférèrent engager les voisins à se plaindre, et ainsi fut déterminée la première visite. M. le Maire apprit, selon vous, que l'aliénée était enfermée la nuit soit dans une misérable mansarde du grenier, soit dans une cave. Cette cave, où la folle a couché une fois, est une ancienne cuisine souterraine qui sert de bûcher. La folle y a passé une nuit, parce qu'elle l'avait voulu, et qu'il en est des fous comme de certains hommes : on ne leur fait point aisément entendre raison. Voilà les faits, que vous connaissez fort bien, mais que vous expliquez fort mal.

Ces faits et les autres, également *blâmables aux yeux de la loi*, suffisaient-ils pour que M. le Maire revînt le surlendemain avec force agents de police, force gendarmes, force menaces, se livrer à une visite domiciliaire ? Non ; car : 1° il n'y avait point contravention : une idiote recueillie dans une maison ne constituant pas un établissement d'aliénés. 2° Y eût-il eu contravention, la contravention ne constituait qu'un délit, et l'existence d'un délit, même flagrant, ne permet pas au Maire de forcer les portes d'une maison ; il faut qu'il y ait crime. Y avait-il crime ? Il fallait encore, en ce dernier cas, que le Maire prévînt le Juge d'instruction avant de se mettre en mouvement. Or, le Juge d'instruction était au tribunal même, à cent pas du couvent. On a réclamé son autorité, ainsi que celle du Président ; il y a eu refus. Les articles 32 et 49 du Code d'instruction criminelle (vous devriez les connaître, Monsieur l'Adjoint, qui savez si bien ce qui est *blâmable aux yeux de la loi*) sont formels sur ce point ; ils imposent au Maire, considéré comme officier de police judiciaire, les mêmes obligations qu'au Procureur du Roi, lequel doit toujours prévenir le Juge d'instruction de son transport sur les lieux. L'art. 26 permet de faire des perquisitions dans le domicile des prévenus ; mais l'art. 39 exige que les prévenus soient présents ou qu'ils aient là un fondé de pouvoirs. Il n'y a rien eu de tout cela. On n'a pas même indiqué de prévention, et on a consigné, on a jeté à la porte les propriétaires de la maison violée... Et c'est sur le procès-verbal rédigé pour couronner l'œuvre, qu'une instruction est poursuivie aujourd'hui contre les religieuses prévenues ! Et c'est au milieu de cette instruction qu'interviennent, au détriment des accusées, Monsieur l'Adjoint et le Conseil municipal ! Voilà pour le droit.

Mais, observe M. le premier Adjoint, fertile en raisons ingénieuses, l'établissement n'est autorisé légalement ni comme maison de correction, ni comme maison de refuge, ni comme pensionnat, et il s'y passait des *actes blâmables aux yeux de la loi !* On peut citer des articles de loi qui fassent fermer les établissements non autorisés ; M. l'Adjoint en connaît-il qui autorisent le premier venu d'en forcer les portes, d'en outrager les propriétaires, d'y faire des instructions illégales ? Connaît-il des *convenances* qui autorisent les gens de bien, sans que la justice les appelle, à venir au milieu d'un procès offrir leur *loyal concours* contre les accusés ?

Mais les ACTES BLAMABLES ? Vous avez raison, Monsieur, parlons-en. Quels sont-ils ? Vous restez sur ce propos dans un vague dont il faut sortir.

M. le Maire a vu au Bon-Pasteur dix-huit jeunes filles abandonnées, qu'on a recueillies, qu'on nourrit, qu'on habille, qu'on élève *sans autorisation*. — Premier acte blâmable.

Il a vu deux idiotes qu'on y soignait et qu'on ne voulait

pas renvoyer sans leur avoir assuré un autre asile. L'une de ces idiotes a passé la nuit dans un bûcher : on a préféré l'y laisser que de l'en arracher à force de coups.—Second et troisième acte blâmable.

*Item*, ledit M. le Maire a vu au Bon-Pasteur un certain nombre de femmes qui, ayant mené une vie orageuse, sont venues se réfugier dans cet établissement pour tâcher de réapprendre la vertu. L'établissement n'étant pas autorisé, l'apprentissage qu'on y fait ne l'est pas davantage. — Quatrième acte blâmable.

De plus, comme il n'est pas probable que ces femmes aient renoncé volontairement aux plaisirs de la société, il est probable qu'on les contraint : elles disent le contraire ; il est probable qu'on les séduit.—Sixième et septième acte blâmable.

Quelques-unes de ces femmes n'ont pas vingt ans : détournement de mineures ! — Huitième acte très-blâmable.

Continuant sa visite, M. le Maire a vu d'autres femmes, plus jeunes, qui ne sont point là de leur gré et qui l'avouent. L'autorité de leurs parents les y retient : donc, les religieuses sont complices des parents ! — Neuvième acte blâmable.

D'autres femmes encore se sont présentées aux regards attendris de M. le Maire et ont profondément ému son humanité. Elles sont jeunes, elles ont joui de la liberté, ce bien si précieux ; elles veulent en jouir encore et ne le déguisent nullement ; mais une condamnation judiciaire les a frappées, et, sous ce prétexte, on arrête leur essor. Il est vrai que si elles n'étaient point au Bon-Pasteur, elles seraient en prison. Mais rien n'autorise le Bon-Pasteur à priver les prisons de leur plus bel ornement ; et le Bon-Pasteur, en les détenant, empiète sur les droits des geôles légales !—Dixième acte blâmable.

Enfin, M. le Maire a vu les religieuses ; il a su qu'elles se dévouent à nourrir les enfants abandonnés, à relever de leur abaissement les pécheresses repentantes, à corriger, par de bons exemples, par de constants et de pénibles efforts, les détenues ; qu'elles travaillent, qu'elles prient, qu'elles sont chastes, pauvres, obéissantes, le tout *sans autorisation* !!—Onzième acte blâmable.

Que pourrions-nous opposer à un pareil réquisitoire ? Nous devons nous taire, car les religieuses du Bon-Pasteur ont fait quelque chose de plus blâmable que tout cela. Elles ont eu raison contre tout ce qu'on a voulu leur reprocher pour parvenir ensuite à les proscrire ; elles ont dit de quelle injustice elles étaient victimes, et n'ont pu empêcher notre voix de s'élever pour flétrir ces indignités. N'ajoutons point à leurs crimes. Aussi bien, les tribunaux sont saisis. Soit par l'instruction que l'on dirige contre ces Dames à la requête du Maire, soit par celle que nécessitera leur propre plainte, il faudra que les faits soient connus, que la vérité paraisse au grand jour. Laissons donc agir les persécuteurs. Faisons grâce à M. l'Adjoint du surplus de ses dires, et que ce champion de l'innocence de M. le Maire retombe dans son obscurité. Il en sortira plus tôt qu'il ne le désire. Grâce à Dieu ! les préjugés haineux de la municipalité ne peuvent s'élever jusqu'à troubler la conscience de la magistrature ; et, quoique les Dames du Bon-Pasteur paraissent bien abandonnées, puisqu'elles ont des juges, il leur reste mieux que des amis.

8 mars.

IV. *Avis aux catholiques, à propos de l'affaire du Bon-Pasteur de Sens*. Depuis nos derniers articles, nous n'avons plus entendu parler de M. le Maire de Sens, ni de M. le premier Adjoint, ni du Conseil municipal. On nous traite de calomniateurs, on n'épargne pas les paroles injurieuses ; nous maintenons les faits, nous en produisons de nouveaux, nous adressons le journal à tous ceux que l'affaire intéresse, plusieurs jours se passent : silence complet. On voit que le Conseil municipal n'est pas si bien informé que nous, et que M. le Maire a ses raisons pour se renfermer dans le silence du mépris.

Pareillement, la presse tout entière s'est tue. Le *Siècle*, qui avait parlé la première fois, s'est repenti sans doute et n'a plus soufflé mot. Ainsi une violation de domicile opérée dans les formes les plus inexcusables ; des religieuses outragées d'une façon inqualifiable par le magistrat qui devait, à plus de titres qu'aucun autre, les protéger ; l'intervention d'un Conseil municipal qui apporte publiquement au Maire accusé le tribut de son *entière sympathie* ; tout cela ne peut émouvoir la presse, cette vigilante gardienne de nos libertés ! Elle écoute froidement le récit d'un abus sauvage, et couvre le méfait de sa honteuse complicité.

Nous ne reviendrons pas davantage sur cette affaire. Nous nous contenterons d'en signaler plus tard l'issue, facile à prévoir. Mais nous voulons profiter de cet exemple éclatant pour donner aux catholiques quelques avis dont ils ont trop besoin. Car si nous avons traité, à peu près selon leurs mérites, l'auteur et les approbateurs de la mesure dont les religieuses de Sens ont été victimes, il faut pourtant que les catholiques sachent aussi que de pareils actes ne se

# ÉPILOGUE.

8 octobre 1845.

V. Nos lecteurs n'ont pu oublier ce fameux Maire de la ville de Sens dont la conduite envers les Dames du Bon-Pasteur fut si révoltante d'illégalité et surtout de grossièreté. Donnons de ses nouvelles. Malgré l'assistance de son Conseil municipal, M. le Maire vit l'impartialité de la magistrature anéantir les procès-verbaux qu'il avait rédigés, et enfin, après toutes ses menaces, il se trouva fort heureux que les religieuses voulussent bien se désister de la plainte en violation de domicile formée contre lui. Après que les religieuses eurent signé, par amour de la paix, ce désistement formulé d'une manière assez mortifiante, sous lequel s'inclina la fierté voltairienne et municipale de M. le Maire, nous annonçâmes que, pour notre compte, il ne nous semblait pas suffisamment puni, et qu'il y aurait une suite. C'était beaucoup trop s'engager ; nous n'avions pas considéré que ce personnage, outre les mérites qui le rendaient cher désormais à la presse libérale, en possédait d'autres appréciés du Gouvernement, étant le principal agent électoral de M. V., député ministériel, très-influent de tous côtés. En effet, l'affaire assoupie dans la presse, dans les bureaux, partout, a fini par être étranglée à la tribune, des propres mains de M. le Ministre de la justice. L'unique satisfaction que nous avons obtenue, ç'a été de voir M. le Maire de Sens illustré, pour conclure, de l'étoile des braves. Mon Dieu, oui ! il devint chevalier de la Légion d'honneur, et la toile tomba sur cette décoration.

Mais voici, au bout d'un an, que le rideau se lève sur une autre scène où le personnage figure vraiment de manière à nous contenter. Le nouveau rôle qu'il joue, pour n'être pas tout à fait conforme aux insignes d'un magistrat et d'un chevalier, nous paraît compléter assez bien celui que nous lui avons déjà vu remplir: C'est le même caractère sous une autre face. Nous avions dessiné l'ennemi des religieuses et des œuvres catholiques; voici le revers de la médaille, tracé de la main même de ces conseillers municipaux qui, l'an dernier, en si beau style, vengeaient leur chef des « calomnies de l'*Univers*. »

Ces Messieurs, au nombre de six, ont donné leur démission de membres du Conseil municipal, parce que, las de lutter contre *les mesures fâcheuses du Maire de la ville de Sens, contre les actes arbitraires et les illégalités de son administration*, ils ont éprouvé le besoin d'en appeler à l'opinion publique et de mettre les électeurs municipaux en mesure de prononcer entre M. le Maire et eux. Nous avons sous les yeux l'exposé fort âcre de leurs griefs.

Premièrement, M. le Maire, importuné sans doute des doléances de ses adversaires, n'a presque jamais jugé convenable de se conformer aux prescriptions de la loi, qui établit pour les Conseils municipaux quatre sessions par an. Sur quatre sessions, il en supprimait communément deux, et il simplifiait ainsi les discussions.

Secondement, M. le Maire est architecte. Épris de son art, il aime à bâtir; reconnaissant probablement fort peu de goût, en fait d'architecture, à son Conseil municipal, il bâtit sans le consulter. Il bâtit jusqu'à dépasser les limites fixées au budget, jusqu'à n'avoir plus de quoi payer les ouvriers; il bâtit à tort et à travers, et quand il a ainsi multiplié les dépenses, épuisé la caisse, accumulé les dettes, il ose bien dire, faisant l'éloge de son administration, « qu'il ne dépasse jamais les crédits qui lui sont alloués! » A la vue de tant

d'assurance, les conseillers démissionnaires ne peuvent retenir un point d'exclamation. De quoi s'étonnent-ils? Dans
l'affaire du Bon-Pasteur, n'ont-ils pas donné à M. le Maire
l'exemple d'opposer une dénégation impudente aux faits
les plus évidents ?

Mais M. le Maire ne se borne pas à ces dépenses folles :
toujours sans consulter le Conseil, il aliène les propriétés
communales et les donne à loyer aux conditions qui lui plai-
sent. Quand ce loyer consiste en journées de travail, il en
dispose à sa fantaisie, « comme il le ferait s'il administrait
sa propriété privée ; » ce qui le conduit à user de certains
édifices communaux un peu plus en propriétaire qu'en administrateur. Il s'est trouvé qu'un magasin du collège lui
convenait pour le dépôt d'un certain ciment romain qu'il fa-
brique comme particulier, qu'il recommande comme maire,
et qu'il emploie comme architecte. Depuis 1839, M. le Maire
s'est emparé du magasin, n'a point fait de bail, n'a point
payé de loyer. Seulement, comme l'article 10 de la loi du
18 juillet 1837 impose au maire la conservation du bien de
la commune, M. le Maire, se souvenant cette fois de ses obligations et voyant les toitures du collège dans le plus mauvais état, fait réparer avec soin... celle du magasin qui con-
tient ses ciments! Les conseillers démissionnaires, assez peu
touchés de ce zèle, font observer que le magasin du collège
se louerait bien 200 fr. par an; que, depuis sept années de
jouissance gratuite, M. le Maire a donc privé la caisse municipale d'une somme de 1,400 fr.; que si le magasin n'é-
tait pas loué, on pourrait encore l'utiliser, ne fût-ce qu'en
y abritant des statues dont la nudité antique est actuelle-
ment exposée dans le jardin de l'hôtel de ville, « qui sert en
même temps de lieu de récréation aux jeunes filles de l'enseignement primaire... » Les conseillers municipaux n'a-
vaient sans doute pas fait cette remarque lorsque, l'année
passée, ils encourageaient M. le Maire dans ses brutales per-

sécutions contre les Dames du Bon-Pasteur, persécutions auxquelles ils donnaient pour motif la petite école tenue par ces religieuses, qui n'ont point de statues antiques à mettre sous les yeux de leurs élèves.

Cette passion de M. le Maire pour la truelle, il l'a aussi pour la pioche. Il déblaie, il remblaie, il brouette et il s'exerce avec une sorte de rage sur les promenades, qu'il est parvenu à remplir de décombres. Malheureusement, ces décombres coûtent cher, ce qui gâte un peu le plaisir que leur vue procure aux bons habitants de Sens. M. le Maire se plaît encore à fabriquer des chemins : il en a construit un qui n'est pas praticable et que l'administration supérieure refuse, mais qui a valu 805 fr. d'honoraires à l'architecte choisi par M. le Maire, et qui a coûté 7,000 fr. environ de plus que pour être bien fait.

Mais tout ceci n'est rien. C'est lorsqu'il s'agit des alignements de Sens que M. le Maire se montre le plus intraitable des despotes, le plus entreprenant des architectes, le plus avisé des vendeurs de ciment romain. Le droit de donner des alignemens, disent les conseillers démissionnaires, intéresse « au plus haut degré » la propriété « et, par conséquent, l'indépendance » des particuliers. C'est pourquoi la loi du 18 juillet 1837 a voulu que le droit de délibérer sur les projets d'alignements fût attribué aux conseillers municipaux. M. le Maire n'objecte rien. Cependant, soit comme maire, soit comme architecte (le point n'est pas éclairci) il n'aime guère cette loi de 1837, et les bons citoyens de Sens n'ont pas encore eu la joie d'en voir l'application. « En alléguant, d'une part, qu'un « plan définitif d'alignement n'avait pas encore été adopté « par le Conseil municipal, tandis que, d'une autre part, il ne « *réunissait jamais la commission* chargée de préparer un « plan général d'alignement, M. le Maire de Sens est resté « le *souverain maître des alignements*, malgré les récla-

« mations du Conseil municipal. » Ceci est ingénieux ; ce qui suit l'est plus encore.

Que fait M. le Maire de ces alignements dont il dispose ? M. P. maire tient conseil avec M. P. architecte. Le tribunal, toujours unanime, délibère sur les requêtes présentées au Conseil municipal en matière d'alignement. Selon que le requérant est bien ou mal avec l'architecte, c'est-à-dire selon qu'il l'emploie ou qu'il ne l'emploie pas, M. le Maire accorde ou refuse ce que l'on demande au Conseil municipal. Telle vieille maison n'est pas sur l'alignement, le propriétaire demande à la consolider, M. P. sera chargé des travaux : — *Accordé*, dit M. le Maire. — Mais le Conseil municipal a délibéré sur la demande et l'a rejetée ? — *Les travaux commenceront demain*, dit M. le Maire ; le Conseil municipal, c'est moi !

Cette condescendance de M. P., le maire, pour M. P., l'architecte, est si entière et si invariable, qu'elle a profité jadis aux Dames du Bon-Pasteur. Oui, ces mêmes religieuses, objet plus tard d'un acharnement si brutal, elles ont vu M. P., le maire, autoriser M. P., l'architecte, à bâtir, pour leur compte, *sur un alignement de faveur !* Les conseillers démissionnaires l'attestent. Le digne magistrat, tout en s'utilisant comme architecte et tout en débitant du ciment romain, voulait peut-être se ménager un bon prétexte de réclamer plus tard contre les empiétements du Clergé.

Au milieu des faits très-curieux qu'ils racontent, les conseillers démissionnaires s'interrompent pour placer une petite réflexion qui pourrait n'être pas si naïve qu'elle en a l'air : « La persistance de M. le Maire à prolonger cette « usurpation, disent-ils, est d'autant plus inexplicable que « c'est pour lui *une position bien délicate* que d'être exposé, « comme architecte, à être choisi par les uns et à ne pas « l'être par les autres, tandis que, comme maire, il doit ré- « gler avec la même impartialité l'alignement des propriétés « de tous. Combien de fois sa *délicatesse* n'a-t-elle pas eu à

« souffrir, s'il lui est venu à la pensée que le propriétaire
« obligé de bâtir, en demandant à l'architecte ses services,
« songeait à la bienveillance de l'administrateur ? Cette pen-
« sée n'aurait-elle pas dû lui dicter une conduite opposée
« à celle qu'il a tenue dans beaucoup de circonstances? »

Arrêtons-nous ici. Nous n'avons pas besoin d'analyser tout
le mémoire des conseillers démissionnaires pour faire comprendre à nos lecteurs l'impression qu'il nous a laissée et
que la ville entière de Sens en a bien certainement reçue.
Il est grave, paisible, positif; M. le Maire n'a point entrepris
d'y répondre. Or, ce mémoire et ce résultat nous dégagent
complétement de la promesse que nous avions inconsidéré-
ment faite d'obtenir justice des iniquités d'un autre genre
commises l'an dernier par le même héros.

Maintenant, que M. P. garde sa croix et même sa mairie;
que les conseillers qui l'accusent soient réélus ou ne le soient
pas ; que le ciment romain paie ou ne paie pas de loyer dans
les bâtiments du collége ; que le Conseil municipal recouvre ou non le droit de donner des alignements, c'est l'affaire
de la ville de Sens et non la nôtre; nous n'y tenons guère.
Nous ne voulons rien de plus , pour notre satisfaction, que
le rang où les faits qu'on vient de lire vont placer, dans l'estime de ses concitoyens, ce magistrat qu'ils ont vu si ardent
à persécuter de pauvres femmes dont le véritable crime, à
ses yeux, ne fut pas le bien qu'elles opèrent, mais peut-être
tout simplement d'avoir changé d'architecte ou de n'avoir
plus rien à faire bâtir.

Et, pour dernière remarque, n'est-ce pas une chose curieuse de voir que les hommes qui élèvent contre M. P. ces
accusations si sévères sont précisément les mêmes qui, l'an
passé, l'encourageaient dans le plus répréhensible abus qu'il
ait fait de son pouvoir, le seul abus qu'ils ne lui reprochent
pas? A l'exception d'un seul, tous les signataires du mémoire
que nous venons d'analyser ont signé, le 3 février 1844, cette

inqualifiable protestation du Conseil municipal de Sens contre
l'article où l'*Univers*, pièces en main et avec la plus scrupuleuse
exactitude, faisait connaître l'odieuse violation de domicile
dont M. P. venait de se rendre coupable. A cette occasion cinq
des six conseillers qui aujourd'hui racontent comment, depuis sept ans, M. P. entasse illégalités sur illégalités, prenaient fait et cause pour M. le Maire, qui, *retranché*, disaient-
ils, *dans sa conscience*, croyait ne devoir répondre que par
le *mépris* à nos accusations. Pourtant, nous ne disions mot
ni des alignements, ni du ciment romain! Protestant de leur
*entière sympathie* pour M. P., ils exprimaient leur *profonde
et vive indignation* contre les mensonges affreux dont ce maire
modèle était l'innocente victime; *profondément convaincus*
qu'il ne pouvait pas avoir manqué aux *convenances*, ils lui of-
fraient leur *loyal concours*; ils *souhaitaient que l'expression
libre et spontanée de leur adhésion effaçât jusqu'à la dernière
trace du dégoût que de basses calomnies auraient pu lui causer*; ils envoyaient cette délibération au préfet de l'Yonne,
ils la faisaient insérer dans les journaux; il ne leur man-
quait enfin que l'audace de la communiquer à l'*Univers*.

Quoique plus d'une action mauvaise y trouve sa juste
punition, ce rapprochement est triste. Implacables aujour-
d'hui pour le magistrat qui fait tort à leur ville d'un loyer
de deux cents francs, ces hommes, qui en appellent si bien à
la légalité, faisaient pis que rester muets lorsqu'il s'agissait du
domicile indignement violé de quelques pauvres religieuses;
ils signaient des deux mains une protestation en faveur du
coupable. Ni la légalité, ni la vérité ne pouvaient les retenir de témoigner leur *entière sympathie* à ce magistrat qui
avait déjà donné beaucoup d'alignements, vendu beaucoup
de ciment romain, dépensé à sa guise beaucoup d'argent
municipal; qui, déjà depuis cinq ans, jouissait pour rien d'un
loyer de deux cents francs dans les bâtiments du collège...

Il persécutait des religieuses, cela compensait tout!

# ACTION POLITIQUE DES CATHOLIQUES.

## CANDIDATURE DE M. VICTOR CONSIDÉRANT.

6 avril 1844.

Le neuvième collége électoral de Paris est convoqué pour le 12 avril, afin d'élire un député. Cinq candidats sont sur les rangs : M. *Locquet*, conservateur, MM. *Victor Considérant*, de *Sivry*, *Goudchaux*, *Aronsohn*, qui représente les diverses nuances de l'opposition de gauche. Dans une réunion préparatoire, tenue à l'hôtel de ville jeudi dernier, les candidats, à l'exception de M. Locquet, ont successivement développé leurs opinions. Aucun d'eux ne partage nos convictions catholiques, aucun d'eux du moins ne les a exprimées. De quelques paroles prononcées par M. Goudchaux, nous pouvons conclure qu'il est protestant ou juif; MM. de Sivry et Aronsohn n'ont pas dit un mot qui indique une croyance religieuse quelconque; personne n'ignore quelles sont les doctrines de M. Considérant. L'école phalanstérienne, dont il est le chef, n'a été combattue par personne aussi vivement que par nous.

Nous formons néanmoins les vœux les plus sincères pour le succès de M. Considérant, et nous exhortons avec instance tous les électeurs catholiques du IX⁰ arrondissement à voter pour lui.

Expliquons les motifs de notre adhésion.

I. 16

Bien que M. Considérant se soit tiré incontestablement mieux que ses rivaux du programme obligé qu'il avait à débiter aux électeurs ; bien que ses opinions sur les questions du moment, telles que la réforme électorale, le gouvernement parlementaire ou personnel, les fortifications de Paris, l'abrogation des lois de septembre, se rapprochent assez de nos propres sentiments, et que son opposition soit dans cette ligne sincère et modérée où nous restons nous-mêmes, combattant le Pouvoir lorsqu'il le mérite, lui rendant justice lorsqu'il y a droit, voulant corriger, non renverser, ce n'est point là ce qui détermine nos sympathies. Sur presque toutes ces questions, nous sommes indifférents ou sceptiques ; ce n'est pas un titre d'exclusion à nos yeux de les entendre autrement que nous. Quelle que soit la solution qu'on leur donne, nous en espérons peu de résultats favorables ; nous sommes toujours en mesure, avec de la résolution et de la persévérance, d'en braver les résultats contraires. Ainsi, nous désirons sans doute l'abrogation des lois de septembre, sous le coup desquelles nous sommes en ce moment placés[1] ; mais que nous importe, après tout, leur maintien ? On saura bien encore nous faire des procès lorsqu'elles seront abolies ; ce qu'elles peuvent ajouter à la prison et à l'amende n'est qu'un faible obstacle pour les idées que nous portons. Qu'on donne à l'Église les libertés dont elle a besoin, et que l'emprisonnement et la ruine nous fassent expier le crime de les avoir réclamées ! Ceux qui viendront après nous n'y songeront guère, et nous serions contents du marché.

Notre motif n'est pas non plus qu'ayant eu l'honneur de connaître M. Considérant, nous avons pu apprécier en lui des qualités d'esprit et de cœur dignes d'autant de respect

---

[1] Le rédacteur en chef et le gérant de l'*Univers* étaient traduits en Cour d'assises.

que ses erreurs en matière de religion méritent de blâme. Nous croyons, il est vrai, que ces erreurs ont été beaucoup modifiées par l'expérience, et qu'aujourd'hui le chef de l'école phalanstérienne n'est pas plus hostile à la religion catholique que les trois quarts de ceux qui ne s'en occupent jamais. Dans tous les cas, M. Considérant professerait avec la même énergie les doctrines pour lesquelles nous l'avons tant combattu, qu'il conserverait encore le mérite rare en ce temps-ci, et singulièrement honoré de nous, de s'y être dévoué, d'avoir fait pour les servir de grands sacrifices, de longues études. S'il est ennemi, nous aimons de tels ennemis, et nous nous souhaitons des amis qui leur ressemblent. Quand un homme persévère dans l'erreur aux dépens de ses avantages matériels, nous sommes portés à croire qu'il cherche la vérité ; nous espérons que, s'il la trouve, il saura lui sacrifier plus encore. Cependant, nous le répétons, ce n'est point à cause de ses qualités personnelles que nous soutenons M. Considérant.

Il nous serait inconnu, et ses opinions politiques, au lieu de se rapprocher des nôtres, leur seraient diamétralement opposée, que nous le recommanderions avec le même empressement aux suffrages de nos amis.

M. Victor Considérant s'est présenté comme partisan sincère de la liberté d'enseignement ; voilà notre point de contact.

C'est un homme droit, capable, courageux. S'il arrivait à la Chambre, il se souviendrait de son programme et le défendrait avec vigueur. Voilà pourquoi nous désirons ardemment son succès.

La liberté d'enseignement est pour nous quelque chose de si considérable, de si essentiel au maintien de la religion en France, qu'entre vingt candidats nous n'hésiterions jamais à choisir celui qui seulement nous donnerait l'espérance fondée d'étudier la question avec intelligence et sincérité. Conservateur, légitimiste, radical, juif, protestant, incrédule, nous le préférerions à tous les autres ; nous le préférerions à de bons catholiques, s'il pouvait s'en trouver qui ne fussent pas hostiles au monopole universitaire.

Que les électeurs catholiques du IX⁰ arrondissement fassent l'acte utile que nous leur conseillons au nom des défenseurs les plus zélés et les plus respectables des droits de l'Eglise. Qu'ils sachent de M. Considérant s'il persévère dans l'opinion qu'il a émise devant eux et s'il s'engage à la défendre : et qu'alors, quels que soient leurs sentiments politiques, quel que soit leur petit nombre, ils votent ostensiblement pour lui. Ce sera un grand exemple à tous les chrétiens de France, un salutaire avis à beaucoup de ces députés qui nous traitent si mal et dont peut-être la réélection dépend de nous, une leçon mémorable au Gouvernement, que nous pouvons, dans un temps donné, mettre en présence d'une majorité sinon catholique, du moins antiuniversitaire, antiministérielle et peut-être quelque chose de plus.

Le Gouvernement doit y songer, en effet ; les chances de l'avenir sont pour l'opposition, et le collége du IX⁰ arrondissement n'est pas le seul où les candidats conservateurs aient si peu de probabilité de succès qu'ils ne se présentent que dans la proportion de un sur cinq. Si c'était M. de Sivry, homme de la gauche dynastique, et M. Goudchaux, radical, qui se fussent montrés favorables à la liberté d'enseignement, ce serait l'un d'eux, n'importe lequel, que nous recommanderions aux électeurs. Or, ce que nous conseillons de faire à Paris, se fera, aux prochaines élections, dans toute la France ; déjà on s'organise dans ce but. En définitive, les opinions sont assez morcelées pour que les catholiques, jusqu'à présent divisés, puissent en beaucoup de lieux former, en se réunissant, l'appoint qui décidera l'élection. Par ce moyen, ainsi que l'a justement observé M. de

Montalembert, les catholiques belges renversèrent un trône et une dynastie ; les catholiques de France n'ont à renverser qu'un ministre et qu'une coterie.

Le programme que nous avons à suivre et qui nous fera vaincre plus tôt qu'on ne croit, s'il est vigoureusement accompli, est bien simple : voter partout pour des hommes d'honneur, à qui nous ne demanderons pas d'aimer l'Eglise, mais seulement d'aimer la liberté. A l'Eglise, ensuite, d'user de cette liberté et de se rendre chère à force de zèle et de bienfaits.

10 avril 1844.

II. Nous avons fait à M. Victor Considérant une réputation de *Jésuite*, que les intelligents publicistes du *National*, du *Siècle*, du *Constitutionnel*, etc., s'efforcent de tourner contre sa candidature, et dont il est peut-être lui-même assez importuné, quoique homme d'esprit. Venons à son secours. M. Considérant n'est point *jésuite*, il s'en faut de beaucoup. A cet égard, ni M. Goudchaux le radical, ni M. de Sivry le dynastique, ni M. Locquet le ministériel, n'ont la moindre chose à lui reprocher : il est pur comme eux-mêmes. Sur les points de doctrine religieuse, nous ne ferions aucune différence entre eux et lui, sinon qu'il nous paraît un adversaire plus capable, par conséquent plus dangereux. En effet, les erreurs qu'il nous oppose ont au moins le mérite de quelque nouveauté : elles ont pu séduire des esprits fort mal éclairés, mais dévoués et vigoureux ; tandis que ses rivaux n'ont probablement à produire que des lieux communs d'ignorance et de haine faits pour croupir dans certaines âmes inguérissables, trop décriés pour se rattacher un homme de cœur.

Le *National* ne soupçonne pas sans doute M. Goudchaux d'être *jésuite*; le *Constitutionnel* et le *Siècle* ne pensent probablement pas que M. de Sivry soit disposé à se faire *capucin?* Eh bien ! nous déclarons au *National*, au *Siècle* et au *Constitutionnel* que si M. Goudchaux ou M. de Sivry, au lieu de s'embourber dans la vase universitaire, s'étaient montrés disposés à respecter les promesses de la Charte et à en poursuivre l'accomplissement, et que M. Considérant eût gardé le silence, ce ne serait pas M. Considérant, ce serait M. Goudchaux ou M. de Sivry que nous aurions chaudement recommandé aux suffrages des catholiques. Nous disons plus : quelque répugnance que nous inspire la politique ministérielle, nous aurions soutenu M. Locquet le ministériel, si c'était lui qui se fût montré favorable à la liberté d'enseignement.

Grâce à la génération que l'Université nous a faite, les catholiques n'ont maintenant à choisir leurs représentants que parmi leurs ennemis. Parmi ces ennemis, il est tout simple qu'ils préfèrent ceux qui veulent alléger leurs chaînes à ceux qui veulent les river.

On avouera que les catholiques, qui n'étaient rien hier, sont aujourd'hui quelque chose. La ligne de conduite que nous indiquons sera la leur aux élections prochaines; nous pouvons assurer qu'en beaucoup de lieux déjà ils se préparent à la suivre avec une vigueur qui pourra faire regretter les iniquités dont on les accable. Que le Gouvernement et les autres adversaires des droits de la famille chrétienne se demandent si beaucoup des élus actuels sont de taille à mépriser ou nos suffrages ou notre hostilité. Pour nous, nous sommes très-fermement convaincus que si les catholiques formaient la majorité à Luçon, par exemple, l'honorable député de cet arrondissement [1] se sentirait quelque dé-

[1] M. Isambert.

www.ingramcontent.com/pod-product-compliance
Lightning Source LLC
Chambersburg PA
CBHW061325050726
47504CB00013B/251